EDUCACIÓN C(

Mª JESÚS MARTÍNEZ USARRALDE

# EDUCACIÓN COMPARADA

*Nuevos retos, renovados desafíos*

editorial
LA MURALLA, S.A.

COLECCIÓN
# AULA ABIERTA

Dirección: Mª Antonia Casanova

© Editorial La Muralla, S.A., 2003
Constancia, 33 - 28002 Madrid
ISBN: 84-7133-740-1
Depósito Legal: M-44.551-2003
Imprime: Ibérica Grafic, S.A. (Madrid)

*Para mis padres, por su apoyo y cariño incondicionales*

*Para Jose, por su comprensión ilimitada*

*Para aquellos profesores y profesoras, pedagogos y pedagogas*
*así como comparatistas de diferentes partes del mundo*
*cuyas inquietudes siguen siendo contagiosas,*
*estimulan mi afán de superación*
*y de los que nunca me canso de aprender*

*Para todas y todos los que me han hecho comprender*
*que las dificultades engrandecen a las personas*

# ÍNDICE

# PRÓLOGO

El interés por la Educación Comparada se ha incrementado significativamente en los últimos años. Las mediciones internacionales de resultados de aprendizaje –que permiten la comparación y los ranking de desempeño de los países–, el papel creciente de los organismos internacionales de crédito y comercio –que han incorporado a la educación como un capítulo importante de sus negociaciones– y la expansión de las nuevas tecnologías de la información –con sus efectos sobre la homogenización cultural y educativa–, son algunos de los factores que explican este renovado interés por un enfoque que permite captar una de las características específicas más importantes de la dinámica política moderna: la creciente y compleja interdependencia entre los países. Desde este punto de vista, la Educación Comparada se ha convertido en un campo de interés no sólo para los investigadores en educación sino también para los responsables de las decisiones políticas y para la opinión pública en general.

No es casual, por ello, que la literatura sobre este tema se enriquezca con contribuciones tan importantes como este libro de María Jesús Martínez Usarralde. Su análisis abarca desde la discusión de los marcos teóricos y metodológicos de la disciplina hasta la organización institucional de aquellos que se definen profesionalmente como "comparatistas". El análisis descriptivo está acompañado por un sólido manejo conceptual, lo cual convierte al libro de María Jesús en un ineludible material de consulta.

Pero el libro también deja interrogantes y problemas abiertos. Vivimos una época de incertidumbres y tensiones que dan lugar a discursos variados y a opciones que trascienden el ámbito de las discusiones técnicas. En el *Epílogo* del libro, María Jesús cita una hipótesis de Watson según la cual los comparatistas de las próximas décadas deberán enfrentar el reto de conferir sentido a la proliferación de ideas en este campo. "Conferir sentido" supone introducir en la práctica científica una dimensión que trasciende los aspectos puramente técnicos. Para la Educación Comparada, como para el conjunto de las disciplinas que se ocupan del análisis de la dinámica social, se abre un escenario donde el paradigma clásico de las *ciencias sociales* estaría mostrando sus límites. Sin abandonar el rigor del método científico, las disciplinas que se ocupan de los fenómenos sociales enfrentan la necesidad de apelar a un enfoque más cercano al de la *filosofía social.* Desde este punto de vista, nos atrevemos a postular que el agotamiento de los paradigmas tradicionales de explicación de la dinámica y de las tendencias que aparecen en la evolución reciente del capitalismo, estimulan un discurso que no puede evitar la articulación entre la explicación de los fenómenos, la toma de posición a partir de la defensa de determinados valores y la expresión de los sentimientos que producen los hechos sociales.

La fertilidad de la Educación Comparada estará asociada a su capacidad para participar de estos debates, que la trascienden como disciplina. Hoy es imposible comprender la educación sin una visión internacional, sin un compromiso claro sobre el sentido de hacia donde desearíamos que se oriente su desarrollo y sin un instrumental metodológico que nos garantice rigor y consistencia teóricas. El libro de María Jesús es una excelente contribución a este proceso.

Juan Carlos Tedesco
*Director IIPE-UNESCO (Buenos Aires)*

# INTRODUCCIÓN

Haciendo nuestra la frase de Jones, según la cual "la Educación Comparada tiene un largo pasado pero al mismo tiempo una corta historia" (Jones, 1971: 48), se reconoce, en efecto, cómo la Educación Comparada, si bien su desarrollo y avance han sido notables, se perfiló con más demora que otras disciplinas dentro de las Ciencias de la Educación. Aun así, desde que en 1817 el enciclopedista, revolucionario, humanista y también romántico Jullien de Paris publicara en su reveladora obra *Esquisse et vues préliminaires d'un ouvrage sur l'éducation Comparée* (1817) la necesidad de proponer estudios educativos comparados en los países e iniciando con ello el fermento de lo que constituirían formalmente los fundamentos epistemológicos de la Educación Comparada como disciplina científica[1] y desde que, aproximadamente un siglo más tarde, dos insignes comparatistas, Russell y Sadler, inauguraran los primeros cursos académicos de Educación Comparada en las Universidades de Columbia (1899) y Londres (1900), respectivamente; hasta nuestros días, la Educación Comparada ha ido transcurriendo a lo largo de la historia por diferentes etapas, a lo largo de las cuales ha ido creciendo y madurando cuantitativa y cualitativamente.

En cantidad porque, conforme avanzamos en el devenir histórico, un mayor número de comparatistas de todas las partes del mundo han ido plasmando sus investigaciones en base a modelos teóricos y metodológicos de Educación Comparada en obras que marcan auténticos hitos en la historia de la disciplina. Y, lo que es

---

[1] Además de inaugurar, de algún modo, la promoción de la coordinación de diferentes iniciativas educativas a escala europea, a partir de la configuración de una Comisión Especial de Educación, un Instituto Normal de Educación y la publicación de una revista especializada de esta disciplina. No faltan, de hecho, quienes consideran que con ello el autor preconiza la creación de organismos internacionales de Educación Comparada e incluso la UNESCO.

más importante, en calidad, porque se ha analizado la evolución por la que transita la disciplina según la cual se evidencia el paso de la etapa dominada por el afán observador y descriptor de los primeros comparatistas del siglo XIX[2] (Arnold, Cousin, Mann y Sarmiento, entre otros), al cambio substancial que conlleva el periodo posterior, ya en la primera mitad del siglo XX, cuya intencionalidad se identifica con la interpretación y la búsqueda de argumentos explicativos. Para ello, autores como Kandel, Hans, Sadler, Lauwerys y Schneider, entre los más significativos, basarán sus análisis comparados en estudios de naturaleza histórica, filosófica, antropológica y cultural que satisfagan y a la vez justifiquen las reformas educativas y, en líneas generales, las directrices acometidas en materia de política educativa.

Si consideramos, pues, que la Educación Comparada puede describirse, así, como una disciplina muy antigua y muy joven al mismo tiempo, y retomamos precisamente la justificación del por qué de su juventud, nos encontraremos cómo ya desde los años sesenta, pero muy especialmente a partir de la década de los años ochenta hasta nuestros días, puede percibirse un campo prolífico en investigación y acción de la disciplina conforme su estatus epistemológico y científico va adaptándose y al mismo tiempo introduciendo innovaciones a los nuevos contextos académicos y socioeducativos, pero también políticos y económicos, que vierten a su vez sus demandas y expectativas sobre la educación. No pueden, en este sentido, obviarse los efectos que las directrices marcadas por las agendas educativas internacionales, la globalización, la eclosión de Internet como herramienta necesaria para el acceso al conocimiento (pero detentadora de renovadas desigualdades) o el influjo de los organismos internacionales actuales, entre otros muchos, ejercen sobre los campos de investigación de la Educación Comparada.

---

[2] También reconocida como "la etapa de préstamo" o "la etapa de los encuestadores", precisamente por la imperiosa necesidad de priorizar el préstamo y la importación de políticas y prácticas educativas foráneas en los contextos socioeducativos del propio observador-analista-comparatista. Lo anterior habría que contextualizarlo dentro de una lógica argumental que necesitaba alimentarse de "lecciones valiosas" (utilizando su propia terminología) por parte de sistemas educativos extranjeros exitosos en unos países que, por otro lado, todavía se están forjando en los albores del siglo XIX. A ella nos referiremos en el Capítulo Cuarto.

De este modo, el contenido de este libro, que a continuación paso a desglosar, retoma precisamente los discursos que comienzan a articularse desde los años ochenta en torno a la Educación Comparada y que se definen por un parámetro decisivo: el impacto y la proyección de la heterodoxia teórica y metodológica que se legitima en la Educación Comparada desde diferentes modelos que reaccionan, de alguna manera, contra la tónica de las décadas anteriores dominadas por el positivismo y la cuantificación metodológica. Me estoy refiriendo a teorías como el enfoque de los sistemas educativos actuales, el neopositivismo, el enfoque ecológico o el modelo sociohistórico, entre otros, como tendremos oportunidad de revisar a lo largo de estas páginas.

A lo anterior cabe añadir cómo en el momento presente se comprueba que el influjo del postmodernismo y su correspondiente cuestionamiento de las metanarrativas totalitarias que expliquen los *cómos* y *por qués* de la sociedad ha ejercido un impacto más que notable sobre la disciplina, y tal y como lo demuestran las teorías más recientes que tratan de dar respuesta a un panorama teórico y metodológico tan plural.

En definitiva, la intencionalidad de este libro se concentra en revisar los aspectos que, planteados desde discursos, ámbitos y perspectivas diversas, de algún modo construyen un escenario teórico y metodológico cuyo análisis y estudio resulta imprescindible para poder entender buena parte del estado de la cuestión de la Educación Comparada en estos momentos. Para llevar a cabo tal aspiración, el texto se estructura en cuatro capítulos, a los que he añadido un epílogo final.

En el capítulo primero, la intención no es otra que radiografiar lo más fielmente posible los rasgos más idiosincrásicos de la Educación Comparada. Para ello se articulan diferentes objetivos, estructurados en subapartados: analizar diversas definiciones que se han ido articulando en la historia de la disciplina, delimitar su estado epistemológico a partir de la comparación con otras disciplinas, estudiar las cuestiones de índole teórica que emergen con respecto al "objeto" de análisis en la Educación Comparada y escrutar cuáles son las finalidades que se pretenden perseguir a través de la misma.

En el capítulo segundo se demuestra la hipótesis de la revolución que ha supuesto en la Educación Comparada la emergencia tanto de nuevas y/o renovadas temáticas como de modelos teoréticos explicativos de las anteriores, para lo cual se revisan, a modo de ejemplo, algunas de las premisas que han venido ocupando buena parte del estado de la cuestión de los comparatistas en los años más recientes, y de las que puede deducirse tanto el "buen estado de salud" de la disciplina como los retos más inmediatos que obliga a retomar.

En el capítulo tercero se analizan cuáles son las tendencias y modelos más significativos en estos momentos dentro de la disciplina, incluyendo las más recientes que se justifican como respuestas frente al reto del Postmodernismo.

Finalmente, en el capítulo cuarto, la intención es la de insertar el sentido de los contenidos trabajados en los capítulos anteriores en una secuencia temporal que hilvane el pasado de la disciplina con el momento presente y con el futuro más inmediato. Para ello, y desde esta aspiración integradora, se justifica la adopción de esta perspectiva desde cada uno de los tres momentos:

Del "pasado" se retoman los debates más clásicos que han coexistido en el seno de la misma, aunque se reconozca cómo algunos de ellos se revisten de nuevos significados acordes con el contexto educativo actual.

Del "presente" se analizan los motivos que justifican de algún modo la importancia estratégica, e incluso pertinencia, de la disciplina en el actual escenario educativo internacional, necesitado de análisis transnacionales ante los cambios y reformas que se suceden a un ritmo cada vez más acelerado.

Del "futuro", finalmente, se generan unas expectativas muy favorables en torno a la disciplina, a juzgar por la revisión de cómo se está desarrollando académica, científica e institucionalmente la disciplina en los diferentes países y regiones.

Una última nota respecto a quiénes va dirigido el libro: investigadores, profesores y alumnos relacionados con la Educación Comparada y la Educación Internacional. Desde la consideración de que el comparatista ha de ser, ante todo, un "práctico-reflexivo", como docente e investigador en constante proceso de aprendizaje, el libro puede ser de utilidad para todos ellos, a fin de poder utilizarlo como material para sus clases, seminarios, grupos de discusión, etc. ¿En qué sentido? En la línea de que, como señala Eckstein (1999) en su análisis de algunos aspectos didácticos de la Educación Comparada, este texto les sugiera nuevas cuestiones a resolver desde el punto de vista de la investigación, pero también genere discursos, interpretaciones, prácticas y dinámicas creativas a fin de establecer actividades integradas para los alumnos y doctorandos de estas disciplinas. La aspiración de esta autora no es otra, pues, que contribuir así a introducir, clarificar y alimentar el debate sobre algunas cuestiones de índole teórica y sobre todo, a motivar a todos, profesores y alumnos, a continuar indagando en este apasionante ámbito de investigación y estudio.

# CONCEPTO Y "USOS" DE LA EDUCACIÓN COMPARADA

¿Qué es y cómo puede definirse a la Educación Comparada? ¿Cuáles son los objetivos de esta disciplina? Aunque responder a estas cuestiones iniciales constituye la aspiración que de algún modo se erige en eje articulador que conducirá este trabajo, en el transcurso de este primer capítulo trataremos de ofrecer las primeras respuestas revisando las diferentes visiones y consiguientes funciones otorgadas a la Educación Comparada. Para llevar a cabo este análisis, cuatro serán los aspectos que abordaremos, a fin de ayudar a enmarcar la Educación Comparada en cuanto a disciplina científica, si bien creo que resulta del todo necesario comenzar, a modo de introducción, con unas notas con respecto a lo que significa su fundamento de base, la "comparación", en cuanto a operación mental básica, elemento fundamental sobre el cual se constituye la Educación Comparada.

De acuerdo con esta intencionalidad, en primer lugar se revisarán las diferentes definiciones que de Educación Comparada sostienen algunos comparatistas en función, a su vez, de los modelos teóricos y metodológicos que sustentan, incluyendo en este apartado una definición personal. Esta revisión será aprovechada, en segundo lugar, para delimitar y diferenciar los campos de análisis y estudio de la Educación Comparada (su estatuto epistemológico) de otras disciplinas consideradas concomitantes a ésta, como son la "Educación para el Desarrollo" y la "Educación Internacional", entre otras. En tercer lugar y en íntima relación con el anterior, se considerarán, aunque sea de manera sucinta, cuestiones relacionadas con su objeto principal, los sistemas educativos, así como otros elementos significativos que los comparatistas consideran como materia de análisis y estudio. Para concluir, en cuarto lugar, nuestra intención se centrará en analizar las finalidades que se pretenden alcanzar a través de esta disciplina, para lo cual se revisan y diferencian las tendencias más notables al respecto, y las repercusiones que ello tiene de cara a la formalización de diferentes *modus operandi* y líneas de acción en los diversos estudios de Educación Comparada.

De este modo, el presente capítulo, sin perder el hilo introductor al que adujimos y que de manera inevitable lo vincula a los siguientes, trata de exponer y al mismo tiempo demostrar, desde otra perspectiva, la heterogeneidad de planteamientos que existen tanto en lo que respecta al objeto, como a la definición y la finalidad que ha de perseguir esta disciplina. Lo anterior contribuye a reconocer que este mosaico ilustrativo que se constata en el campo conceptual, y que se enriquecerá en capítulos posteriores con la revisión a los ámbitos epistemológicos y metodológicos de la Educación Comparada, no resulta sino un signo de vitalidad que viene a certificar la variedad enriquecedora de elementos que concurren en la última y que contribuyen a fortalecer las diferentes líneas de investigación de esta disciplina.

A MODO DE PREÁMBULO: CUESTIONES SOBRE EL SENTIDO DE LA COMPARACIÓN

Antes de comenzar a analizar los rasgos y elementos que singularizan a la Educación Comparada como disciplina, resulta cuanto menos que revelador descubrir la trascendencia de su misma esencia, esto es, la comparación, en cuanto a operación mental básica, que el ser humano realiza explícita e implícitamente como arma estratégica en la vida diaria.

El propio término de "comparación" está cargado desde el punto de vista lingüístico de una polisemia tal que lo convierte en ambiguo, puesto que da lugar a algunas interpretaciones, no siempre coincidentes. Por ejemplo, hay comparatistas que sostienen que la comparación solo puede llevarse a cabo cuando los fenómenos comparados son extremadamente similares entre sí (Halls, 1967: 189). A fin de clarificar este concepto nos serviremos de una primera definición de la comparación que se refiere, en palabras de Schriewer, a actos mentales dirigidos a obtener un determinado conocimiento a través del establecimiento de relaciones (Schriewer, 1993: 199).

A efectos de sistematizar el significado de la comparación puede distinguirse, en cuanto a su uso, una finalidad más general y otra más específica y especializada, a la que se atribuye un carácter científico (Sanvisens, 1973; Schriewer, 1993). En el primer caso se está refiriendo al sentido general y amplio de la comparación como razonamiento lógico relativo a la mayoría de las actividades intelectuales humanas. En el segundo caso, y desde el momento en que se certifica un proceso ordenado que relaciona objetos y fenómenos diversos para descubrir las semejanzas, las diferencias y las relaciones entre los distintos sujetos o elementos de la comparación, estamos aludiendo a la Educación Comparada (Sanvisens, 1973: 245-275). Dicho de otro modo, la comparación en cuanto a operación mental implícita en todos los aspectos de la experiencia humana en los que se compare cualquier aspecto ha de ser convenientemente distinguida del pensamiento elaborado correspondiente a la metodología científico-social que persigue la profundización y especialización de los conocimientos con los que se construye la ciencia (Schriewer, 1993 y 2000). Aun caben más matizaciones y categorizaciones: Mc Andrew (1991) distingue entre la "comparación científica" (que adquiriría el sentido y alcance de la Educación Comparada aludida) y la "comparación intersocial", definida ésta como un procedimiento metodológico que permite testar las hipótesis de causalidad entre fenómenos sociales y educativos. Finalmente, Przeworski y Tune (1970) denominan a ambos niveles, "comparación" y "Educación Comparada", respectivamente, "único nivel" y "multinivel".

Así, las "técnicas de único nivel", también denominadas "simples", son procedimientos que relacionan los objetos comparados entre sí, a partir de los hechos puramente empíricos, esto es, las realidades observables que nos suministra la experiencia social cotidiana. De ahí la denominación de "simple", porque necesariamente la comparación se restringe a un único nivel de análisis, que está conformado por los campos que comparten características semejantes a fin de facilitar dicha comparación. A esta escala, señalan los autores, las comparaciones simples pueden identificarse con las operaciones mentales universales. En la práctica, dichas operaciones se sitúan en un nivel descriptivo, y, aunque puede buscarse algún tipo de explicación a través de las primeras, dicha explicación se justificará a niveles más automáticos e intuitivos. Los filósofos racionalistas, como Jaucourt, refiriéndose a este tipo de comparación, señalaban que dos objetos pueden presentarse ante nosotros al mismo tiempo sin que los comparemos. Consecuentemente, un acto mental consciente es el que realiza la comparación y es este acto mental lo que constituye la esencia de lo que llamamos relación o conexión, que es un acto completamente nuestro (Jacourt, citado por Schriewer, 1993).

De esta manera, un observador cuando quiere establecer una comparación entre dos objetos, desde una óptica general, realiza, consciente o inconscientemente, las siguientes acciones:

1. Identifica las similitudes que se dan en ambos objetos.

2. Ordena las diferencias, para lo cual idea una estrategia que se organiza según categorías, como pueden ser "más/menos" (gradación cuantitativa y/o cualitativa), "antes/después" (gradación temporal), etc.

3. Construye, como consecuencia del punto anterior, jerarquías a fin de ordenar los datos objeto de comparación.

4. Destaca las diferencias que están singularizando a cada uno de los objetos.

En contraposición a las anteriores, las "técnicas multinivel" consideran a la Educación Comparada como método de investigación de naturaleza científico-social, de manera que su denominación procede en buena medida de las técnicas que utiliza, y que se identifican con las comparaciones complejas. Dicha complejidad proviene del hecho de que no se consideran únicamente descriptivas, como las anteriores, sino que, y si bien parten de manifestaciones empíricas observadas en los diferentes contextos sociales, educativos, culturales, ideológicos y políticos, van más allá, es decir, conectan las relaciones que se producen desde un punto de vista empírico con la finalidad de establecer hipótesis y comprobar su poder explicativo. De este modo, y dado que las técnicas multinivel han de partir de un paradigma o modelo desde el cual se justifican y se cargan de significación, el sentido de la comparación aquí consiste en relacionar modelos legitimadores de relaciones entre sí.

Lo anterior nos remite de forma ineludible a la reflexión sobre la esencia de la propia "comparabilidad", que hace referencia al límite de la posibilidad de comparar culturas desde una perspectiva científica. Esta cuestión, así, puede dirigir al investigador a considerar otros interrogantes (Warwick y Osherson, citado por Raivola, 1990: 304):

— ¿Existe correspondencia entre los objetos comparados? Siendo así, habría que concretar qué se está entendiendo por "correspondencia". Surgen, de este modo, tres acepciones que resultan interpretadas por los comparatistas, tal y como lo plantean en sus análisis: en primer lugar, si los objetos están situados en lugares próximos entre sí dentro del campo en el que se investiga. En segundo lugar, si las definiciones de los conceptos se corresponden y pueden ser por tanto equiparables, pues a veces el modelo y teoría que se adoptan para aplicar el estudio comparado está determinando la opción por una definición u otra. En tercer lugar, si es posible identificar la acepción y el significado de los conceptos, puesto que en ocasiones el mismo concepto hace referencia a aspectos diferentes.

— ¿Cómo se establece la correspondencia entre las medidas? Para responder a este interrogante, ha de reconocerse que incluso las ciencias que supuestamente se muestran más objetivas resultan ser problemáticas desde el momento en que se utiliza para la interpretación (la demostración de la evolución demográfica de un país, resaltando unos años, y obviando otros, puede resultar fundamental para un estudio comparado de las tasas, por ejemplo, de escolarización en educación preescolar y primaria de ese país).

— Finalmente, ¿cómo se resuelve el problema de la expresión lingüística? Ésta no es una cuestión baladí, sino que, sin duda, se reconoce que, en función de la cultura en la que el investigador se encuentre, éste verbalizará los mismos conceptos que otras culturas pero sus significados podrán ser diferentes.

Para tratar de hallar una respuesta a todas estas cuestiones y a cuantas van surgiendo, de manera lógica, en su derredor, en torno a la "comparabilidad" habría que aspirar a encontrar una solución ideal, consistente ésta, según Eckstein, en hallar un *cor-*

*pus* de datos adecuados para la comparación, es decir, que sea independiente de quien recoge los datos y los interpreta (Eckstein, 1973, citado por Raivola, 1990: 306). Con este arma, que nos remite directamente a la cuestión de la objetividad y subjetividad de la Educación Comparada, el investigador podrá llevar a cabo la comparación desde un punto de vista científico.

Haciendo un obligado paréntesis con respecto al planteamiento de la dialéctica "objetividad-subjetividad" en la Educación Comparada y con relación a esta cuestión, entendemos que toda investigación ha de partir desde una perspectiva objetiva produciéndose con ello un necesario "distanciamiento", denominado también "enajenación", en palabras de Rivière (1990), entre el investigador y su objeto, sobre todo si previamente se ha de analizar cuál es el marco teórico referencial pertinente desde el cual constituir la investigación. Ahora bien, cuando ya se ha decidido el marco teórico, el sesgo personal e ideológico del investigador resulta un elemento inevitable, y ésta no es una cuestión banal, ya que como muy bien apunta Crombie, la manera en que se adoptan los interrogantes, su amplitud y dirección en la búsqueda de explicaciones a los fenómenos ya se halla influida por la filosofía, conocimientos e intencionalidades del investigador, "porque éstas son las que determinarán su concepto del tema efectivo de su investigación, el de la dirección en que se encontrarán las verdades ocultas detrás de las apariencias" (Crombie, 1974: 255). Como conclusión a esta cuestión, no faltan, en esta línea, autores que opinan que una interconexión entre ambas posturas puede constituir una solución que a su vez procure un mayor rigor y a su vez respeto en el abordaje de la complejidad de los hechos educativos.

De esta manera, puede concluirse que si bien acceder a una comprensión generalizada de los fenómenos procedentes de otra cultura puede resultar una tarea ardua, sí que ha de aspirarse al menos a adquirir una serie de conocimientos que capacite al investigador para acometer sus análisis comparados. Una propuesta sobre el modo de adquisición de dichos procesos viene dada por Hamlyn (1974, citado por Raivola, 1990), secuenciándolos del siguiente modo:

— Adquisición de conocimientos inductivos sobre el ser humano y el contexto en el que se desenvuelve

— Operación de "observación empática", lo que implica "pensarnos a nosotros mismos" en la situación de aquéllos que constituyen nuestro concreto objeto de estudio.

— Observación de las propiedades externas. En este sentido, hay que tratar de descubrir la significación subjetiva que dichas propiedades tienen para los objetos que están siendo analizados.

— Aplicación del conocimiento teórico general de manera objetiva sobre las cuestiones y observaciones realizadas.

Sin abandonar la perspectiva anterior, sino más bien enriqueciendo lo apuntado respecto a la comparación como operación mental básica, conjuntamente con la comparación existen además otros recursos estilísticos que cuentan con cierta tradición en la disciplina de la Educación Comparada: la analogía, la metáfora y otros recursos coadyuvan, en buena medida, al avance de los estudios, análisis e investigaciones de la disciplina. Me detendré brevemente en cada uno de ellos.

La *analogía* puede definirse como la correlación entre los términos de dos o varios sistemas u órdenes, es decir, la existencia de una relación entre cada uno de los términos de un sistema y los términos de otro. De este modo, a través de la analogía, se descubren las semejanzas y diferencias entre dos o más objetos de estudio que están siendo comparados, de tal modo que el investigador establece una relación concreta a partir del juicio que aplica sobre dichos objetos. De ahí, también, que la analogía, como señalan Ayala y Hernández (1997), conduzca al nudo epistemológico de la *causalidad,* en el momento en que se erige como instrumento de construcción de dos variables y su confrontación dialéctica.

Una forma de analogía es la *homología.* Ésta hace referencia a la idea de "identidad" y a su "sistematicidad". Pero a su vez la identidad está fundamentada en la similitud de dos relaciones unidas por el concepto de "estructura" o "sistema". Tanto uno como otro, "estructura" y "sistema", especialmente la primera, según Boudon (1968), es "una de las metáforas más acariciadas por el lenguaje científico y tan investida de significados que el uso de esta palabra, a fuerza de querer decir todo, termina por no significar nada" (Boudon, 1968: 244).

En esta línea, y continuando con este autor, la homología constituye, entonces, en cuanto a analogía teórica, una forma de metáfora icónica que en Ciencias Sociales se utiliza para "desgajar la conexión real entre dos tipos de fenómenos a partir de su modelización (*sic*) de manera ideal-típica" (Boudon, 1970: 110). Dicho de otro modo: no es en el paralelismo de dos fenómenos u objetos donde resulta la identidad de la estructura, sino en la correspondencia de productos mentales de una sociedad (sobre la educación) y sus aspectos no-mentales (la realidad)[1].

En la definición anterior de homología, se ha introducido otro término con fuerte ligazón a la comparación: la *metáfora*. Ésta puede ser definida como una figura del discurso por la que un nombre o término descriptivo se transfiere a un objeto diferente pero análogo al que éste se aplica en sentido recto. Brown (1977) distingue dos tipos de metáfora: la metáfora propiamente dicha (basada en una imagen que está esclareciendo un juicio emitido sobre ella) y la metáfora como modelo tanto en su versión de modelo analógico como icónico. Así, tanto en una como en otra modalidad, y tal como puede certificarse a través de algunos textos clásicos y renovados de Educación Comparada, las metáforas cumplen funciones insustituibles en los actuales escenarios educativos (Eckstein, 1990). A continuación pasaré a revisar algunas de las más significativas:

En primer lugar, el uso de las metáforas sirve para identificar las naciones y culturas, así como cuantos objetos se analicen desde la Educación Comparada (como los sistemas educativos). King en una obra ya clásica, "*Other Schools and Ours*", identifica a Francia con "la luz de la razón" y a Alemania con "una nación sobre ruedas". Más recientemente, con respecto a la Formación Profesional europea, Pedró (1992 y 1996) se remite a los diferentes países europeos utilizando las metáforas evocadoras de los cuentos infantiles, al identificar la situación de Alemania con "el Rey León", la de los países del Sur de Europa como "la Cenicienta" y la de Inglaterra y el País de Gales con "Peter Pan". Con respecto a la misma temática, los sistemas europeos de

---

[1] No faltan, en este sentido, autores que identifican "homología" con "modelo". Sin embargo, dicha identificación no es del todo correcta, aunque se reconozca que la analogía se expresa por medio de modelos, ya que, tal como apostilla De Cosner, no todo modelo es necesariamente analógico (De Cosner, 1978: 21).

Formación Profesional, en nuestro caso recurrimos a una leyenda azteca para describir el carácter y personalidad de cada uno de los hijos de Viracocha (Cachi, Manco y Sauco) e identificarlos con las diferentes trayectorias constatadas en los sistemas educativos europeos actuales (Martínez, 2001).

Se habla, por otro lado y continuando con los ejemplos, de organizaciones espaciales de "países desarrollados" y "países en vías de desarrollo o subdesarrollados", de "países del Norte" y "países del Sur", o "países del primer, segundo y tercer mundo". El concepto de "Tercer Mundo" apareció por primera vez en 1952, y fue utilizado por el economista francés Sauvy en un artículo aparecido en *L'Observateur*, quien, tomando como referencia la situación social existente en Francia antes de la Revolución de 1789, dividió a los países del mundo en tres categorías: el "primer mundo" abarca los países industrializados de tipo capitalista, el "segundo mundo", los países socialistas y el "tercer mundo", *todos los demás países* (la cursiva es mía). En cuanto a la noción de "países en vías de desarrollo" y "subdesarrollados", fue el presidente de los Estados Unidos, Harry Truman, ante el congreso, el que en el transcurso de un discurso dividió a los países del mundo en "desarrollados" y "subdesarrollados", anunciando con ello que el modelo económico y productivo que los pueblos debían tomar como referencia era el modelo industrial de tipo capitalista (Centro Nuevo Modelo De Desarrollo, 1994: 13).

En segundo lugar, las metáforas sirven para explicar y reflexionar sobre las diferentes interacciones y relaciones que tienen lugar entre objetos y elementos educativos. Así, se recurre a sociedades "simples y primitivas" como "niños", y a sociedades "maduras, complejas y sofisticadas" como los "adultos". La metáfora del "cuerpo humano" que Coombs (1985) utiliza para explicar el desarrollo de los sistemas educativos constituye también un buen ejemplo de esta segunda función. E igualmente tienen cabida todas las metáforas que se refieren al discurso que se remite a las relaciones de lucha y conflicto que se viven en la educación: la "reproducción", la "dependencia", el "imperialismo" o el "neocolonialismo" (y que puede certificarse en autores como Bowls, Gintis, Apple, Carnoy, Boli, Meyer, etc; cuyas teorías pueden ser consultadas en el Capítulo Segundo y Tercero, respectivamente).

En tercer lugar, las metáforas que los investigadores de Educación Comparada utilizan de forma explícita como instrumento para conocer la realidad, y de este modo ampliar los cauces en la comprensión de los hechos educativos. Así, puede hablarse de "las fuerzas de la historia", metáfora acuñada por Kandel (1972), para referirse a los factores contextuales que determinan en este caso a la Historia como elemento determinante de la Educación Comparada. Otro ejemplo reciente, propuesto por Kazamías (2001), en este sentido, apela a una metáfora muy ilustrativa a tenor de la importancia de "leer el mundo", para lo que recurre al mito griego de Agamenon, que sacrificó a su propia hija. A través de ésta, el autor desea escrutar críticamente los efectos deshumanizadores que la globalización ejerce sobre el conocimiento y la educación.

Rosselló, comparatista catalán de gran renombre en la historia de la Educación Comparada[2], es uno de los autores que utiliza metáforas en su teoría de corrientes educativas, al identificar el fenómeno educativo con una concepción dinámica y viva, para lo cual recurre, a partir de esta "gran" metáfora o metáfora-matriz, a diferentes sub-metáforas donde encontrarán sitio las diferentes analogías y homologías (modelos) estructurales. En este caso, las diversas analogías que el autor utiliza se cargan de una verdadera sistematicidad, como señala Achard (1977), de modo que contribuyen a la complementación de esa metáfora matriz.

Así, y para concluir, con respecto al valor y utilidad de las metáforas en la educación en general y en la Educación Comparada en particular, Eckstein reconoce que:

> La metáfora no es, como piensa Aristóteles, un medio retórico y decorativo, sino una forma característica de la comunicación humana que se utiliza, mejor o peor, en la enseñanza y en el estudio. Es inseparable del pensamiento humano y su función principal consiste en ayudarnos a tender un puente entre lo conocido hacia lo desco-

---

[2] La biografía de este comparatista español de gran proyección internacional, autor de la teoría de las corrientes educativas y auténtico practicante del "nomadismo formativo" por su disposición firme y explícita de caminar al encuentro de Europa, en palabras de Valls, puede ser consultada en textos como Valls, R. (1998): *Pedagogos comparatistas catalanes del siglo XX: Rosselló, Tusquets, Sanvisens. Una visión prospectiva*, Barcelona, Universitat de Barcelona. Divisió de Ciències de l'Educació; así como Ayala, A. y González, A. (1998): "La teoría de las corrientes educativas en Pere Rosselló: entre el positivismo y la hermenéutica", *Revista Española de Educación Comparada*, 3, págs. 35-59.

nocido, ya sea como niños, como adultos o como investigadores (Eckstein, 1990: 292).

De este modo, se descubre el valor potencial que encierra el uso de las metáforas y otros recursos para la Educación Comparada, si se utiliza de modo consciente y deliberado, para llevar a cabo análisis interpretativos e incluso como instrumento para una valoración crítica sobre la realidad educativa. En esta línea, Raventós indica que el estudio de analogías y simetrías, así como su reflexión y profundización, genera sin duda un efecto beneficioso en la correcta utilización de la metodología comparativa. Así lo corrobora cuando señala que "el estudio de la analogía entendida en un sentido amplio como relación de semejanza o correspondencia, y sus posibilidades como procedimiento y como razonamiento científico fundamentan y dan sentido al análisis comparativo propio de nuestra disciplina" (Raventós, 1998: 567).

Desde la perspectiva didáctica, destaca Raventós que la analogía y el razonamiento analógico están interviniendo de forma activa durante la mayor parte de los procesos de aprendizaje, de modo que materiales didácticos, rompecabezas, juegos de construcción; están fundamentados en procesos de aprendizaje basados en correspondencias, imitaciones, asociaciones, etc[3]. Resalta, de esta manera, el uso pedagógico de la proporcionalidad, de la semejanza, de la metáfora, de la atribución, etc., que se presentan desde el nivel de educación primaria hasta la educación superior en el aula, en libros de texto, en materiales pedagógicos, lo cual repercute sin duda sobre la utilidad que la comparación y otros recursos estrechamente relacionados con ésta (la metáfora, la asociación, el símil o la analogía) tienen en el desarrollo cognoscitivo, emotivo y actitudinal de las personas. Como reflexión final, el autor apostilla que:

---

[3] Para analizar los juegos de simulación en cuanto a su validez como recurso pedagógico, recomiendo el libro de López y Garfella, en el que se analizan tanto los antecedentes históricos como las virtualidades educativas de los juegos de simulación. En López, R. y Garfella, P. (1997): *El juego como recurso educativo. Guía antológica*, Valencia, Departamento de Educación Comparada e Historia de la Educación, 37.

Entiendo que la persistente utilización de metáforas, tropos, lenguajes figurados y otras ficciones alegóricas, tan frecuentes hoy en nuestro mundo globalizado por los medios de comunicación y por las nuevas tecnologías, nos invita a reflexionar seriamente sobre el papel y el sentido de la comparación ante los nuevos retos de todo tipo que se nos avecinan en el umbral del siglo XXI (Raventós, 1998: 567-568).

Para concluir, he de señalar que tanto las analogías, los tropos, las metáforas y comparaciones, y su utilización sobre la Educación Comparada, contribuyen a forjar la "mentalidad comparativa", término acuñado por Eckstein que se identifica con una operación intelectual que permite al comparatista ir "más allá" y explicar lo desconocido a través de conceptos ya analizados. Esta herramienta resulta un instrumento precioso por cuanto abre nuevas posibilidades de interpretación, no exentas de creatividad, para el investigador que acomete nuevos estudios comparados, ya que, en palabras del autor:

La mentalidad comparativa está llena de curiosidad y siente irresistiblemente el atractivo de los enigmas del comportamiento humano. Es creativa y flexible, capaz de ir y venir entre el aspecto singular y la pauta general, entre los hechos y las variables, entre los datos y las teorías, el estudio contemplativo y otras formas de actividad. En resumen, es una variedad particular de la cognición humana, y, en especial, de la mentalidad inquisitiva, ya sea científica, filosófica o artística. Su atributo más propio es dejarse seducir por los juegos fascinantes de la resolución de enigmas complejos y de la manipulación de ideas y hechos a través de la comparación y de la metáfora (Eckstein, 1983: 330).

## Hacia una definición integrada de Educación Comparada

Si bien la Educación Comparada goza de casi dos siglos de existencia (considerando como criterio su estatus epistemológico), los especialistas se hallan en la actualidad lejos de acordar una definición unánime de la disciplina, tal y como sostiene Van Daele (1993). Ante esta realidad, añade Rosselló, con cierta dosis de ironía aunque no sin razón, que "habría que empezar, pues, por un estudio comparado de las numerosas definiciones de Educación Comparada" (Rosselló, 1978: 18).

Y es que todos los autores que han contribuido, de un modo u otro, a la evolución, avance y consolidación de la Educación Comparada en cuanto a disciplina poseen, implícita o explícitamente, una concepción de la misma que han plasmado, en algún momento dado, en alguna de sus producciones científicas. A continuación es nuestra intención centrarnos en las más significativas, para lo cual seguiremos un criterio cronológico, a grandes rasgos y haciendo referencia al año de la publicación de la obra en la que hemos hallado las definiciones respecto a la disciplina. Comenzaremos primero por las definiciones de los comparatistas adscritos al ámbito internacional, para continuar con las procedentes del ámbito español.

Para Kandel, "la Educación Comparada es la ciencia que procura analizar y comparar las fuerzas que generan las diferencias entre los diversos sistemas nacionales de educación" (Kandel, 1933: 102). Nos interesa extraer esta definición de la historia de la disciplina, en concreto del periodo analítico-explicativo, para destacar cómo el autor, en efecto, enfatiza el análisis (aquí equiparable a "interpretación") del objeto, que es el "sistema nacional de educación", desde un punto de vista esencialmente histórico. Dicho sistema es calificado con el apelativo de "nacional", surgiendo así como tópico de estudio de cara a la definición de los sistemas educativos de un país, aunque tal denominación no se hallará exenta de cierta controversia, como sostiene Sevilla (1996), sobre todo en la interpretación y significación que posteriormente se ha otorgado a los términos de "nación" y "nacionalismo".

Schneider (1964) señala que "la Pedagogía Comparada es la ciencia que mediante la comparación de los hechos pedagógicos en sentido estricto o en un sentido cultural más amplio, pertenecientes al pasado o a la actualidad, al país propio o a países extranjeros, trata de responder a cuestiones pedagógicas individuales (ideográficas), o de establecer conceptos pedagógicos o leyes universales (nomotéticas)". El autor se circunscribe en el mismo periodo que el anterior, el analítico-explicativo, en el que los estudios de Educación Comparada se someten a la interpretación de los resultados por parte de los comparatistas; si bien dicha interpretación puede concebirse desde diferentes campos, y uno de ellos es el que defiende Schneider, el enfoque explicativo-antropológico. Es en este contexto donde ha de entenderse el objeto de su definición. Una segunda parte, no menos interesante, viene precedida en la definición por el objetivo, y consiste en que la Educación Comparada puede utilizarse para responder a cuestiones individuales o para llegar a generalizaciones, a modo de leyes científicas generales. Lejos de existir un acuerdo sobre esta cuestión, ambas posturas se muestran incompatibles a ojos del investigador, dependiendo del paradigma y modelo teórico que se adopte. En este sentido, mientras el positivismo y neopositivismo defienden que la Educación Comparada ha de servir para facilitar una interpretación nomotética de la realidad educativa, el funcionalismo y, por su parte, el neofuncionalismo y la teoría de sistemas entienden que la Educación Comparada traduce realidades ideográficas e individuales.

El tercero de los enfoques de este periodo, el análisis explicativo-filosófico, está representado aquí por Lauwerys (1974), quien opina como fruto de sus diversos estudios que "La Pedagogía Comparada es la parte de la Teoría de la Educación que concierne al análisis y a las interpretaciones de las diferentes prácticas y políticas en materia de educación, en los diferentes países y diferentes culturas". Además de denominarla "pedagogía" en lugar de "educación", el autor se decanta por la utilización más pragmática de la Educación Comparada, pues se remite a las interpretaciones que han de hacerse tanto de las prácticas como de las políticas educativas, destacando con ello sobre todo el carácter instrumental de la disciplina.

Esta postura resulta compartida por King (1972), para quien la "Educación Comparada es el estudio comparativo de una de las más complejas formas de la conducta humana, el proceso educativo. No está limitada sólo al estudio de los sistemas escolares o a factores particulares, de tal forma que sea una inexpresiva descripción de prácticas e instituciones educativas foráneas. La Educación Comparada está interesada en las variaciones del proceso total de la educación". Lo primero que llama la atención de este autor, correspondiente al periodo actual, es su posicionamiento respecto a la disciplina, ya que no la considera como ciencia, y por tanto identifica la Educación Comparada con "estudios comparativos". Destaca igualmente la consideración no sólo del "sistema escolar" en cuanto a objeto, sino el entendimiento de que el concepto mucho más rico de "proceso educativo" ha de ser igualmente abordado desde la Educación Comparada.

Para Vexliard (1970), "La Pedagogía Comparada es una disciplina que investiga y tiende a extraer conocimientos nuevos, de

orden teórico y práctico, por medio de la confrontación de dos o
más sistemas de educación en uso en diversos países, regiones o en
distintas épocas históricas. La comparación consiste en distinguir
y analizar las similitudes y diferencias entre varios sistemas de educación". Ésta constituye sin duda una definición que se interesa
por la vertiente metodológica de la disciplina, a partir de los estudios que "confrontan", "distinguen" y "analizan" los sistemas educativos, en palabras del autor, y que nos remiten a los métodos de
yuxtaposición e interpretación del propio hecho educativo.

En esta misma línea, la década de los setenta conoce el auge
de los enfoques positivistas, y representantes de esta corriente,
Noah y Eckstein (1970), señalan que "la Educación Comparada
forma parte de un plan más amplio para explicar los fenómenos,
primero dentro de los sistemas e instituciones educacionales; y
segundo, abrazando y vinculando la educación con su ambiente
social". Destacan los autores la importancia de los contextos, en
este caso sociales, para explicar los "fenómenos" (muy utilizado
en la terminología positivista) educativos.

La necesidad de contar con la necesaria interpretación que
concede el factor social para entender los hechos educativos también se pone de manifiesto de forma más notable para los defensores de las teorías de los sistemas educativos y del funcionalismo,
como es el caso de Kneller (1972), que la define como "el estudio
de las interacciones que tienen lugar entre la educación y la sociedad, no sólo en la situación nacional, sino también en la internacional con el propósito de entender su fuerza y debilidad, y encontrar soluciones a problemas tanto locales como universales".

La adscripción positivista a la que se ya se ha aludido, sin
embargo, se presenta de forma más nítida en Lê Thành Kôi
(1981) y la intencionalidad que ha de perseguir la Educación
Comparada de formular leyes, cuando indica que "La Educación
Comparada puede ser definida como la ciencia que tiene por
objeto despejar, analizar y explicar las semejanzas y las diferencias
entre hechos educativos, y/o sus relaciones con el contexto (político, económico, social, cultural), y de investigar las leyes even-
tuales que las determinan en diferentes sociedades y diferentes
momentos de la historia humana".

Finalmente, puede incluirse la definición de Albatch (1990),
quien sostiene que la Educación Comparada no es, en cualquier
caso, una disciplina, sino que se destaca por su naturaleza agluti-

nadora, que puede acreditarse cuando la concibe como "un campo multidisciplinar que contempla la educación (no necesariamente limitada a las escuelas o a las instituciones de educación formal) en un contexto transcultural".

De este modo, podría concluirse a partir de las definiciones concedidas por los diferentes autores con una clasificación conformada por tres agrupaciones en torno a la Educación Comparada: los autores que se centran en la delimitación del objeto (los sistemas educativos, la política educativa, los problemas educativos y el proceso educativo, por poner los ejemplos más significativos), los que se decantan por destacar la vertiente metodológica (utilización del método y/o metodología comparada) y los que apelan, de un modo u otro, al papel jugado por los contextos en la configuración de la primera, si bien hallamos definiciones en las que aparecen integradas más de una de las categorías citadas.

Si se analizan, a continuación, los conceptos procedentes de autores comparatistas españoles, las respectivas definiciones no difieren excesivamente de las tendencias que han ido apareciendo en el contexto internacional anteriormente.

Las dos primeras definiciones comparten la preferencia de la noción de Pedagogía Comparada sobre Educación Comparada, concepción defendida en los contextos catalanes de Educación Comparada, tal y como se refleja en el último capítulo. Pero además ha de añadirse una segunda peculiaridad, y es que la Educación Comparada queda definida en buena medida por su método.

Dentro de los autores que se centran en el método, una buena prueba de lo dicho líneas arriba viene de la mano de Tusquets (1969), quien en la década de los años sesenta, ya apuntaba a que "La Pedagogía Comparada es la ciencia que plantea e intenta resolver los problemas educativos, valiéndose del método comparativo, aplicado científicamente y acomodado a la naturaleza de dichos problemas en general, y de cada uno de ellos en particular". El notable comparatista español destaca, ante todo, la importancia que tiene el método en la configuración de la disciplina a la hora de abordar el objeto, que en este caso se identifica con los problemas educativos y con el fin de hallar una solución a fin de atajarlos.

Más recientemente, Ayala y Lucero (1998) también se remiten a la consideración metodológica, señalando por su parte que "la

Educación Comparada puede ser considerada como un lenguaje ideológico de los sistemas educativos sin que se obvie tampoco la posibilidad de recuperar otros métodos de las ciencias sociales que permitan un análisis más completo de esta complejidad social". En este sentido, las autoras están apelando a la consolidación de nuevas metodologías procedentes de las Ciencias Sociales cuyas aportaciones resultarán del todo determinantes para definir el estado de la cuestión del momento presente de la Educación Comparada: metodologías cualitativas, estudios de campo, la etnografía, etc.

Por su parte, entre los comparatistas que destacan el objeto sobre el método, otro comparatista catalán, Quintana (1983), entiende que "Pedagogía Comparada es el estudio comparativo de las cuestiones pedagógicas de diverso tipo, y en particular de los sistemas educacionales de los diferentes países". En su definición, el autor diversifica dicho objeto en dos consideraciones: las cuestiones pedagógicas y los sistemas educacionales.

Desde una vertiente más pragmática y aplicada, cercana por tanto a los argumentos de Lauwerys y King, Pedró (1993) sostiene que la Educación Comparada es "el estudio de los problemas educativos contemporáneos con vistas a examinar las soluciones aportadas por ellos a problemas compartidos, lo que exige previamente un cuerpo estructurado de conocimientos relativos a los sistemas educativos contemporáneos".

Finalmente, no faltan autores que destacan la necesaria convivencia que precisan ambos elementos, como Raventós (1990), quien, por su parte, entiende que la "Educación Comparada es, por un lado, y desde el punto de vista científico, una metodología de trabajo de la Pedagogía, a partir de la comparación de fuentes, situaciones, instituciones, etc. Y, por otro lado, el estudio de los diferentes sistemas educativos en el mundo –teórica y prácticamente– o parcelas o aspectos de los mismos".

Y es en esta misma línea sobre la que concluimos, con nuestra apreciación sobre la Educación Comparada, para lo cual parafrasearemos también a García Garrido, quien opina que, la Educación Comparada constituye una disciplina científica cuyos rasgos más sobresalientes e idiosincrásicos son su método y su objeto (García Garrido, 1991a). Si, en efecto, nos acogemos a este requisito, solamente en algunas definiciones se ve reflejado este doble aspecto: en Vexliard y Lê Thành Kôi (dentro de la tradición

positivista éste último), y también en los comparatistas catalanes
Tusquets, Quintana y Raventós.

Partiendo de esta premisa, añadiremos dos matices más, con-
siderándolos como axiomas que enriquecen sustancialmente el
significado de su estatus epistemológico: por un lado, la utilidad
de los estudios comparados (puesta de manifiesto por Lauwerys,
Vexliard, Tusquets, y Pedró) y, por otro, la importancia ostensible
que posee el vector social para la interpretación y comprensión
de los fenómenos educativos (como señalan Lauwerys, Kneller, y
Ayala y Lucero). Con estos sugerentes elementos, nos hallamos
ahora en condiciones de dar una definición de la Educación
Comparada, y así:

*Por Educación Comparada entendemos la disciplina científica de
carácter tanto básico como aplicado: "básico" porque quiere conocer los
fenómenos educativos como entidades que forman parte de la realidad y
"aplicado" porque a través del análisis busca solucionar los problemas
educativos vigentes en las actuales sociedades mundiales.*

*Para ello, gran parte de los comparatistas han centrado su atención en
desarrollar un método específico (la metodología comparada), que aplican
a su vez sobre los objetos (los sistemas, problemas y procesos educativos).
Ambos, objeto y método, se establecen para analizar, interpretar y reconstruir la realidad de los hechos educativos que interactúan de manera implícita y explícita con el contexto social, económico, político y cultural.*

## LA EDUCACIÓN COMPARADA Y SU RELACIÓN CON OTRAS DISCIPLINAS

Una vez repasadas las definiciones que consideramos más
reveladoras de la historia de la Educación Comparada, además de
haber construido una definición integradora de los aspectos más
destacables, en nuestra opinión, que han de mencionarse con la
actual definición de Educación Comparada, a continuación centraremos nuestra atención en la concurrencia de algunas disciplinas que comparten con la Educación Comparada algunos elementos (como es el objeto educativo).

En efecto, más allá de los lazos conceptuales que unen a esta
disciplina con otras pertenecientes al campo de las Ciencias
Sociales, a las Ciencias del Desarrollo, y a otras ciencias comparativas desde el punto de vista metodológico; en la actualidad puede
constatarse que, en buena medida suscitadas por la emergencia de

nuevas titulaciones dentro de las Ciencias de la Educación (Educación Social, Psicopedagogía, etc.) que buscan una mayor especialización en sus campos de análisis y acción, han surgido en los últimos años algunas disciplinas que mantienen una evidente conexión con la Educación Comparada. A continuación haremos referencia, aunque sea muy brevemente, a las más significativas.

Para ello nos remitimos a una triple clasificación: en primer lugar, la interesante propuesta que lleva a cabo Halls (1990) acerca de las disciplinas que él considera dentro de la Educación Comparada; en segundo lugar, el análisis de las disciplinas que mantienen lazos más estrechos con la Educación Comparada y en tercer lugar las disciplinas más significativas dentro del campo de las Ciencias Sociales que comparten su metodología.

*Disciplinas dentro de la Educación Comparada*

Tal y como señalamos, Halls se remite a estas disciplinas como las "diferentes tipologías que existen en la Educación Comparada" (Halls, 1990: 21). Otros autores, sin embargo, entienden que disciplinas como las que aquí aparecen, Educación Internacional y Educación para el Desarrollo, por ejemplo, no han de ser consideradas como tipos o sub-disciplinas de la Educación Comparada, sino que tienen su propia entidad en cuanto a tales. Sobre estas cuestiones que nos remiten a la búsqueda de criterios diferenciadores entre estas disciplinas, seguiremos insistiendo en el último capítulo.

Las disciplinas a las que el autor se refiere son las que se indican en el siguiente gráfico[4]:

---

[4] También existen, obviamente, otras tipologías. Van Daele (1993), en su abordaje sobre la cuestión terminológica en el primer capítulo de su obra de síntesis divulgativa sobre la Educación Comparada, confecciona otras categorías para analizar las tipologías disciplinares de Educación Comparada. Las subdivisiones que el autor realiza y que forman parte del campo de estudio son: la "educación en el extranjero", la "educación internacional", la "educación para el desarme" y "la educación relativa a los derechos del hombre". A su vez, dentro de la "educación multicultural" señala dos incorporaciones posteriores que ahora ejercen un impacto más que notable sobre los actuales estudios de la Educación Comparada: la "educación de los inmigrantes", y la "educación de los refugiados".

## 1. *Pedagogía comparada*

Aunque en el último capítulo se incida sobre la diferencia entre la Educación Comparada y la Pedagogía Comparada, hemos incluido esta acepción porque Halls concede en la presente clasificación otra interpretación, al entender que este concepto, utilizado en contextos latinos (franceses, italianos) está haciendo referencia sobre todo al estudio de la enseñanza y del funcionamiento de las clases escolares en diferentes países. A través de la misma, por ejemplo, se analiza la enseñanza de las lenguas, de las ciencias experimentales, etc.

A su vez se reconoce una sub-división:

### a. *Análisis intraeducativo e intracultural*

Estudia la educación en diferentes niveles, así como la investigación sobre las fuerzas históricas, sociales, culturales, políticas, religiosas, económicas y filosóficas que determinan, en parte, pero que a su vez resultan determinadas por el carácter de los sistemas educativos. Desde esta perspectiva sistémica se consolidan asignaturas que se plantean a partir del principio de interdisciplinariedad con los ámbitos culturales, económicos y políticos (como la asignatura de *Educación Intercultural*). E incluso otra disciplina que emerge en los nuevos planes de la Titulación de Pedagogía y que aborda esta perspectiva desde el punto de vista histórico y político es *Historia de los sistemas educativos europeos*.

b. *La educación en el extranjero (Auslandspädagogik)*

Esta asignatura se remite al estudio de los aspectos de uno o varios sistemas de educación diferentes al sistema imperante en el país del investigador. Con la Educación Comparada compartirían, en esencia, la atención prestada al objeto, esto es, los sistemas educativos, si bien la Educación Comparada va más allá y lo que persigue es que dichos sistemas le proporcionen material para su análisis comparativo.

2. *La cooperación para el desarrollo en educación. Relación con la Educación para el Desarrollo*

La juventud de esta disciplina, la Cooperación para el Desarrollo en Educación, no es óbice para augurarle un futuro prometedor. Podemos afirmarlo además desde la experiencia profesional, ya que es una asignatura que vengo impartiendo desde hace cuatro años y, con la aprobación de la misma en los planes de la titulación de Educación Social, se convierte en una asignatura que, lejos de quedarse limitada a la titulación de Pedagogía, resulta transversal con las titulaciones anteriores. A lo anterior ha de sumarse la absoluta novedad que supone plantear esta disciplina con respecto a otras universidades españolas, y, en este sentido, como señalaba recientemente la prensa, refiriéndose al Departamento de Educación Comparada e Historia de la Educación de la Universidad de Valencia, "este departamento es probablemente el único en España que ha introducido en sus planes de estudio la temática de la cooperación para el desarrollo en el terreno de la educación" (Hoyos, en *Nou Dise*, 2000: 8).

La multiplicidad de temáticas que ofrece la "Cooperación al Desarrollo en educación" es enorme y su análisis resulta de gran pertinencia y actualidad: la conceptualización de la cooperación al desarrollo y sus repercusiones sobre la educación; el estudio de los sistemas educativos y las reformas que de esta naturaleza se acometen en el Sur; el planteamiento en materia de política educativa de los organismos internacionales; el estudio de módulos independientes, como es el referente al trabajo infantil o a las cuestiones de género en el Sur, o los estudios de los modelos teóricos y diferentes paradigmas de desarrollo y su vinculación con el hecho educativo, por poner algunos ejemplos. De forma personal, en la distribución de temas que se realiza sobre la disciplina incluimos, además, un módulo correspondiente a la metodología comparada, a fin de aprovechar los conocimientos metodológicos comparados para la aplicación de estudios educativos contextualizados en las diferentes regiones del Sur.

Tradicionalmente, sin embargo, se ha conocido a esta disciplina por constituir un objetivo bastante concreto: la producción de estudios y proyectos dirigidos a ayudar a los planificadores y administradores de la educación de los países subdesarrollados en su tarea de favorecer el desarrollo de métodos y técnicas de educación apropiados. Esta característica la acerca más a los planteamientos relacionados con la planificación de la educación, tal y como se certifica en diferentes sedes de la UNESCO, como es el caso del IIPE (Instituto Internacional de Planificación Educativa de Buenos Aires) o la OREALC (en Santiago de Chile). De ahí también que haya existido, en estrecha conexión con la labor anterior, un seguimiento constante en la investigación y en el análisis de diferentes temáticas educativas, así como una proliferación de monografías y estudios aplicados promovidos desde o a través de las agencias nacionales de cooperación. A lo anterior hay que añadir la encomiable acción llevada a cabo por múltiples organizaciones internacionales, que se vinculan con ello a la cooperación para el desarrollo: UNESCO, UNICEF, ONU, OIT, Banco Mundial, OCDE, etc.

En esta línea, la Cooperación al Desarrollo también se ha dedicado a la producción de estudios, proyectos y programas de formación dirigidos al personal encargado de poner en marcha los programas de educación nacionales. Al mismo tiempo, y conforme las ONGD (organizaciones no gubernamentales de desarrollo) han ido emergiendo en calidad de protagonistas activos en el panorama internacional, hasta el punto de que hoy se considera uno de los sectores más involucrados en el desarrollo de los contextos del Sur, también esta disciplina se dedica a preparar a estos especialistas, así como a los técnicos del desarrollo para la elaboración del marco lógico de los proyectos de desarrollo en el ámbito educativo. Uno de los marcos lógicos más utilizado es el que se elaboró en Estados Unidos (con el nombre de "*Logical Framework Analysis*") a finales de los años sesenta y que desde entonces ha sido utilizado por múltiples organizaciones donantes, tanto bilaterales como multilaterales (como es el Ministerio de Cooperación Económica de Alemania [BMZ]). Hoy en día, tanto organismos como la OCDE, el

Banco Mundial, el PNUD, ONGD, como ministerios nacionales de países cuyo compromiso con la cooperación es evidente, como Canadá o Países Nórdicos, promueven y utilizan también este enfoque de desarrollo por objetivos, conocido como "*Método PIPO*" (NORAD, 1997; Dale, 2000a).

Finalmente, pensamos que habría que diferenciar académicamente, y por eso titulamos con la doble acepción este último apartado, la Educación para el Desarrollo de la Cooperación para el Desarrollo. Así, la Cooperación para el Desarrollo ocuparía todas las cuestiones que hasta ahora se han comentado. Una perspectiva diferente centraría la atención a la Educación para el desarrollo, como coinciden en señalar los organismos internacionales que destinan buena parte de sus esfuerzos en formar a expertos en esta disciplina y que prioriza por su parte los aspectos más relacionados con la enseñanza, dentro del ámbito didáctico, de valores y actitudes relacionadas con la solidaridad, la paz y que contribuyan por su parte al desarrollo así entendido.

Lo anterior puede certificarse con la exposición de varias definiciones sobre qué es la Educación para el desarrollo. La UNESCO (2000), por ejemplo, define la educación para el desarrollo como un aprendizaje para la emancipación y como una educación en valores. Coincidiendo en su esencia, Mesa se refiere a ésta como un proceso educativo constante que favorece la comprensión de las interrelaciones económicas, políticas, sociales y culturales entre el Norte y el Sur, promueve valores y actitudes relacionados con la solidaridad y la justicia social y busca vías de acción para lograr un desarrollo humano y sostenible (Mesa, 2001: 53-54).

Como consecuencia, una de las características más idiosincrásicas de la educación para el desarrollo es que ésta engloba la educación en *valores positivos*: solidaridad, cooperación, no discriminación y respeto. De este modo se crea un campo de actividades (informativas, sensibilizadoras y educativas) que tienen por objeto cambiar las percepciones que se detectan sobre los problemas ligados al desarrollo, motivar la reflexión e inducir a la movilización y a la práctica de la solidaridad.

Ahora bien, se suman otras definiciones que van "más allá". En efecto, a la anterior definición cabe añadir que trabajar desde la Educación para el Desarrollo supone entender la educación como ámbito de discusión cultural desde el cual se configura básicamente una crítica de la cultura dominante, lo que requiere una creación y re-creación de espacios físicos y educativos para la expresión de otras culturas y la intercomunicación crítica entre ellas (Marhuenda, 1994: 26). En esta tesitura, Celorio (1996) añade que esta educación ha de proyectarse indistintamente sobre los ámbitos de la educación formal, no formal e informal y ha de reinterpretarse desde los parámetros ofrecidos por la globalización y el neoliberalismo bajo los que se contextualizan los sistemas educativos, lo que determina tanto las potencialidades como las actuales limitaciones de esta educación para la paz y el desarrollo. Nos estamos refiriendo, por tanto y para concluir esta acepción, a una educación sociopolítica cuyo eje es la justicia social, se basa en un planteamiento constructivista y sociohistórico y se lleva a cabo en los ámbitos educativos formales (escuela, universidad) pero también en los "no formales" (asociaciones, escuelas de verano, ONGD, campamentos, etc), donde su protagonismo es cada vez más creciente.

Sin embargo, los límites entre ambas concepciones no siempre se presentan tan nítidos. En efecto, otros autores se remiten a la Educación para el Desarrollo desde una visión más cercana a la Cooperación al Desarrollo. Así, Halls (1990) define la educación para el desarrollo como "La producción de informaciones y de proyectos de cara a ayudar a los responsables políticos, especialmente en los «países nuevos», a favorecer el desarrollo de métodos y de técnicas de educación apropiadas, a formar al personal encargado de llevar a la práctica los programas" (Halls, 1990: 22-23). Para Van Daele (1993) este término hace referencia a la subdivisión de la Educación Comparada que se propone sobre todo informar y ayudar a los responsables de la política educativa, desde la perspectiva de que el estudio comparado de la educación y de la formación en los Estados del Sur juega un papel estratégico.

Como conclusión, desde nuestro punto de vista, los estudios de la Educación para el Desarrollo han de dirigirse hacia dos frentes fundamentales y complementarios: conocer la situación del Sur para actuar en las escuelas del Norte, así como las del Sur, aplicándolo al tramo educativo comprendido desde la educación preescolar hasta la universitaria. En este sentido, la educación para el desarrollo abarca, se nutre e interrelaciona con las asignaturas denominadas "transversales", justificando así la necesidad de interdisciplinariedad y de captar visiones globales que aglutinen la realidad educativa en toda su complejidad:

- Educación para la paz

- Educación en y para los derechos humanos

- Educación intercultural y mundialista

- Educación de género

- Educación ambiental

- Educación en y para los medios y el consumo

La práctica de la transversalidad se consigue a través de planteamientos específicos en el aula, especialmente en los niveles obligatorios de educación, aunque en España todavía existe, hoy por hoy, una visión sesgada de esta disciplina y su plasmación escolar hasta el punto de que resulta reducida casi en su totalidad a cuestiones relativas a cómo enseñar conceptos, procedimientos y valores que ayuden a los alumnos a impregnarse de actitudes empáticas, solidarias y comprensivas con las personas del Sur.

Esto nos remite al reconocimiento de la problemática que acarrea en nuestro país la transversalidad como una de las "asignaturas pendientes" (Celorio, 2000), por lo que creemos que merece la pena ser retomada desde el punto de vista curricular, aunque no únicamente. En sintonía con lo apuntado, resulta cuanto menos que ilustrativo revisar los materiales didácticos que, de forma especial, elaboran las ONGD para ayudar al profesorado a incidir de una forma manifiesta y explícita en las aulas a fortalecer la educación para el desarrollo. Entre estos materiales, destacaría los llevados a cabo por HEGOA; UNICEF, AEA (Ayuda en Acción) e INTERMON, entre los más significativos, por el rigor y, a la vez, gran riqueza de los materiales editados, lo que los convierte en elementos imprescindibles para las aulas de primaria y secundaria, principalmente, aunque también para la educación post-secundaria. Volviendo sobre la transversalidad, y ante esta panorámica, ciertamente no muy halagüeña y con visos de continuar con su estancamiento, Lázaro opina que en relación a esta limitación, "modificar esta percepción no es ni será tarea fácil" (Lázaro, 1996: 223).

Sin embargo, frente a este escenario, muchas ONGD han incorporado la educación para el desarrollo en sus respectivas agendas y consecuentemente se erigen en auténticas protagonistas y, a la vez, expertas: llevan a cabo campañas en escuelas y en entornos no formales, trabajan con dinamizadores juveniles, educadores y elaboran y distribuyen materiales didácticos y educativos, cuya exigencia y calidad pedagógicas han sido puestas de manifiesto y demostradas en las aulas que se comprometen a trabajar de manera sistemática las diversas y ricas temáticas relacionadas con el desarrollo y las relaciones Norte-Sur. De momento, y desde nuestro ámbito de investigación y acción, el universitario, también existen y se certifican iniciativas que trabajan en torno a la Educación y Cooperación para el Desarrollo. En concreto, como hemos señalado, la Universidad de Valencia, y, dentro de ellas, la Licenciatura de Pedagogía y la Diplomatura de Educación Social incluyen la asignatura Cooperación para el Desarrollo en Educación, desde hace cuatro años, disciplina sobre la que, como todo proyecto ilusionante, se espera continuar avanzando para su definitiva consolidación. En este sentido, en el 2003 ha sido igualmente propuesta como asignatura tanto de Pedagogía como de Educación Social para acometer el proyecto-piloto de innovación educativa en el contexto de la convergencia europea, de cara a la cada vez más inminente Espacio Europeo de la Educación Superior (EEE).

Y, aunque sea en Valencia donde se ha apostado específicamente por la temática de la Cooperación al Desarrollo como asignatura específica, las universidades, lejos de descuidar esta temática, que la incluyen bien en *Masters* y cursos de especialización, bien en cursos de Doctorado en Pedagogía. En lo que respecta al primer caso, especialmente significativos son los ofrecidos por el Instituto Universitario de Desarrollo y Cooperación-IUCD-UCM en la Universidad Complutense de Madrid, el Instituto de Estudios sobre Desarrollo y Cooperación Internacional-HEGOA en el País Vasco y la UNED. Aunque también se certifica una actividad incesante en las diferentes instituciones y universidades españolas, lo que demuestra la pertinencia y aun necesidad de la temática referida, y que se refleja, entre los más significativos, en: el postgrado de Cooperación para el Desarrollo de la Universidad Autónoma de Barcelona, el Diploma de postgrado en Cooperación Cultural Iberoamericana de la Universidad de Barcelona, el Master en Migración y relaciones intercomunitarias de la Universidad Autónoma de Madrid, el curso de Experto en Desarrollo de la Universidad Carlos III de Madrid, el curso de desigualdad, cooperación y desarrollo de la Universidad Complutense de Madrid o el postgrado de bienestar social, cooperación y desarrollo social de la Universidad de Valencia, entre los más significativos. En lo que respecta al segundo, los cursos de Doctorado en Pedagogía, dos ejemplos de ello son la Universidad de Murcia[5] y la de Valencia[6].

## 3. *Educación Internacional*

De cuño americano[7], esta disciplina surge de un polémico debate que tuvo lugar en la década de los años sesenta acerca del carácter científico que había de tener la Educación Comparada, con lo cual, si bien al principio algunos autores la identificaban de modo casi automático con la Educación Comparada, se fue advirtiendo de modo progresivo cierto distanciamiento por parte de la primera hasta despegarse de modo casi definitivo de la última. No obstante, y retomando su vertiente más aplicada, dentro de la propia Educación Internacional se distinguen igualmente diferentes bifurcaciones académicas, que se especializan sobre todo en el objeto de estudio:

### a. *Pedagogía Internacional*

Esta disciplina, identificada por algunos autores con la Educación Comparada comparte buena parte de los rasgos idio-

---

[5] En efecto, el contenido del curso de Doctorado "Educación para la Cooperación y el Desarrollo" del Programa "Valores y Educación" (bienio 1999-2000) puede consultarse en López Bachero, M. (2000): "Educación para el Desarrollo", en A. Montes (ed.): *Universidad y Cooperación al Desarrollo. Nuevas perspectivas para la docencia, la investigación y la intervención social*, Murcia, Universidad de Murcia, págs. 244-253.

[6] En el curso de Doctorado impartido por D.L.M. Lázaro Lorente, del Departamento de Educación Comparada e Historia de la Educación: "Cooperación al Desarrollo en educación" durante los cursos académicos 1997-8 y 1998-9, respectivamente.

[7] La Sociedad americana de Educación Comparada se denominaba antiguamente "*Comparative Education Society*" (CES), a lo que se añadió el epíteto de "*International*" en 1968. El ejemplo americano fue seguido, de cerca, por el caso británico, quien por su parte modificó el nombre inicial por el de "*British Comparative and International Education Society*" (BCIES).

sincrásicos con la Pedagogía del extranjero, si bien, y dado que la Pedagogía Internacional estudia la enseñanza de los grupos multinacionales, multiculturales y multirraciales y la enseñanza de las minorías lingüísticas o étnicas, llega a adquirir un *corpus* que la diferencia de la disciplina anterior. Estas características, sin embargo, la acercan más a la Enseñanza para la Cooperación Internacional, la Educación para la Paz, y la Educación para el Desarrollo, que ya han sido abordadas. Precisamente, y sin abandonar esta línea, Adams y Theisen (Citado por Lázaro, 1996) distinguen, por su parte, dentro de la Educación Internacional, la Educación global, y, como ampliación de ésta, la Cooperación al desarrollo en educación.

b.   *Estudio del trabajo de las instituciones de educación internacional*

Esta disciplina, como ocurre con el análisis intraeducativo e intracultural, y con la pedagogía intercultural, también constituye uno de los focos de atención de la Educación Comparada. Aun así, y tal y como el término lo indica, la especificidad del mismo sugiere que esta disciplina se centre en las cuestiones más relacionadas con el diseño y ejecución de políticas educativas, de modo que pueden estudiarse aspectos como la homologación de diplomas en el ámbito internacional, la promoción de intercambios de estudiantes, profesores e investigadores, o la creación de acuerdos culturales o educativos. Además, se analizan la historia y directrices de acción más importantes de los actuales organismos internacionales con competencias en la cultura, la formación y la educación (UNESCO, UNICEF, Banco Mundial, OIT, Naciones Unidas, etc).

*Disciplinas relacionadas con la Educación Comparada*

Apelando a la realidad multifactorial bajo la cual los hechos educativos presentan matices que sin duda pueden ser completados y clarificados desde diferentes perspectivas y disciplinas, a continuación se revisarán aunque sea de forma sucinta las disciplinas dentro de las Ciencias de la Educación que bajo nuestro punto de vista mantienen lazos más estrechos con la Educación

Comparada[8]. Con ello no se hace sino reincidir en la idea de la necesaria interdisciplinariedad que ha de existir entre los saberes que comparten ahora el estudio específico de los fenómenos educativos, bajo el atento juicio de que éstos no pueden establecer unos límites rígidos que compartimenten de un modo taxativo los campos de actuación de cada ciencia, ya que lo último resulta completamente artificioso.

— **La Sociología de la Educación.** Dejando aparte la reivindicación hecha por algunos sociólogos, consistente ésta en exigir la vinculación de la anterior con la Sociología, han de reconocerse conexiones evidentes con la Educación Comparada desde el planteamiento que ambas disciplinas hacen sobre el objeto de estudio: el fenómeno o proceso social, en sentido amplio; y las relaciones sociales referentes a la educación, en sentido más estricto.
El análisis sobre los comportamientos referentes a los grupos sociales en los diferentes contextos (educativos, pero también sociales, políticos, económicos y culturales) constituye una de las herramientas más valiosas que para el comparatista concede la Sociología de la Educación, en el sentido de que proporciona información sin duda valiosa para conocer las situaciones sociales que afectan a la estructura educativa de un determinado país, e incluso la condiciona enormemente.

— **La Pedagogía general.** No puede obviar la Educación Comparada su conexión con esta disciplina, de la que toma, en esencia, los fundamentos y conceptos que definen a la Pedagogía en cuanto a ciencia, siendo conscientes, sin embargo y al mismo tiempo, de cómo la Pedagogía en cuanto a reflexión sobre la educación, dada su extrema complejidad, puede situarse en diferentes niveles y en

---

8 En esta clasificación nombramos además, aquellas disciplinas que, por razones de espacio y en orden de preferencia más cercana a la Educación Comparada, no han sido analizadas en este breve repaso, pero sí pueden ser consultadas con cierta profundidad en las obras teóricas y metodológicas de García Garrido (1991a), Raventós (1998) y Ferrer (1990): La Psicología de la Educación, la Psicología Social y la Psicología de los Pueblos, por ejemplo.

varias direcciones. De acuerdo con esta premisa, actualmente es posible hablar de *ciencias pedagógicas*, estando constituidas por todas las disciplinas que analizan desde diferentes perspectivas los hechos educativos, algunas de las cuales aparecen en este mismo apartado.

— **La Filosofía de la Educación** (dentro de las Ciencias Teleológicas de la Educación, conjuntamente con la Teología de la Educación): El substrato filosófico que ofrece esta disciplina que estudia, en esencia, los fines que persigue la educación, constituye un argumento de peso para comprender la conexión entre esta disciplina y la Educación Comparada. Además, hay autores que convierten a la Filosofía en el centro neurálgico a partir del cual gira su planteamiento teórico de Educación Comparada, como es el caso del enfoque filosófico de Lauwerys[9].

— **La Política de la Educación.** Más allá de quienes quieren ver una diferenciación entre la Educación Comparada y la Educación Internacional en función de la consideración más política y aplicada de la segunda con respecto a los intereses más conceptuales y básicos de la primera, hoy tiene cada vez más convicción la concepción según la cual se fortalece una visión integradora de la Educación Comparada que analiza e interpreta las políticas educativas de los países a nivel mundial. Por este motivo, la referencia a la política educativa resulta de obligada mención por cuanto esta disciplina ofrece pautas para el análisis de los sistemas educativos, la toma de decisiones y el diseño político. A lo anterior se suman otros autores, como Psacha-

---

[9] Lauwerys es el comparatista más representativo del enfoque filosófico, caracterizado éste último por identificar los sistemas educativos mundiales en función de la tradición filosófica subyacente en cada uno de los países. Este enfoque se enmarca dentro del periodo analítico-explicativo, periodo que tiene lugar desde la primera mitad del siglo XX hasta la Segunda Guerra Mundial y a través del cual la Educación Comparada da un salto cualitativo importante al incorporarse la interpretación y la explicación a partir de metodologías explícitamente comparadas de los hechos educativos. Conjuntamente con este enfoque y dentro del mismo periodo, el enfoque histórico y antropológico viene a completar un campo que comienza a ser, epistemológica y metodológicamente, fecundo.

ropoulos (1993) y, de modo especial, King (1967, 1972, 1979 y 1999), que inciden de modo especial en la utilidad de la Educación Comparada para la toma de decisiones políticas en materia educativa.

— **La Economía de la Educación.** Las relaciones entre ambas disciplinas son amplias y fecundas, puesto que la dimensión económica está presente en todos los modelos y enfoques más actuales de la Educación Comparada, ya sea como fundamento de base que legitima la adopción de unas directrices teóricas, ya como objeto de crítica y reflexión, de modo que es previsible que esta tendencia continúe e incluso se acreciente en el futuro.

— **La Historia de la Educación.** Su vinculación es más que evidente, pues ambas disciplinas contribuyen a la explicación de los hechos educativos, entendidos éstos *en sensu lato*. De ahí que la Historia de la Educación se configure a ojos del comparatista como un auxiliar insustituible (García Garrido, 1991a: 212), y ello no solamente desde los descubrimientos temáticos que se realizan desde la Historia, sino también desde los métodos utilizados por los historiadores que resultan de indudable utilidad para el comparatista. Puede constatarse, además, que la "historia de la Educación Comparada" es en realidad una "historia de la educación", si como tal se ha mantenido la premisa de adscripción de la Educación Comparada en las Ciencias de la Educación. De este modo, abundando en esta idea, puede constatarse en la actualidad un resurgimiento y líneas de investigación muy avanzadas por parte de la Educación Comparada que se centran precisamente en el análisis sociohistórico de esta disciplina, dentro del cual se incluyen a autores como Pereyra, Ossenbach, Ringer, Archer, Schriewer y Nòvoa, por poner algunos de los ejemplos más significativos.

— **Las Ciencias Aplicativas** (o Ciencias Metodológicas de la Educación). Con esta denominación genérica, se está incluyendo a la Orientación Educativa, la Organización Escolar, la Didáctica y la Planificación de la Educación. Cada una de estas disciplinas, tal y como apostilla Ferrer

(1990), constituyen referencias obligadas para la investigación aplicada en la Educación Comparada, en un momento dado, y desde el punto de vista teórico. Además, se constata en alguno de los enfoques y modelos de Educación Comparada un interés explícito por comparar aspectos pertenecientes al campo de la didáctica (libros de texto, organización académica, etc) como es el caso de los modelos más críticos, como el marxismo y neomarxismo, los enfoques de la dependencia o la teoría de sistemas.

*Disciplinas relacionadas con la metodología comparada*

Finalmente, no podía obviarse una realidad según la cual se certifica cómo la Educación Comparada, puesto que utiliza el método comparado, se relaciona de manera estrecha con otras disciplinas, pertenecientes al campo principalmente de las Ciencias Sociales pero también de las Naturales, que también utilizan en sus estudios una metodología comparada.

Raventós (1991) destaca el carácter transversal que comparten estas disciplinas e incide sobre la necesidad por parte de la Educación Comparada de establecer puentes y vínculos científicos con las otras disciplinas de Ciencias Sociales que hacen uso de la misma metodología, como la Etología y la Psicología Comparada; la Gramática, Lingüística, Filología y Literatura Comparadas; la Antropología Cultural, el Derecho Comparado, la Economía Comparada y la Política Comparada" (Raventós, 1998: 566). A continuación me referiré a alguna de ellas:

— La **Sociología Comparada**. Durkheim señala que la Sociología Comparada no es una rama particular de la Sociología, sino la propia sociología en la medida en que deja de ser puramente descriptiva y se encamina a explicar los fenómenos sociales (Durkheim, 1937: 137).

— La **Psicología Comparada** pretende descubrir leyes psicológicas generales a partir de la investigación comparativa entre grupos culturales, y se centra fundamentalmente en el aprendizaje.

— La **Gramática y la Literatura Comparadas**. En el ámbito lingüístico, gramatical, filológico y literario también pueden encontrarse buenos ejemplos de la utilización científica de la comparación (Roca, 1967; Vega y Carbonell, 1998 y Mendoza, 2000). La Literatura Comparada, en particular, se desarrolla en el contexto anglosajón, donde se acometen buena parte de los estudios comparados en el ámbito literario.

— El **Derecho Comparado**. En su práctica habitual, el abogado ha de recurrir a la comparación para demostrar o comprobar determinadas generalizaciones relacionadas con el Derecho, de modo que esta disciplina constituye un eficaz instrumento para comprobar la validez de las generalizaciones que comportan, aunque no únicamente, los discursos políticos.

— La **Política Comparada**, por su parte, utiliza un enfoque aplicado para descubrir las semejanzas y diferencias que ayuden al análisis de la realidad político-social, ya sea a nivel micro o a nivel macro. Además, y conjuntamente con la historia que acredita esta disciplina a sus espaldas, a partir de la expansión de la política como fenómeno global, la Política Comparada ha ampliado en la actualidad su radio y frecuencia de acción.

## EL OBJETO DE LA EDUCACIÓN COMPARADA

La consideración del objeto en la Educación Comparada comienza por reivindicar el lugar que éste merece en cuanto a que se halla inserto en la disciplina como eje de discusión y reflexión. Ello resulta como lógica consecuencia de que, debido al peso que adquiere la metodología en Educación Comparada, en muchas ocasiones la determinación del objeto se ha convertido en un elemento cuya relevancia ha sido secundaria. Son éstos, fundamentalmente, los motivos que nos mueven a dedicar aquí y ahora un apartado a esta cuestión. Como, en efecto, señala García Garrido, recuperando con ello el lugar del "objeto" dentro del marco teórico de la Educación Comparada, sin una gran claridad del *objeto*, será muy difícil trazar sus *finalidades* y mucho más cubrir sus *objetivos* (García Garrido, 1985: 122). En este sentido, responde el comparatista a aquellos autores que, como King (1972), defienden que resulta más válido hablar de "estudios comparativos sobre educación", que Educación Comparada, ante el que apostilla que "ni siquiera voy a esgrimir razones contrarias [referencia a la idea de King sobre "estudios comparativos"], siempre y cuando no pretendan insinuar que tales estudios se limitan a una pura aplicación del método comparativo, sin objeto preciso" (García Garrido, 1993: 156).

Existen autores, en esta línea, que conceden una importancia tal al objeto que lo priorizan con respecto al método. Lê Thành Kôi (1981) por ejemplo, señala que la Educación Comparada ocupa un puesto especial precisamente en cuanto a su objeto. El argumento que esgrime es que la educación carece de métodos propios, y en función de los objetos por los que se interese, utilizará los métodos de la Pedagogía, la Antropología, etc.

En el momento actual, caracterizado fundamentalmente por la profusión de nuevas teorías y planteamientos en Educación Comparada, Pedró (1993) hace un loable esfuerzo de síntesis a partir de la extrema heterogeneidad de modelos y paradigmas que presenta la disciplina en un ensayo muy clarificador. A través de éste, el autor sistematiza las dos posturas fundamentales de los comparatistas en función de la consideración de los objetos que entienden que han de analizarse desde la Educación Comparada y, al mismo tiempo, de las limitaciones que atribuyen a la disciplina. De este modo, a fin de poder compendiar las grandes tendencias que se han visto en este apartado con respecto a los criterios aludidos, se reconocen:

a)  las posturas que atribuyen a la Educación Comparada un objeto amplio, e incluso no privativo de ella. Aquí caben dos variaciones sobre esta tendencia, aunque sólo hemos mostrado ejemplos de la escuela primera: los que reducen la Educación Comparada al método (Tusquets y la escuela de Barcelona, pero también King). Aún cabría una segunda variación, sostenida por García Hoz (1988), para quien la Educación Comparada no existe como ciencia porque, si bien existe el método comparativo, no tiene sentido construir una ciencia autónoma para el último, habiendo por tanto de encontrar su espacio en las Ciencias de la Educación.

b)  Las posturas que atribuyen a la Educación Comparada un objeto restringido y propio. Aquí la casuística es más compleja, aunque compartan la primera premisa. Lê Thành Kôi (1981), como hemos visto, afirma la existencia de un objeto específico, pero niega al mismo tiempo la existencia de una metodología propia.

Dejando aparte esta clasificación inicial, la gran mayoría de ellos proclaman al "sistema educativo" y a los "procesos educativos" como los objetos de estudio más notables en el ámbito comparado.

Ahora bien, uno de los problemas que presenta la Educación Comparada, según García Garrido, viene dado por la realidad que supone su propio objeto científico: los sistemas educativos. Para comprender la riqueza intrínseca que encierra el presente concepto, habría que definir tres elementos, a fin de diferenciarlos entre sí: "sistema", "sistema escolar" y "sistema educativo".

En primer lugar, Pedró (1993), desde la perspectiva de la teoría de sistemas, entiende que el propio término "sistema" está incluyendo dos notas fundamentales en su seno: una suma de elementos y un conjunto de relaciones funcionales entre ellos. Esta definición bebe, así y a su vez, del concepto de "sistema" de Parsons, concebido éste como un todo integral conformado por diferentes elementos que se caracteriza por la reciprocidad, interdependencia y complementariedad en la interacción de cada uno de sus miembros.

En segundo lugar, el "sistema escolar" se circunscribe, como el término lo indica, al ámbito escolar formal, y que puede ser definido como:

> Un conjunto formal de todos los procedimientos y métodos, con sus aparatos instrumentales, a través de los cuales una sociedad ofrece educación a sus miembros de manera organizada y controlada, y sobre los diversos campos de la actividad humana, con el propósito del mantenimiento (aspectos funcionales y técnicos) y aceptación (aspectos éticos) de las estructuras sociales y de los valores que las justifican (Jane, 1977: 115).

En lo que respecta, finalmente y en tercer lugar, al "sistema educativo", éste emerge como un objeto de estudio con una entidad y fuerza propias. La UNESCO (1984) lo define como el conjunto de la organización estructural mediante la cual se dispensa a la población todo tipo y nivel de enseñanza. Este objeto ha sido analizado, estructurado, comparado e interpretado por los autores que forman parte de la historia de la Educación Comparada, quienes, y dependiendo del enfoque adoptado, priorizan los aspectos históricos, culturales, políticos y/o económicos, entre otros.

Pedró, por su parte, define a los "sistemas educativos" como un concepto abstracto que reúne a todo el conjunto de instituciones destinadas a impartir educación, sea o no escolar, sea o no pública, en una sociedad de la que dependen a efectos legales, ya sea esta una sociedad, una localidad, una región, un estado libre o una federación de estados (Pedró, 1993: 36-37). Así, se formula un concepto de "sistema educativo" lo suficientemente amplio como para dar cabida a cualquier estudio de naturaleza comparativa, sea cual sea el modelo o paradigma de análisis.

Frente a esta definición global, Archer define el sistema educativo de un modo mucho más limitado, cuando sostiene que "un sistema educativo [estatal] es un conjunto diferenciado de ámbito nacional de instituciones dedicadas a la educación formal, cuyo control y supervisión generales son, por lo menos en parte, gubernamentales, y cuyas partes y procesos componentes están interrelacionados" (Archer, 1979:19). De este modo la autora, en su énfasis explícito sobre la educación formal, omite, por tanto, intencionalmente o no, la educación no formal y la educación informal en su definición, restringiendo con ello el significado de lo "educativo" a lo "escolar".

Por contra, y desde un enfoque superador de la visión anterior, a nuestro parecer cabe entender la inclusión de los niveles referidos anteriormente y así reivindicar el papel precioso (e insustituible, incluso) que están cumpliendo tanto el contexto no formal como el informal de la educación en unos escenarios socioeducativos tan complejos como los actuales. Por ello, retomando la definición más amplia de Pedró y su referencia a la educación "sea o no escolar", vuelvo a remitirme a la triple clasificación formal/no formal/informal, bajo el reconocimiento de que el estudio de la educación puede aplicarse sobre tres ámbitos de análisis[10], y partiendo de que, en palabras de Trilla, la distinción

---

[10] La diferenciación entre los tres sistemas se reconoce ya en la década de los años setenta, a raíz del Informe de la Comisión Internacional para el Desarrollo de la Educación (Comisión Faure) (1975) y su publicación *Aprender a Ser*, en la que se destacan las limitaciones inherentes de la educación formal y la importancia de considerar a la educación como un proceso que se desarrollo a lo largo de toda la vida,

entre educación formal, no formal e informal es de la que hacen también referencia a lo que educa. O sea, que lo que resulta ser formal o no formal o informal es el agente, el factor, la situación que genera el efecto educativo en el educando (Trilla, 1985: 20):

— *la educación formal:* Acciones o procedimientos educativos realizados en el marco de la institución escolar (de preescolar a la universidad), con carácter estructurado, intencional, sistemático y con objetivos previos y definidos. Es el ámbito más utilizado por los investigadores de la Educación Comparada.

— *La educación no formal:* Acciones o procedimientos educativos con el mismo carácter y objetivos que la anterior, pero organizados y desarrollados fuera del sistema escolar. La educación popular o de adultos, la educación para el trabajo, la educación a lo largo de toda la vida, etc.; son tópicos de estudio que si bien tenían un papel secundario en la década de los sesenta y setenta, en la actualidad han cobrado un protagonismo más que evidente, sobre todo desde la importancia que concedida desde enfoques como la teoría de la dependencia, el neoestructuralismo, o el postmodernismo. En esta modalidad, como señala Trilla, cabe hacer dos consideraciones: la metodológica y la estructural, ya que en el primer caso se utilizan procedimientos que se apartan de las formas escolares convencionales, y en el segundo, la educación no formal queda diferenciada por los contenidos, las habilidades y las destrezas que generan.

— *La educación informal* (que también ha sido denominada "educación espontánea, difusa, cósmica, incidental, para la vida", etc). Hace referencia a acciones educativas promovidas sin una mediación pedagógica explícita, que se desarrollan de manera indiferenciada al lado de otros procesos sociales, de forma espontánea, a partir de las relaciones de las personas con su entorno socioeconómico, cultural y político, siendo no metódicas, inconscientes y no intencionales. El influjo que ejercen el contexto social,

---

de modo que se insta a aplicar *otras* modalidades educativas. El viraje hacia las nuevas formas de aprendizaje también puede ser consultado en COOMBS, P. (1985): *La crisis mundial de la educación. Perspectivas actuales*, Madrid, Santillana. Especialmente el apartado 'cambia el concepto de educación'. págs. 42-49.

cultural, económico, político, ideológico y educativo resulta determinante en la comprensión de los hechos educativos, y no hay ningún autor que haya negado esta realidad. El impacto que ejercen los medios de comunicación, y en la más inmediata actualidad el papel que juegan las nuevas tecnologías (*ntic*) en los entornos de la educación y la formación abre un debate en el que dominan las posturas contrastadas de esperanza y mejora de la calidad educativa frente a los que no dudan en encontrar nuevas fuentes de exclusión social.

Para concluir, en lo que respecta a la relación entre el "objeto" y la mención al que parece mostrarse como su principal referencia, los sistemas educativos, nos ocuparemos, aunque de forma muy breve y esquemática, del estudio que dos de los organismos internacionales más importantes, la OCDE y EURYDICE, realizan en torno a los sistemas educativos, a través de este sencillo cuadro confeccionado únicamente a partir de los grandes títulos (que a su vez dan lugar a clasificaciones más exhaustivas):

| OCDE | EURYDICE |
|---|---|
| Contexto de la enseñanza | Contexto político y económico |
| Recursos financieros | Organización general del sistema educativo y Administración general de la enseñanza |
| Participación en la educación | Educación Preescolar |
| Procesos y Personal | Enseñanza Primaria |
| Resultados de la Enseñanza | Enseñanza Secundaria |
| | Enseñanza de tercer nivel |
| | Educación de adultos |
| | Profesorado y otro personal de la educación |
| | Evaluación del sistema educativo |
| | Educación Especial |
| | La dimensión europea de la educación |

En esta escueta referencia queremos llamar la atención sobre una realidad, más allá de que EURYDICE parezca decantarse por un estudio más específico de los niveles educativos mientras que OCDE opte por un análisis mucho más global, aunque posteriormente se desglose de forma pormenorizada en cada uno de los apartados. Dicha realidad no es otra que la que insiste en contextualizar los sistemas educativos dentro de un entorno mucho más amplio que tiene en cuenta tanto el referente político y económico (en el caso de EURYDICE) como social (participación en la educación, de la OCDE) bajo la premisa de que estos componentes dotarán de un sentido y una significación sin los cuales no podrá conseguirse una comprensión en profundidad de los sistemas educativos objeto de estudio.

Sintetizando, pues, en lo que respecta a la atención que merece el "objeto", la referencia al mismo no ha de ser meramente identificada con el término "sistema educativo", sino que hay que reconocer la riqueza intrínseca que encierra el estudio del último desde el punto de vista comparado, y desde el momento en que por tal se está entendiendo el análisis los procesos, la cultura escolar, los insumos, las consecuencias, la interpretación de los elementos a la luz de los contextos sociales, culturales, económicos y políticos, y lo anterior desde un punto de vista comparado.

Hay, en esta línea, otras propuestas establecidas en torno al objeto. González y Ayala (1998) analizan el objeto en función de las relaciones complejas que están incluyendo los datos y los hechos como elementos constitutivos. Tal objeto demuestra dos premisas fundamentales a tener en cuenta: su carácter relativo y abierto. En cuanto al primero, el carácter relativo, éste hace referencia a la naturaleza inherente al propio acto de la comparación, puesto que se lleva a cabo un cuestionamiento constante del conocimiento que pretendemos completar, clarificar o definir. En cuanto al segundo, su carácter abierto, tiene que ver con el mismo acto de conocer, que nunca está cerrado, ni definido.

En este sentido, como señala Nóvoa, en relación ahora con las interacciones complejas aludidas líneas arriba, éstas marcan el verdadero sentido hacia el que han de dirigirse los objetos. A través de esta proyección cualitativa, consecuentemente, se nos ofrece una visión de objeto mucho más completa, por cuanto:

Origina una nueva epistemología del conocimiento, que define las perspectivas de trabajo centradas no solamente en la materialidad de los hechos educativos, sino también en las comunidades discursivas que las describen, las interpretan y las localizan en un espacio-tiempo determinado. Y sin embargo, la Educación Comparada ha de ser capaz de criticar (teóricamente) sin dimitir (socialmente) (Nòvoa, 1999: 106).

De este modo, y tal y como apostilla el autor, la Educación Comparada ofrece la oportunidad de analizar no sólo el objeto, sino, quizá de manera más enriquecedora dentro de un contexto acreedor de mayores cotas de interdependencia, las relaciones que se entretejen entre los diferentes objetos. A través de éstas últimas se puede analizar y pergeñar no sólo la realidad educativa sino, tal y como él indica, las *comunidades discursivas*, esto es, los diferentes modelos y paradigmas que interpretan la realidad cultural, política, social y económica que a su vez limitan, confrontan, posibilitan y también proyectan a los diferentes objetos educativos.

Llegados a este punto, y una vez analizada la heterogeneidad de los planteamientos sugeridos en torno al objeto, resulta cuanto menos que sugerente concluir, aunque sin olvidar este último matiz sobre las relaciones y su consiguiente impacto, con la propuesta ecléctica que Pedró confecciona sobre los objetos de Educación Comparada a propósito de un ensayo en el que revisa de manera exhaustiva a diferentes autores y sus respectivas definiciones de Educación Comparada, y que resume en que:

> Bastaría con recoger los elementos fundamentales que parecen a todas luces los constituyentes de la naturaleza de ese saber: el problema a resolver, como origen del quehacer comparatista; los sistemas educativos extranjeros, como fuente de soluciones implantadas en otro lugar; y, por último, la comparación como medio de conocimiento que ha de permitir escoger, de entre las soluciones examinadas, la más adecuada a las particulares características del problema a resolver planteado inicialmente (Pedró, 1993: 28).

## "Usos" y finalidades de la Educación Comparada

Merece la pena iniciar este apartado con el valiente planteamiento que hace King, a modo de interrogante, no exento de cierta radicalidad, aunque, a mi modo de ver, también ironía (al menos en lo que respecta a la primera cuestión): "¿Tiene realmente alguna utilidad la Educación Comparada? Y si fuese así, ¿de qué manera puede sernos útil?" (King, 1972: 60).

No existe, como ocurre con otros aspectos aquí analizados (la definición o la justificación del objeto, por ejemplo), un consenso unánime que uniformice el estado de la cuestión en torno al aspecto que ocupará las próximas páginas: los objetivos que ha de perseguir la disciplina de Educación Comparada. Lo anterior, sin embargo, lejos de suponer un obstáculo, contribuye a enriquecer a nuestro modo de ver un ya de por sí prolífico campo que, en función de los modelos de los que se parta, entienden que dicha disciplina ha de perseguir finalidades diferentes.

En esta última parte del capítulo nuestra intención consiste en aproximarnos a diferentes "usos" de la Educación Comparada, término éste que nos permitimos retomar citando el título de un célebre libro recopilatorio de Albatch y Kelly que recoge de forma magistral el estado de la cuestión de la Educación Comparada de los años ochenta. Para ello me remitiré a los autores que se hallan representados en cada una de las corrientes más significativas a las que se adscriben las finalidades diferentes a las cuales ha de aspirar la disciplina.

En esencia, la discusión establecida en torno a la cuestión que ahora nos ocupa podría introducirse con el siguiente interrogante, y es que, ¿la Educación Comparada ha de ser intelectual, o práctica? O, en palabras de Liegle (1993) ¿sistemática o pragmática? Dicho de otro modo más clarificador, ¿queremos conocer las directrices de política educativa que rigen a la educación de otros países, o preferimos priorizar la aprehensión de conocimientos útiles para su aplicación? Volviendo sobre Liegle, el autor plantea este dilema, en la misma línea, identificando la Educación Comparada sistemática con el intento de identificar las fuerzas que se esconden en los sistemas educativos, a la vez que la Educación Comparada pragmática se aplica para adquirir conocimientos sobre otros sistemas educativos para aprender de ellos y emplear la experiencia extranjera a fin de apoyar las reformas educativas nacionales.

Ante esta diatriba, ¿hacia dónde se inclinan los autores? En un reciente estudio de Phillips (2000, 2000a) puede comprobarse cómo los autores más clásicos se decantan por los usos más prag-

máticos de la Educación Comparada. Nos centraremos, principalmente en tres: Sadler (1900), hace suyo el objetivo de "aprender de la experiencia de otros", de modo que a través del aprendizaje práctico de los sistemas educativos se podía llegar a entender de forma más profunda cómo la comprensión acerca de la
educación de otros países podía ayudar a resolver los problemas
del sistema educativo en el que se estaba inserto. Lauwerys
(1974), por su parte, entendía que la Educación Comparada no
ha de ser normativa, sino que ha de intentar comprender qué se
ha hecho, y por qué. Finalmente, Schneider (1964) interpreta
que la Educación Comparada ha de servir para la mejor comprensión de los países objeto de estudio, pero también para el
reconocimiento de sus debilidades y sus aspectos más destacables.
    Si nos remitimos a otros autores, la postura defensora de la
función más intelectual de la Educación Comparada puede reconocerse en autores como Bereday (1968), quien entendía que
hay que intelectualizar la realidad a través de la constante adquisición constructiva de conocimientos, aunque también propugna
que no hay que quedarse en ese estadio sino que también hay que
caminar hacia la aplicación práctica de la ciencia, siempre con
miras de ofrecer una mejora de las sociedades humanas. En esta
visión también se reconoce que uno de los objetivos que debe
cumplirse consiste en llegar a tener conocimientos generales,
siendo una de las finalidades más básicas que la propia comparación persigue. Más allá de lo anterior, en los últimos años se han
aportado argumentos de peso justificativos de por qué el método
comparado ha de producir conocimientos no sólo más validos y
generales, sino también "generalizables" (Anderson, 1972; Merrit
& Coombs, 1977; Farrell, 1977 y Wirt, 1990).
    También García Garrido reconoce la trascendencia de intelec-
tualizar la Educación Comparada, al señalar que "ha de contribuir
al mejor conocimiento y mayor comprensión y colaboración entre
los pueblos de la tierra [...] a fin de comprender a los pueblos y
aprender de sus experiencias educacionales y culturales" (García
Garrido, 1991: 517). Más adelante sostiene que no se trata de mejorar los sistemas educativos considerados aisladamente, sino de
"mejorar la educación en el mundo entero mediante la mejora de
concretos sistemas educativos" (519). A través de esta hipótesis,
García Garrido entiende que la Educación Comparada, si quiere
contribuir verdaderamente al mejor conocimiento y mutua com-

prensión entre los pueblos, "tendrá que escarbar con más profundidad en sus propios fundamentos, con tal de descubrir algunas raíces que impiden a aquellos buenos deseos convertirse en realidades" (García Garrido, 1985: 116).

En la otra postura se hallan autores que confirman la parte más pragmática de la Educación Comparada como la verdadera aportación que hace la disciplina, retomando el sentido que ya le concedieran algunos comparatistas clásicos. Desde ésta se prioriza cómo la Educación Comparada se desarrolla con un objetivo práctico, con un sentido funcional, reconociendo de este modo cómo esta disciplina acaba siendo intencional, es decir, dirigida hacia un fin (Márquez, 1972).

Uno de los autores más representativos de esta interpretación es King, quien, a través de sus diferentes libros, ensayos y otras contribuciones, defiende siempre que "el propósito implícito de todo nuestro trabajo es ser útiles para el mejoramiento de los sistemas escolares, y por tanto para la transformación de la sociedad humana" (King, 1972: 60).

Desde esta perspectiva netamente pragmática (remito al lector a los interrogantes iniciales planteados por este autor con los que iniciamos este apartado), King sostiene como tesis básica la Educación Comparada como apoyo para la toma de decisiones, para lo cual la disciplina ha de dedicarse, desde esta óptica, a la solución y resolución de problemas educativos y al estudio continuo de las reformas y sus continuas evoluciones. En sus posteriores escritos ha seguido insistiendo sobre esta idea (King, 1979; 1991), a la vez que muestra el rechazo más abierto por la orientación más teórica de la Educación Comparada, hasta el punto de señalar, con un talante crítico, el hecho de que

> Es una pena, sin embargo, que todavía existan algunos especialistas (que incluso se llaman «científicos» en Educación Comparada) que consideran oportuno gastar su tiempo en teorías "abstractas" y «paradigmas» sobre cómo debería estudiarse y enseñarse a los estudiantes de Educación Comparada (King, 1979: 209).

También Psacharopoulos se ha referido, en este sentido, a que "Bajo el disfraz de teoría, interminables debates entre escuelas de puntos de vista diametralmente opuestos tienden a oscurecer la cuestión decisiva: qué tipo de acción podría adaptarse mejor al país A para encarar el problema educativo B" (Psacharopoulos, 1993: 90). Desde un punto de vista más propósito y menos crítico, la tendencia que prioriza la visión más aplicada que a su vez incide en la importancia de las políticas decisionales educativas es compartida también por otros autores, como Holmes, quien señala que "en mi opinión, anticipar los resultados de las decisiones políticas debiera constituir un objetivo primordial para los educadores comparados" (Holmes, 1991: 387). Igualmente, Halls (1990) sostiene que el objetivo de la Educación Comparada ha de ser el de caminar hacia propósitos meliorísticos, esto es, contribuir a "reformar", "perfeccionar" y "hacer mejor".

En esta línea también destaca Rosselló (1972, 1978) que el papel de la disciplina no ha de ser otro que el de informar al investigador de la magnitud y de la fuerza de las tendencias educativas, de modo que se pueda conocer no solamente el ritmo al que fluye la evolución de los hechos educativos, sino que se están justificando los cambios y reformas que resultan de dicha evolución acelerada. De esta manera, y atendiendo al objeto de estudio, la interpretación de los sistemas educativos ha de darnos las claves para poder ir "más allá" de los datos ofrecidos por los mismos y poder deducir cuáles son las tendencias más llamativas, así como, fruto también de la comparación entre diferentes unidades, poder atisbar ciertas directrices educativas susceptibles de reforma, a fin de alcanzar una mayor calidad y exigencia en materia educativa. Además, otra de las funciones que Rosselló apunta con respecto al factor interpretativo de la Educación Comparada apela a que, como él apunta, "debería también permitirnos entrar en el campo –bastante delicado– de los pronósticos sobre el futuro" (Rosselló, 1972: 60).

En sintonía con los autores citados, Noah nos recuerda cómo a través de la aprehensión de las políticas educativas de los sistemas educativos se está captando además la esencia del *continuum* histórico que se construye a través de la Educación Comparada, cuando señala que:

> La investigación comparada, cuando se realiza adecuadamente, nos ofrece un conocimiento más profundo de nuestra propia educación y de nuestra sociedad; puede aportar datos útiles a las autoridades políticas y educativas; y puede resultar muy valiosa para la formación del profesional. En otras palabras, puede ayudarnos a enten-

der mejor nuestro pasado, a situarnos mejor en el presente y a vislumbrar con más claridad lo que nos deparará el futuro en el ámbito de la educación (Noah, 1990: 178).

Ayala y Lucero (1998) conceden otros "usos" a la educación comparada, unidos al anterior, cuando reconocen que la aplicación de los resultados de Educación Comparada ha de servir para planificar las reformas educativas, pero también para desarrollar la investigación pedagógica y para realizar aportes que contribuyan por su parte a la construcción de la legislación educativa. Esto es posible desde la premisa de que la Educación Comparada se preocupa por el análisis e investigación de problemas o situaciones en un plano macro y microeducativo, siempre de acuerdo a un objeto y límite de estudio, de modo que toda comparación presupone criterios cuantitativos y/o cualitativos en función de los cuales le sea posible ordenar y relacionar las diferentes variables decididas para el objeto de estudio.

Finalmente, aun puede atisbarse una última perspectiva, defendida por Nóvoa, quien piensa que la función que ha de tener la Educación Comparada ha de ser, ante todo, crítica, desde el momento en que "se ha de pasar del análisis de los hechos al análisis del sentido de los hechos" (Nòvoa, 2000a: 106) y defiende tajantemente esta visión, cuando apostilla que:

> Por mi parte sostengo que hay que producir una Educación Comparada crítica [...] Una Educación Comparada que no renuncie a un compromiso con la realidad cotidiana, pero que no acepte la misión de simple relleno de los poderes políticos, una Educación Comparada que no se cierre en modelos de descripción y prescripción, sino que asuma su propia historicidad y que defienda la elaboración de aproximaciones comprensivas. El análisis comparado de educación exige que se preste más atención a la historia y a la teoría en detrimento de una pura descripción, a los contenidos de la educación y no sólo a sus resultados, a los métodos cualitativos y etnográficos en lugar de un recurso exclusivo de la cuantificación y los datos estadísticos (Nóvoa, 2000a: 117-118).

Sintetizando las diferentes perspectivas, en nuestra opinión, el investigador tiene que hacer un esfuerzo intelectual por conciliar e integrar las dos visiones más clásicas: la teórica y la pragmática[11]. En efecto, y en la línea de Pedró, "deben aunarse las dos posiciones, sin necesidad de rechazar a ninguna de las dos, puesto que [...] es indudable que para el mejor desempeño de la faceta práctica resulta imprescindible dotarse de un fundamento teórico"(Pedró, 1993: 32-33).

Sin embargo, a esta doble faceta sobre la funcionalidad teórica-práctica que ha de tener la Educación Comparada, se añadiría el tercer cometido propuesto por Albatch (1990) y Nóvoa (2000, 2000a): la finalidad crítica. Sólo así el binomio anterior se complementa y perfecciona con esta tercera acepción, imprescindible, desde nuestro punto de vista, para entrar en el campo de las interpretaciones de los hechos educativos y de los estudios comparativos. Máxime si, tal y como aconsejan algunos comparatistas, el paso del modernismo al postmodernismo (o modernidad tardía) trae consigo nuevas incertidumbres conceptuales y metodológicas a la arena de la Educación Comparada para las que se requerirán armas en ambos flancos.

A fin de ayudarnos a ir concluyendo, y más allá del uso que se pretenda priorizar sobre la Educación Comparada, García Garrido (1985) resume las razones que hoy avalan la utilidad y pertinencia de los estudios de Educación Comparada, de las que hemos destacado, en cursiva, los conceptos aludidos y analizados a lo largo de este capítulo:

1.  La Educación Comparada sirve para conocer y comprender la *actuación educativa* de los diversos pueblos, países, regiones, etc.

2.  A partir del conocimiento de otros sistemas, se puede llegar a comprender el propio *sistema educativo* de una forma optimizada. Parafrasea para ello a Kandel (1933), quien a su vez se remite, pero también modifica, una famosa frase

---

[11] En este sentido, nos remitimos a los planteamientos en los que, desde otra perspectiva, se erigen Cowen (1981) y Halls (1990) quienes entienden que existen tres funcionalidades distintas y complementarias, nunca excluyentes, de la Educación Comparada, correspondiéndose a tres diferentes tipos de actividades: la creación de un cuerpo de teorías acerca de la educación en una perspectiva transnacional, la transición de dicho cuerpo de teorías mediante la enseñanza y, por último, su utilización para influir en la toma de decisiones en materia de política educativa.

de Tasso de Goethe: "Para conocerte a ti mismo, compárate a los demás".

3. Los conocimientos sobre los sistemas educativos ajenos pueden favorecer la comprensión de las principales *tendencias* de la educación mundial. Esta realidad ya era anunciada por Rosselló (1978) en su documento sobre las "corrientes educativas".

4. La Educación Comparada es un instrumento imprescindible para la elaboración y ejecución de *reformas e innovaciones educativas*. Constituye un instrumento muy valioso de la política educativa.

5. La Educación Comparada puede contribuir a la *comprensión internacional* de forma decisiva, de modo que aporta a través de sus teorías y métodos conocimientos para caminar hacia la paz en el mundo, y la paulatina eliminación de los sentimientos etnocentristas, nacionalistas, chauvinistas e imperialistas.

6. Finalmente, puede ser un instrumento valioso de *asistencia técnica* a los países menos desarrollados.

Más recientemente, Phillips (1999, 2000a) añade otras funciones de la Educación Comparada, en la medida en que ésta:

— posibilita el análisis de alternativas a las provisiones existentes "en casa",

— ofrece pistas a partir de las cuales juzgar el protagonismo de los sistemas educativos,

— describe lo que podría configurarse como consecuencia de determinados cursos de acción, a través de la observación de diferentes experiencias en distintos países (a fin de, por ejemplo, predecir resultados para la toma de decisiones),

— provee un cuerpo de datos descriptivos y explicativos que nos permite comprobar diferentes prácticas y procedimientos en un muy amplio contexto que ayude a arrojar luces sobre ellos,

— contribuye a desarrollar un marco teórico cada vez más sofisticado para describir y analizar los fenómenos educativos,

— sirve para proveer de datos objetivos a las autoridades educativas (políticos y administradores, principalmente) que
utilizan las comparaciones con diferentes fines,
— posee un rol importante como soporte instruccional para
acometer y desarrollar cualquier plan de reforma educativa
— ayuda a fomentar la cooperación y la mutua comprensión
entre las naciones,
— se identifica finalmente con un interés intelectual como
actividad académica e investigadora, de la misma manera
que se manifiesta en disciplinas como Derecho Comparado,
Literatura comparada, etc.

De esta manera, y tras haber repasado las tres posturas más
sobresalientes que prescriben las finalidades, teóricas y pragmáticas que ha de tener la Educación Comparada, además de revisar
las funciones más generales que se reconocen respecto a esta disciplina, nuestra intención es concluir de la mano de Grant, a través de una frase en la que sintetiza y a la vez integra las diferentes
finalidades que cumple la Educación Comparada con respecto a
su trabajo sobre los sistemas educativos. El autor se remite a una
visión cuya perspectiva, aunque global, no habría de perder
nunca ni el investigador ni el docente de Educación Comparada
y ésta se resume, en esencia, en que la Educación Comparada
tiene la capacidad de hacer en el espacio lo que la Historia de la
Educación hace en el tiempo; nos concede la oportunidad de
comprender mejor los trabajos de los procesos educativos a través
de una perspectiva más amplia que el aquí y el ahora (Grant,
2000: 316).

De cualquier modo, como bien aconseja Noah (1990), la
Educación Comparada ha de servir al comparatista para situarse
en el momento presente, y ser capaz, de este modo, tanto de analizar la historia más inmediata que la precede, como proyectar
(de "*proyectare*", como "dirigirse hacia") el futuro más inmediato
de este ámbito de reflexión y acción. Lo anterior está suponien-
do, además, que la investigación comparada ha de procurar un
conocimiento más profundo sobre la educación y la sociedad en
la que vivimos y nos movemos. Noah destaca además una realidad
que en buena medida se muestra como la "gran olvidada" por
parte del resto de autores: la vertiente política que acredita la
Educación Comparada. Un ámbito, por ello, poco conocido y

explotado, lo constituye la investigación sobre la política educativa organizada como tema de estudio desde la perspectiva comparada. Esta línea de trabajo tiene como objeto de estudio e investigación, entre otros, la adopción de los procesos de toma de decisiones o el desarrollo de las actividades políticas.

En sintonía con lo apuntado, como señala Val Rust, el *insight* más importante que puede conceder la Educación Comparada en su contribución a los estudios de política educativa consiste en ayudar, a través de la disciplina, a dar una perspectiva comparativa a los modelos sobre los que tienen que subyacer (Val Rust, 2000: 16). Lo anterior está implicando el cerciorarse de que cualquier modelo de política educativa es a menudo algo más que un simple competidor entre las diferentes opciones teóricas, por un lado, y que, por otro, ciertos modelos políticos son más apropiados para explicar el cambio en una situación dada, mientras que otros modelos políticos son más adecuados para otras. La diferencia de este ámbito con el resto de estudios de la educación es, así, semejante a los rasgos que distinguen a la investigación pura y la aplicada: la investigación política incluye el análisis de los factores sociales que afectan a la política educativa, de sus éxitos y fracasos, del impacto de la política sobre el comportamiento educativo y de los continuos dilemas a los que se enfrenta el sistema educativo.

En este sentido, una tarea que quizá permanece pendiente consiste en reunir una amplia variedad de hallazgos de investigación, publicaciones académicas y debates sobre política pública en un resumen global del estado actual en materia de investigación educativa que refleje además adecuadamente los temas y cuestiones aún pendientes de resolver o plantear. Dicho resumen serviría de base para evaluar la relevancia de lo que hoy ya sabemos respecto a los problemas de política que hemos de tratar de resolver ahora y en el futuro, desde el reconocimiento del papel interpretador jugado por la Educación Comparada, como apostilla Broadfoot, ya que "[algunos tipos de estudios de Educación Comparada] proveen un poderoso aviso contra el entusiasmo inocente de algunos políticos. [...] Los estudios de Educación Comparada refuerzan el principio de que el planteamiento de políticas es sólo el inicio" (Broadfoot, 2002: 133).

Por tanto, ha de ser a partir de esta visión, integradora y comprensiva de una perspectiva teórica, pragmática pero también crítica, y establecida a partir de un parámetro tan ambicioso como complejo, consistente en ofrecer una panorámica actualizada de la situación actual de los sistemas educativos y sus políticas educativas, desde la cual continuar en el reconocimiento del estatus de esta disciplina académica.

CAPÍTULO II:

# CUESTIONAMIENTO ACTUAL DE LOS MODELOS CLÁSICOS DE EDUCACIÓN COMPARADA Y EMERGENCIA DE NUEVOS TEMAS

En la actualidad puede reconocerse que la Educación Comparada ha sido objeto, durante estas últimas décadas y al igual que otras disciplinas, de profundos cambios que han afectado tanto a sus fundamentos epistemológicos como a sus planteamientos teórico-metodológicos. Sin embargo, y si bien lo anterior es cierto hasta el punto de consolidarse un estado de la cuestión que puede ser tildado incluso de "auténtica revolución", las reacciones ante dichos cambios también se traducen en percepciones de signo contrario, de modo que en el momento presente no hay un acuerdo ni consenso en torno a la cuál es la situación actual y el estado del arte por los que pasa la disciplina.

Hay, en efecto, quienes adoptan una postura fatalista y constatan la percepción de un sentimiento de malestar generalizado en torno a la actualidad de la Educación Comparada. Otros, en franca oposición a esta tendencia, opinan y muestran con sus estudios y con los actuales análisis que la Educación Comparada "goza de un buen estado de salud" y que, por tanto, la verificación de dichos cambios ha de ser interpretada como una manifestación del vitalismo y dinámicas internas generadas desde la propia disciplina, y, dentro de la misma, desde los diversos enfoques teóricos adoptados. Por ello concluyen con que "no hay recetas" a la hora de elegir la orientación para acometer los estudios comparados. En este sentido, Mollis señala que no existe un único rumbo a seguir en el vasto campo de la Educación Comparada (denominada por ella Pedagogía Comparada), de modo que se puede optar por dirigirse hacia múltiples vías: el macro o el microanálisis; los aportes de la Historia, la Antropología, la Sociología, las Ciencias Sociales, las Ciencias Políticas, etc. De ahí que la autora se plantee la necesidad perentoria de "utilizar la libertad teórica y metodológica que deviene de los nuevos paradigmas para avanzar realmente en la democratización de las sociedades regionales" (Mollis, 1990: 323).

Volviendo sobre las dos posturas aludidas, entre los primeros coinciden los autores en destacar que la extremada heterogeneidad de temáticas, objetos y metodologías que hoy se cobijan dentro de la disciplina de la Educación Comparada ejerce un influjo negativo sobre la disciplina, ya que alimenta una suerte de relativismo recalcitrante que incide negativamente sobre su estatus epistemológico. Con esta convicción se identifican Noah y Eckstein, quienes constatan que "en tanto que el campo no supere el eclecticismo motivado por la falta de límites precisos de los datos y métodos que emplea, así como por la limitada capacidad predictiva de sus resultados, la Educación Comparada seguirá sufriendo una crisis de identidad" (Noah & Eckstein, 1970: 170).

Desde los años setenta se han venido sucediendo manifestaciones en esta línea, hasta el punto de que no faltan autores, como Schriewer (1993) y Pereyra (1993), que no dudan en tachar a la actual situación de la Educación Comparada, al igual que ya sentenciaron Noah y Eckstein, de "pertinaz crisis de identidad". Albatch y Kelly (1990) justifican estas posturas destacando el trasfondo que subyace a la Educación Comparada, para lo cual se amparan en el contexto global que afecta a la educación. Lo anterior conduce, como consecuencia, a una realidad consistente en que:

> Los comparatistas se han deslizado hacia un mayor pesimismo (hay quien hablaría de realismo) con respecto al papel de la educación en el cambio social, en el desarrollo económico y en la modernización. [...] La actual crisis presupuestaria y la mengua de las expectativas han motivado nuevas críticas y análisis, si bien esta vez desde una postura más conservadora (Albatch y Kelly, 1990: 372).

Entre los segundos, que auguran un futuro prometedor a la Educación Comparada, se encuentra Pedró, quien opina que "sea cual sea la orientación futura que marquen estos nuevos enfoques en Educación Comparada, lo cierto es que ninguna otra pluralidad podría dar mejor idea tanto del dinamismo de nuestra disciplina como de sus compromisos de futuro" (Pedró, 1993: 87). Expresado de otro modo, y apelando sobre todo a esa pluralidad a que hace referencia Pedró, Albatch y Kelly señalan que:

La Educación Comparada sale fortalecida al contar con más de un modo de reflexionar sobre el papel de la educación en la sociedad y poder debatir diversas opciones para el estudio de la enseñanza y de su contexto. Ignorar los nuevos desafíos, muchos de los cuales nacen de transformaciones acaecidas en los contextos y de avances en la investigación, tanto en Educación Comparada como en otras disciplinas hermanas significa, a la larga, condenar nuestro trabajo a la irrelevancia (Albatch y Kelly, 1990: 374).

En esta línea también se manifiesta Masemann, quien reconoce, al igual que los anteriores, que la Educación Comparada ha de aprovecharse de este nuevo desafío, cuando señala que "muchas personas de mentalidad reformista ven este proceso como un fracaso; sin embargo, proporciona una oportunidad de supervivencia a las viejas formas de saber y una oportunidad para adquirir nuevo significado en un mundo que sepa valorar la diversidad" (Masemann, 1992: 30). Desde estas premisas, Arnove (1999), Crossley (2000) y Crossley y Jarvis (2000) también apuntan a la revitalización y renovación de la que es objeto la Educación Comparada en la actualidad desde el momento en que son además nuevos temas los que emergen: la educación a lo largo de toda la vida, la educación para la incerteza, la educación de adultos y la educación no formal, o los efectos de la globalización y las nuevas tecnologías de la información, por poner alguno de los ejemplos más significativos.

Una declaración muy elocuente sobre el balance de los cambios acaecidos en la disciplina durante la década de los noventa (aunque perfectamente atribuible a la década en la que nos encontramos), y, en especial, la actitud que el investigador ha de tomar ante los mismos, viene de nuevo de la mano de estos dos autores, Albatch y Kelly, quienes opinan que "no creemos que sea saludable para un área disciplinar ignorar las cuestiones y dudas que surgen sobre sus marcos, teorías y métodos, o desechar sin más las nuevas propuestas. Ello la condenaría sin duda al estancamiento y a la insistencia contumaz y estéril en las mismas preguntas de siempre" (Albatch y Kelly, 1990: 371).

Al mismo tiempo, en un trabajo anterior que no hace sino abundar sobre la idea de la extrema variedad que acreditan los estudios en Educación Comparada, Albatch, Arnove y Kelly (1982) distinguen dos tendencias de futuro que se ofrecen al investigador de Educación Comparada como dos ámbitos alternativos de reflexión, investigación y estudio. Por un lado, una tendencia macroanalítica que se relaciona con el análisis de los sistemas educativos mundiales, inspirados más por enfoques neomarxistas y de las teorías de la dependencia. Por el otro, certifican la existencia de una tendencia microanalítica que, bien al contrario, dirige su atención prioritaria a los análisis locales y regionales, dedicando por ello sus esfuerzos a la investigación intranacional. Dentro de esta tendencia se hallarían representados enfoques como la teoría fenomenológica, etnometodológica, interpretativa y la correspondiente al interaccionismo simbólico, procedentes todas ellas del campo de la Sociología y la Antropología Social.

A fin de sistematizar los hallazgos encontrados en los últimos veinte años, en forma de renovados ámbitos temáticos que abren nuevas puertas al análisis y estudio de la disciplina de la Educación Comparada, pueden constatarse, al menos, cuatro grandes premisas que ocupan buena parte del estado de la cuestión diseminado en revistas especializadas y obras de divulgación por parte de los comparatistas, bajo las cuales se aspira a superar ciertas limitaciones de periodos anteriores[1]. Consciente de que este panorama no agota, ni mucho menos, la totalidad de los temas y problemas considerados, aunque sí contiene, a mi juicio, los más significativos, a continuación nos detendremos más brevemente en cada uno de ellos.

MÁS ALLÁ DEL MODELO NACIONAL:
GLOBALIZACIÓN E INTERNACIONALIZACIÓN DE LA EDUCACIÓN

Tras reconocer cómo, en efecto, durante el siglo XIX la atención a los estados nacionales y su análisis comparado obedecía en buena medida a que el marco político, social, económico y cultural de los países estaba siendo, de algún modo, escrutado a través de procesos que iban forjando una identidad nacional, en el momento presente algunos autores constatan la realidad según la

---

[1] Algunos de los "grandes títulos" son, a su vez, una adaptación de temáticas que aparecían, a modo de retos, en los autores clásicos, como Albatch y Kelly (1990), García Garrido (1991), Crossley (1999) y Nòvoa (2000a), si bien los contenidos han sido lógicamente actualizados con la incursión de nuevas variables concurrentes en la disciplina.

cual ha quedado demostrada la insuficiencia del "modelo nacional" como unidad de análisis transcultural. De todo lo anterior se infiere la necesidad de contar con marcos teóricos de mucho más amplio alcance y en continua retroalimentación, de acuerdo también con el contexto transnacional y global. En esta línea, como sostiene Mc Ginn, "hoy, más que nunca, un foco exclusivo sobre las diferencias nacionales nos ciega de los recursos y beneficios que contiene la diversidad interna" (Mc Ginn, 1996: 355).

El cuestionamiento del "Estado-Nación" es puesto de manifiesto en autores como Carnoy (1974, 1980, 1982, 1999), y colbs. (1976 y 1990), Meyer y colbs. (1971, 1979 y 1997), Boli-Bennet y colbs. (1999), Ramírez, Zachariah (1973), Arnove (1980) y colbs. (1999), Albatch (1977) y Morrow y Torres (1999). Todos ellos insisten en que, lejos de las fuerzas que constituyen el Estado, son los factores exteriores a los sistemas educativos los que determinan y condicionan en buena medida a éstos últimos, hasta el punto de poder hablar de una "cultura mundial" que elabora definiciones, principios y maneras de pensar que se construyen, desde el punto de vista cognitivo, de una manera similar a través del mundo.

Una de las razones sobre las que incide García Garrido para apuntalar los modelos nacionales de los sistemas educativos tiene que ver con la perspectiva educativa de cuño universalizante y que promueven algunos organismos internacionales, a través de la cual "dimana una mejor comprensión de todos los pueblos de la tierra con vistas a hacer posible, mediante la educación, su pleno perfeccionamiento humano y unas relaciones entre ellos basadas en la paz, en la concordia y en la solidaridad" (García Garrido, 1997: 64-65).

Sin embargo, no faltan autores, como Albatch, Arnove, Carnoy, Zachariah, Silva, Hoppers, Morrow y Torres, que hacen una lectura desde su propio posicionamiento teórico (enfoques de la Dependencia, neomarxismo, enfoque de sistemas educativos actuales, etc.) y sostienen que los sistemas educativos nacionales existen en un contexto de relaciones de poder internacionales marcadas por la desigualdad. Ya sea por efecto del devenir histórico, por la distribución económica mundial o por la consolidación de determinadas políticas educativas, los países capitalistas desarrollados del Norte dominan a los sistemas económicos del Sur y convierten a los sistemas educativos de los mismos en dependientes de los anteriores (Oman, 1994; Cox, 1996).

No en vano, e íntimamente unido a lo anterior, el discurso de la dependencia encuentra en la *globalización* un elemento que refuerza las tesis sostenidas desde los autores nombrados líneas arriba. Señala Dale (2001), no sin razón, que entre los nuevos consumidores de la globalización pueden distinguirse dos tipos de audiencia: los que utilizan el discurso de globalización como respuesta y los que lo utilizan como solución: mientras los primeros "usan" a la globalización como una racionalización útil para explicar los hechos nacionales que no podrían, así, explicarse de otro modo; para los segundos el citado discurso muestra (a veces en toda su crudeza) lo que ocurre en los sistemas educativos mundiales en su contribución a la eficiencia y desarrollo global.

De un modo u otro, el fenómeno de la globalización aparece como uno de los temas recurrentes que resulta objeto de análisis desde diferentes perspectivas, de entre las que la educativa, como se ha podido adelantar, es una de ellas. Así se desprende de los estudios, entre otros, de Green, (1997), Jones (1998), Mundy (1999), Dale (1999) y Jarvis (2000), en los que se revisan temas como el estudio sociológico de los mecanismos a través de los cuales la globalización afecta a los sistemas nacionales de educación o se analizan las relaciones entre el Estado y la educación. Aunque lo anterior no es óbice para reconocer que el origen del fenómeno de la globalización se vincula más al ámbito económico (Ball, 1998; Mc Millan y Lindklater, 1995; Kofman & Youngs, 1997; Watson, 1998), se infiere al ámbito educativo desde el momento en que puede predicarse la consolidación de un pensamiento mundial que se organiza en función de una matriz única a partir de datos obtenidos de los diversos países (Featherstone, 1990; Friedman, 1994; King, 1997; Lechner & Boli, 2000 y Dale, 2000a).

Desde esta óptica cabe destacar cómo el afianzamiento de sistemas educativos con las mismas características y condiciones a escala mundial, basados éstos primeros en la modernización, parece apuntar a una finalidad que se identifica con la pretensión de *homogeneización* de la educación a nivel transnacional. Esta perspectiva se legitima desde las premisas que propagan los organismos internacionales en política educativa (Spring, 1998: 159-178), hasta el punto de poder confirmar incluso la consolidación de la "tiranía de los niveles internacionales" (Robinson, 1999). Con respecto, por ejemplo, a la Unión Europea, tanto García

Garrido (1997) como Coulby & Jones (1998) destacan cómo ésta promueve el motor del "europeísmo", canalizándolo de este modo hacia la globalización, si bien se ha puesto en relieve la realidad según la cual este intento pudiera conducir a un "supranacionalismo europeo y a un eurocentrismo exclusivo y excluyente, y, en consecuencia, opuesto al advenimiento de una civilización verdaderamente universal" (García Garrido, 1997: 215). Dicho de otro modo, como consecuencia de esta tendencia que lleva a defender una manera uniforme de interpretar la educación, así como sus procesos y acciones implícitos desde el punto de vista teorético, las políticas de los organismos internacionales recrean una *vulgata discursiva*, en palabras de Nòvoa (2002), que, de la mano de la generación y diseminación de estándares de evaluación comunes, trata de implementar nuevos modelos de gobierno educativo que se uniformizan en el plano conceptual e ideológico, al tiempo que se inducen políticas comunes a nivel transnacional[2].

A partir de la consideración, como señala Ferrer (2002), de que globalizar la educación también significa, en la actualidad, globalizar una determinada concepción de la educación y de los valores que la sostienen, Nóvoa (2000a) señala cuáles son los efectos que tienen los procesos de globalización sobre la escuela, ya que ésta queda afectada, y ello por una serie de fuerzas: económicas, a causa de la necesidad de redefinir las relaciones que ligan a la educación de la ocupación; políticas, ya que se da una reconfiguración de los poderes, así como del papel tradicional de la soberanía; y culturales, porque cabe tener en cuenta un conjunto más amplio y diversificado de historias y de sistemas de creencias.

Avanzando sobre el argumento anterior, pero añadiendo ahora un nuevo matiz que viene a enriquecer el escenario teórico en el que se enmarca la globalización, una de las tendencias actuales más significativas que se percibe como fruto de la última, tal y como señalan Robertson (1992), Giddens (1994) y Whitty & Edwards (1998) consiste en que se consolida la dialéctica en que se mueven los estados: los poderes exteriores procedentes de los

---

[2] Esta realidad puede ser cotejada en el apartado 4.4., en el que se tendrá oportunidad de analizar con más profundidad la acción de los organismos internacionales (la OCDE, el Banco Mundial, entre los más significativos) y las políticas educativas que alientan y defienden cada uno de ellos.

organismos internacionales, de un lado; y las pequeñas naciones, las minorías lingüísticas y la regionalización que reclaman también su espacio, de modo que obliga a los diferentes países a bregar entre la globalización y la localización. En consecuencia, Cowen añade el matiz de que "en la actualidad la economía globalizada se puede considerar como una fuente poderosa que tiene que ser leída a partir de, pero también en contradicción, con las realidades regionales" (Cowen, 2000: 336). De un modo u otro, ya sea considerando lo local de modo dialéctico o constructivo a lo global, y tal como sostiene Giddens, "una de las características centrales del actual período es la complejidad de los lazos entre lo local y lo global, un «local» que no incluye sólo las dimensiones regionales, sino también los aspectos íntimos de nuestras vidas personales" (Giddens, 1994: 122).

Aunque no faltan, llegados a este punto, las tendencias que reaccionan contra esta realidad bajo la consideración, tal y como señala Watson, de que "necesitamos recordar que la globalización no es benigna y ello tiene notables repercusiones tanto desde las implicaciones para la provisión educativa como desde la perspectiva de cómo los comparatistas ven el mundo" (Watson, 1998: 16). Surgen, así, desde una perspectiva más radical, los movimientos de "glocalización" o la "glocalidad" como Pereyra (2000) y otros autores los han denominado, a través de los cuales se consigue enconizar la contraposición entre la globalización y la defensa de la educación regional y local, amparada ésta última bajo la premisa del valor de lo propio. Sin embargo, y con respecto a los movimientos que reaccionan contra el principio de la globalización, existe el peligro potencial de que los primeros deriven en nacionalismos airados, en la representación de un localismo defendido a ultranza, frecuentemente violento y radicalizado ante el avance de las tendencias globalizadoras.

¿Cómo se plantea esta temática desde la Educación Comparada? En principio, y tras la revisión de los objetivos, el campo y objeto de estudio de la disciplina, podemos estar de acuerdo con Wilson, quien sostiene que "uno podría afirmar que la Educación Comparada quizá sea el primer campo orientado globalmente, desde el ámbito académico y práctico, o al menos el segundo, tras la Geografía" (Wilson, 2003: 16). De un modo u otro, cabe resaltar, ante todo, que éste no se considera ni mucho menos un debate nuevo. Desde el momento en que surgen los Estados-Nación, en el siglo XIX, constituye una cuestión que preocupa a educadores en general y comparatistas en particular, hasta el punto de que en el momento presente nos encontramos con autores que defienden diferentes posturas con respecto a si cabe priorizar el estudio de los estados concebidos particularmente frente al análisis del contexto supranacional que los engloba.

En efecto, una de las corrientes de Educación Comparada que ya se remitía a esta realidad desde los años ochenta, el enfoque de los sistemas educativos actuales (estudiado en el capítulo tercero), defiende de modo vehemente la existencia de un modelo educativo mundial que ejerce un evidente influjo sobre los sistemas educativos de los diferentes países, tendencia ésta que se manifestaba desde la irrupción del modelo de Estado-Nación (siglo XIX) y que se consolida con la emergencia de la modernización (Arnove y Torres, 1999; Mollis y Torres, 1999; Meyer y Ramirez, 2000, Morrow y Torres, 2000 y 2002).

Frente a esta tendencia, y ante el fenómeno de homogeneización que acecha a los países a nivel supranacional, y la diatriba global-local subyacente, no faltan autores que insisten, tal y como señala Welch (2001), que desde la Educación Comparada hemos de ser capaces de asumir el desafío y traducirlo desde la premisa del neorrelativismo, lo que implicaría el reconocimiento de la heterogénea variedad de los sistemas educativos nacionales. Son, de este modo, otros los retos, de manera que como comparatistas, deberíamos celebrar la diversidad evidente en las sociedades contemporáneas, más que mantener las agendas de globalización económica que tiene efectos homogeneizadores sobre la educación.

Acorde precisamente con el análisis de esa diversidad a la que hace referencia Welch, se reconoce también cómo, y a pesar de dicho influjo homogeneizador que acarrea la globalización, los países responden con distintas estrategias a problemas similares. Estudios como los llevados a cabo por Nòvoa (2000, 2000a), Nòvoa y Lawn (2002) y Green, Wolf y Leney (2001) o las interpretaciones de que es objeto este último estudio, por parte de Hamilton (2001) y Sevilla (2001), inciden en que el proceso de convergencia entre los sistemas educativos mundiales no es tan lineal ni homogéneo, en el sentido de que las divergencias entre los países surgieron históricamente, persisten y continúan vigentes y justificando con ello el acento nacional de algunos países frente a los postulados más amplios, en aspectos como por ejemplo las diferentes concepciones que se generan en éstos en torno al binomio aprendizaje-empleo y la incidencia que ello tiene sobre las estructuras e instituciones educativas.

Para concluir, y desde nuestro parecer, partiendo de una postura más conciliatoria entre ambas hipótesis, si bien la globalización ejerce un influjo más que notable sobre los Estados-Nación, desde el punto de vista económico, social y político, aunque no afecte a todos por igual (y en este sentido pienso que hay y habrá que estar muy atentos a los diferentes discursos educativos que se generan precisamente desde los países en desarrollo en torno a los efectos de la globalización), se consolidan hoy unas premisas cuyos rasgos son percibidos como similares, aunque evidentemente se mantenga la idiosincrasia educativa de cada país, fruto del análisis de cuantos factores concurren en el fenómeno educativo (demográficos, socioculturales, económicos, políticos...). Ésta constituye una buena razón, pues, para seguir cultivando el estudio de los Estados-Nación y las tendencias socioeducativas e históricas desarrolladas en los mismos, aunque siendo conscientes de que este debate no sólo no debe mostrarse concluyente sino, bien al contrario, permanecer abierto a la consideración de cuantos fenómenos concurran en su derredor y que puedan ser leídos e interpretados en clave comparada.

De un modo u otro, se demuestra cómo la globalización requiere no únicamente una lectura e interpretación del papel de las políticas educativas a escala transnacional, de sus convergencias y desencuentros, sino que, desde la propia disciplina, y yendo más allá, se demanda una serie de implicaciones más directas que obligan a la Educación Comparada a tomar postura y continuar indagando desde sus posibilidades teóricas y metodológicas. Dichas demandas se refieren fundamentalmente a (Bray, 2003):

— Seguir avanzando en la investigación de marcos teóricos que continúen analizando en clave comparada las relaciones entre naciones dentro de escenarios transnacionales (como el modelo de los sistemas educativos mundiales o la perspectiva sociohistórica, poniendo dos de los más significativos, en esta línea, analizados en el siguiente capítulo).

— Utilizar en los estudios unidades de análisis más allá de los tradicionales Estados-Nación, y bajo el reconocimiento de que la consideración de los primeros resulta ahora inadecuada por cuanto esconde diferencias cualitativas y cuantitativas a nivel nacional. En efecto, "esto no quiere decir que el Estado-Nación debería descartarse como unidad de análisis, sino que una agenda en expansión se focalizaría en cuestiones más amplias que impactan en la educación dentro de países individuales" (Bray, 2002a: 10).

— Continuar focalizando la atención tanto sobre los estudios internacionales (*cross-border*) como, de modo especial, sobre las tensiones internas que subyacen en los mismos (como la contradicción que se produce entre las prácticas pedagógicas y las culturas nacionales, por ejemplo).

— Insistir en la lectura sobre el impacto de la globalización también a nivel nacional, bajo el reconocimiento de que los sistemas educativos modernos se hallan todavía organizados local y nacionalmente y están sujetos a regulaciones nacionales. Bajo este punto de vista, la Educación Comparada necesita seguir indagando hasta qué medida las agencias internacionales y otras instancias políticas, sociales, económicas y culturales siguen moldeando e impactando sobre las políticas educativas nacionales.

Estas demandas no agotan, ni mucho menos, el potencial campo de investigación y trabajo que se sigue exigiendo a la Educación Comparada con respecto al espectro de la globalización y sus consecuencias, hasta el punto de que, volviendo a citar a Bray:

> Todo ello supone un útil punto de partida para mostrar que la Educación Comparada puede y debería jugar un rol muy diferente en la era de la globalización. Debería dimensionar nuevas cuestiones y debería reforzarse como vehículo para asistir a los académicos y los prácticos para comprender los cambios que suceden a su alrededor (Bray, 2002a: 10).

## MÁS ALLÁ DEL MODELO "INSUMO-PRODUCTO" Y DE LOS MÉTODOS CUANTITATIVOS

Otra de las tendencias que se han ido consolidando desde la década de los años ochenta hasta el momento presente hace referencia a la generalizada crítica que se realiza al modelo de "insumo/producto" y al análisis estrictamente cuantitativo que se lleva a cabo a través de las investigaciones de organismos como la I.E.A. (*International Association for the Study of the Educational Achievement*)[3], en los que prima la aproximación psicométrica y por tanto producen estudios con un sesgo excesivamente cuantitativo. Precisamente, la filosofía de pensamiento y acción de este organismo ha de enmarcarse desde la asumpción del mismo fenómeno de la interdependencia global, aspecto éste que se ha analizado en el apartado anterior. Lo anterior lleva a convertirla en una especie de empresa cultural "imperialista", en la medida en que, en palabras de Hüfner, Meyer y Naumann (1992) impone a los países periféricos unas bases y definiciones de rendimiento a nivel nacional y una noción racionalista de la producción educativa.

Autores como Heyman (1979), Weis (1982), Masemann (1982; 1992 y 1999), Pfau (1990), Crossley (1999), Broadfoot (1999), King (2000) y Kazamías (2001), entre otros, aportan argumentos muy sólidos en el sentido de que considerar sólo los resultados de la escuela implica desatender otros aspectos cuya importancia no debe obviarse, tal y como son los procesos desarrollados en el aula, o las relaciones de esta actividad con su contexto socioeducativo. Las críticas al modelo ofrecido desde esta organización han ido consolidándose conforme los nuevos modelos de Educación Comparada están irrumpiendo a escala internacional desde las últimas décadas, aspectos éstos que pueden detentarse de forma clara a partir del estado de la cuestión surgido en la literatura más reciente y en las revistas especializadas de la disciplina.

---

[3] El origen de este organismo se remonta a un estudio piloto llevado a cabo por la UNESCO en 1959, a partir de la comparación de los resultados en matemáticas obtenidos en algunos países al comienzo de la enseñanza secundaria. Este tipo de estudios proliferaron y se concentraron en diferentes niveles educativos y sobre diversas disciplinas académicas. A su vez, se ponen en marcha estudios que analizan otras temáticas más acordes con las innovaciones educativas: la educación ambiental, la transición de la escuela al trabajo, etc; tópicos cuyo análisis continúan hoy en día. Para conocer cuáles han sido las temáticas de investigación, así como los hallazgos más significativos, en este sentido, Degenfart, E. (1990): *Thirty years of International Research: an annotated bibliography of IEA publications (1960-1990)*. The Hague, IEA; También puede consultarse para ello el número monográfico de VV.AA. (1996): "The IEA Studies", *Special Issue in Assesment in Education: principles, Policy and Practice*, 2.

Como reacción, y conectando ya con el siguiente apartado, surgen movimientos metodológicos en defensa de métodos de investigación de naturaleza cualitativa, en los que, tal y como indica Mc Andrew, "se aborda la comparación en su dimensión dialéctica y dinámica, evitándose de este modo la obligación de normalizar y estandarizar *a priori* las categorías previas a través de las cuales se pretende establecer dicha comparación" (Mc Andrew, 1991: 97). Esta tendencia podría considerarse como consecuencia de la anterior y a través de la misma se reivindican las metodologías propuestas por enfoques como los etnometodológicos, procedentes de la Sociología, con representantes como Masemann, Weis o Heyman.

La importancia de los métodos cualitativos es puesta de manifiesto en diferentes estudios: destacamos, en especial, el llevado a cabo por Hüfner, Meyer y Naumann (1992), en el que se analizan las publicaciones de las revistas *"Comparative Education"* y *"Sociology of Education"*, desde 1957 a 1977, a través del cual se llega a la conclusión de que, si bien los estudios de Educación Comparada han crecido enormemente, los análisis cuantitativos son minoritarios, mientras que dominan los estudios que vinculan la Educación Comparada a la Psicología, la Sociología y la Economía. Más recientemente, Rust *et al.* (1999) analizan las discusiones que sobre metodología comparada han tenido lugar en las revistas *Comparative Education Review* (1957-1995), *Comparative Education* (1964-1995) e *Internacional Journal of Educational Development* (1981-1995), arrojando datos objetivos evidentes de cómo las metodologías cualitativas ganan terreno, aunque sea de modo incipiente, frente a otras propuestas metodológicas. Finalmente, Little (2000a) reconoce, a propósito de la importancia concedida a los estudios relacionados con el desarrollo educativo y tras el análisis estadístico correspondiente realizado sobre la revista *Comparative Education* en el periodo comprendido entre 1977 y 1998, que un 10% de artículos se han concentrado en plasmar estudios utilizando una metodología comparada cuantitativa y cualitativa, frente a un 17,6% sobre reforma educativa o 13,3% sobre la educación y el desarrollo socioeconómico y político.

En las alegaciones sobre las virtudes que presentan las metodologías cualitativas, como la etnografía de la enseñanza reflectiva-reflexiva, destaca el hecho de que permiten la comprensión procesual de la educación, lo que revierte de forma evidente sobre los resultados de la misma. Pero más interesante resulta, por ejemplo, el hecho de que sea más significativa la importancia estratégica adquirida a temas como la interacción ente los estudiantes y los profesores, la estructura de las instituciones educativas o la cultura "vivida" en las escuelas, más allá del interés que pueda mostrarse hacia los textos correspondientes al currículum formal o los aspectos más generalistas con respecto a los atributos y formación de los docentes.

## MÁS ALLÁ DEL FUNCIONALISMO ESTRUCTURAL

Como consecuencia de las tendencias a las que nos referimos en las páginas anteriores, y continuando con las diferentes apreciaciones que surgen al reaccionar sobre el estado de la cuestión anterior, el modelo de funcionalismo estructural como base teórica cimentadora de estudios comparados sobre educación es puesto en entredicho ya desde los años ochenta.

En este sentido, el funcionalismo estructural como modelo teórico basado en el análisis de los sistemas nacionales educativos cuyas premisas se basan en el orden y la linealidad de los mismos, desde una perspectiva por tanto acrítica ante las diferentes realidades educativas, ya no es capaz de explicar fenómenos como la globalización e internacionalización, así como los conflictos internos que subyacen a nivel micro y macro dentro de los mismos. Por ello, ante la carencia anterior, surge la necesidad de operativizar modelos alternativos que expliquen de modo más realista el estado de la cuestión, lo que se convierte en una tónica generalizada que reacciona, en sintonía con lo dicho, contra los modelos más clásicos.

Desde esta óptica, tal y como indican Paulston (1993), y, más recientemente, Hoppers (2000) la dependencia de este enfoque ha imposibilitado el que se lleve a cabo un análisis correcto de la educación en los contextos internacionales, debido a que, al mismo tiempo, se ha enfatizado excesivamente el estudio en los contextos nacionales en detrimento de los internacionales y transnacionales, a pesar de las presiones ejercidas desde diversos flancos. Estos autores, conjuntamente con Weiler (1982 y 1983), expresan su convicción en la legitimación que ofrecen las teorías del conflicto como alternativas al funcionalismo, así como los modelos neomarxistas y las teorías de la dependencia. Igualmente surgen los modelos neofuncionalistas, enfoques prometedores que tratan de solventar los problemas del neorrelativismo. Pero también emergen otros como la etnografía crítica, el enfoque de los sistemas educativos actuales o la teoría de la modernización, los más paradigmáticos, en esta línea. Todos ellos serán analizados en el siguiente capítulo.

MÁS ALLÁ DE LAS TEMÁTICAS CLÁSICAS DE INVESTIGACIÓN

Finalmente, otra tendencia que sin duda se consolida e identifica con la emergencia de temáticas de investigación comparada que irrumpen con fuerza en los escenarios educativos, ya sea por su novedad, ya por retomar viejas problemáticas e interpretarlas desde los nuevos marcos teóricos y metodológicos. De este modo, nuevas inquietudes toman forma científica y cristalizan en los diferentes tópicos de análisis y estudio.

Lo que sigue es una muestra de los más significativos, pero no agota, ni mucho menos, el panorama general presentado[4]:

---

[4] En torno a la heterogeneidad de nuevos temas que surgen con relativa fuerza y obligan a la diversificación en las líneas de investigación por parte de los profesores e investigadores de la disciplina, recientemente, Ferrer (2002) legitima en uno de sus trabajos la miscelánea de temáticas y planteamientos teóricos y metodológicos acometidos desde la disciplina de diferentes perspectivas. Para ello realiza un análisis de las temáticas ofrecidas en la revista *Comparative Education Review* (1979-2000), así como la revisión de los temas extraídos de las bases de datos Eric y Francis a partir de la búsqueda de los términos "Educación Comparada" y "Educación internacional". En todos los estudios, las categorías halladas son semejantes, y tienen que ver con temáticas relativas, por ejemplo, a política de la educación, niveles educativos, cultura y educación, rendimiento, etc. Acometimos también un análisis de los contenidos de la *Revista Española de Educación Comparada* (1995-1999), cotejándolo a su vez con análisis llevados a cabo por diferentes autores respecto a los contenidos de las revistas internacionales de Educación Comparada, del que destaca sobre todo la afinidad con las tendencias internacionales, y que puede ser consultado en Martínez, M.J.: "La Revista Española de Educación Comparada" como herramienta formativa: tendencias, modelos y desafíos. Actas del *VIII Congreso de Educación Comparada. La Educación obligatoria en Europa y Latinoamérica. Situación actual y nuevos desafíos,* Salamanca, Universidad de Salamanca, Noviembre de 2002. En prensa.

*Los modos de producción, difusión y utilización del conocimiento*

Los análisis que se enmarcan dentro de esta tendencia se centran en cómo estos elementos influyen sobre los sistemas de enseñanza para ejecutar la política educativa y configurar la sociedad (la investigación educativa, la didáctica de los libros de texto, etc).

Existe un cuerpo de literatura significativo que ejemplifica esta tendencia (Bourdieu, 1973; Bourdieu y Passeron, 1981; Albatch, 1982, 1990; Wirt, 1990; Pfau, 1990). Meyer y sus colaboradores trabajan en el estudio y análisis de los diferentes sistemas mundiales de educación. Así demuestran, a través de sus múltiples investigaciones, cómo los sistemas políticos y económicos tienen una influencia relativamente escasa tanto en la organización y la distribución de la educación como en los contenidos que se distribuyen en la misma, a la vez que defienden la premisa de que los sistemas educativos reproducen, en buena medida, el orden social establecido y legitimado a través de intereses socialmente diferenciados.

Pero estos modos de producción y difusión del conocimiento que evidencian las relaciones sociales ocultas en los contextos escolares no se restringen a los análisis que se realizan en los países del Norte. En los últimos años, favorecidos en buena parte por los estudios establecidos en torno a la globalización, el influjo del postmodernismo y el postcolonialismo, emergen estudios que destacan cómo en el binomio subyacente entre el neoliberalismo y la educación tiende a reproducir una educación desigual en los países de las zonas del Sur. En este sentido, como destacan Torres y Puiggrós, cabe preguntarse si "dado el proceso de globalización, estas políticas internacionalmente inducidas son compatibles con las nociones fundamentales de rendición de cuentas *(accountability)* democrática, soberanía nacional y fortalecimiento *(empowerment)* comunitario" (Torres y Puiggrós, 1998: 22). Más adelante insisten en que las "fracturas" y los "bordes educativos", tal y como ellos lo denominan, que hoy se hallan en distintas áreas del Sur, tienen que ver con la manera en que se produce la educación y en que el conocimiento oficial es seleccionado, organizado y jerárquicamente "rankeado" en los currícula y en la naturaleza de las prácticas pedagógicas (Arnove, 1999; Morrow y Torres, 1999; Torres, 2002).

Desde esta perspectiva, merece la pena llamar la atención sobre algunos de los temas que resultan de obligado estudio y análisis desde el Sur, que podrían centrarse en torno a (Torres y Puiggrós, 1998, Arnove, 1998 y 1999, Arnove, Franz, Mollis y Torres, 1999; Samoff, 1999; Torres, 2002 y Beech, 2002 y 2003):

— las relaciones existentes entre la economía, la religión, la política, la educación y la familia se hallan mediadas por transacciones de naturaleza mucho más compleja.

— Investigaciones sobre las relaciones entre las escuelas privadas en el Sur y el éxito profesional de sus graduados, en contraste con los graduados en las escuelas públicas, dada la notable expansión, a escala transnacional, de las primeras.

— El análisis de los libros de texto con los que aprenden los alumnos en las aulas del Tercer Mundo.

— Las relaciones de la educación formal con sus entornos locales (urbanos y rurales), así como con las naciones[5].

— Las funciones manifiestas y latentes de las instituciones educativas: el currículum explícito y oculto en las escuelas del Sur. En conexión con lo anterior, una de las líneas actuales de trabajo más fructíferas se centra en estudiar la relación entre los currícula y los valores que éstos trans-

---

[5] La pertinencia y actualidad de la temática lo demuestra precisamente el que constara como uno de los núcleos de trabajo en el reciente Congreso Internacional celebrado en Oxford sobre Educación Comparada, Internacional y para el Desarrollo: Adu-Gyamfi, J.G.: "Meaningful participation in Education Policy"; Bray, M.: "Community Initiatives in Education: goals, dimensions and linkages with governments"; Farah, I.: "Identity, knowledge and values: convergence and divergence in community-based education in Pakistan"; Rose, P.: "Community participation in school policy in Malawi: balancing local knowledge, local policies and international agency priorities"; Crossley, M. & Holmes, K.: "Whose knowledge, whose values? The contribution of local knowledge to education policy processes: a case study of research development initiatives in the small state of Saint Lucia"; y Kuder, J.: "Power dynamics in global-local aid relationships". Todos ellos en *The UKFIET Oxford International Conference on Education and Development: Knowledge, Values and Policy*. 19-21 September, 2001.

miten, así como la pertinencia y la sensibilidad de esos currícula para adaptarse a los diferentes contextos.

— El papel de los organismos internacionales en la reproducción del discurso de las reformas latinoamericanas.

— El influjo de las políticas neoliberales sobre las directrices que marca la política educativa latinoamericana.

### Estudios sobre el contexto institucional de la planificación [6]

El viraje que sufren los estudios de la planificación educativa se dirigen hacia dos grandes direcciones: la innovación y la equidad educativas (Samoff, 1999). Así, por un lado, como señala Farrell, se trata de promover "una nueva concepción de planificación educativa que se enfoca menos sobre el cambio de la planificación y más sobre el desarrollo de la capacidad de innovación y que concibe la planificación no para controlar el aprendizaje, sino para posibilitarlo" (Farrell, 1997: 279).

En el apartado de "cooperación al desarrollo" ya se ha aducido al papel estratégico que en estos momentos cumplen los diferentes organismos de planificación, de lo que se deduce la importancia manifiesta que adquieren los mismos y, en especial, en las diferentes regiones del Sur. Y es que las demandas sobre éstos se concentran no solamente en los aspectos técnicos y relacionados con la capacitación de los especialistas y administradores educativos, sino que, lo que ciertamente resulta más interesante, la atención se centra también sobre sus responsables, las instancias a cuyos intereses sirve o la relación que ello tiene con las desigualdades estructurales, que se certifican, *de facto*, a escala internacional y que demandan una solución a corto, pero también a largo plazo.

---

[6] Como claro ejemplo en este subapartado, hemos podido constatar la actividad incesante en la región de América Latina por parte de uno de los organismos planificadores que resultan claves en este momento, el IIPE-Instituto de Planificación Educativa en Buenos Aires dependiente de la UNESCO, como asistente al *Tercer Curso Regional sobre Planificación y Formulación de Políticas Educativas*. Buenos Aires. IIPE-UNESCO. Septiembre-Diciembre 2000.

*Las aplicaciones del método etnográfico al estudio de los resultados de la educación*

Los métodos etnográficos y etnometodológicos, provenientes de la Sociología, la Antropología y de otras disciplinas del ámbito social y humanístico reaccionan contra los métodos positivistas, dominantes en la década de los años sesenta. Dentro de los primeros brillan con luz propia los estudios correspondientes a los contenidos concretos de la enseñanza, el funcionamiento interno de las instituciones, o la cultura interior de la escuela a través de la interacción entre currículum formal y oculto, entre los tópicos de mayor proyección. Así, la "nueva Sociología de la Educación", que también incluye los enfoques interpretativos del Interaccionismo simbólico, de la fenomenología, o la etnometodología, entiende que lo importante es llegar al significado que el efecto educativo tiene para los participantes: profesores, alumnos y familias, como principales involucrados. En esta línea, tal y como declara O'Neil:

> La Educación Comparada, con su perspectiva única del rol y la importancia de la cultura, del contexto y las circunstancias, está particularmente bien situada para cultivar y permitir un entorno en el que la interacción global pueda ser expresada en el discurso más que en la división, en la colaboración más que en el conflicto, en la acción más que en la apatía (O'Neil, 2000: viii).

Desde esta perspectiva, se abren nuevas vías y se establecen futuros planteamientos de investigación comparativa, que se manifiestan fundamentalmente en objetivos como los que señala Heyman (1979): centrar la atención en la descripción de la realidad social actual; estudiar los conceptos de la realidad social en el momento presente y concentrarse en los análisis que ofrece la interacción social como uno de los métodos que más se acercan a la realidad social de la educación en el mundo actual.

*Los estudios de género*

Comienza igualmente a fortalecerse la reflexión sobre el papel de la mujer en el contexto global actual de las estructuras educativas y sociales. Son precisamente éstas últimas las causantes de la desigualdad manifiesta, lo que se certifica en efectos como la divergencia mostrada en resultados escolares, patrones de escolarización, etc. También reciben atención las cuestiones relacionadas con el ámbito propio que constituye la "feminidad" (Stromquist, 1999): la fertilidad, la nutrición, la salud y la atención de las necesidades básicas de las familias pobres, sobre todo si se tiene en cuenta que, a escala mundial, hoy puede certificarse de forma global que "la pobreza tiene rostro de mujer".

Los movimientos feministas pusieron de manifiesto ya a principios de la década de los ochenta la importancia que adquiría la variable "sexo" dentro de los debates de educación (Kelly & Elliott, 1982; Kelly, 1989) y fue desarrollándose a través de diferentes estudios, hasta el punto de que en la actualidad se certifica su vigencia a través de autores que analizan la situación actual de la mujer en las diferentes regiones, enfatizando el papel de las metodologías de *"empowerment"* (capacitación, a veces traducido precipitadamente como "empoderamiento") como estrategias de trabajo y acción política y social (Masemann, 1990 y 1999; Jung & King, 1999; Kearney, 2000; Unterhalter & Dutt, 2001 y Kane, 2001). Sea como fuere, la educación de las mujeres, como señala Albatch, se ha convertido en un importante tema de investigación y análisis en el marco de la Educación Comparada, del mismo modo que el sexo ha pasado a ser una variable clave en cualquier análisis sobre educación (Albatch, 1990: 306-307). Lo anterior se legitima en la consolidación de diferentes líneas de investigación que toman como centro a la mujer y se dirigen al análisis y estudio comparado tanto de los modelos teóricos que relacionan la variable género y desarrollo como de diferentes tendencias educativas que analizan los variados aspectos y efectos del factor "género" sobre la educación, en concierto con las variables económicas, políticas, culturales (religiosas), etc.

*La política educativa de los organismos internacionales*

En el análisis que Albatch y Kelly (1990) realizan sobre el estado del arte de la Educación Comparada, una de las respuestas de más amplio alcance que entienden que se ha producido en los últimos tiempos, con respecto a la educación en general y la Educación Comparada en particular, se identifica con que para comprender los mecanismos que contribuyen al mantenimiento de los sistemas mundiales, la mención a las políticas educativas ejecutadas desde los organismos internacionales y las investigaciones que han llevado a cabo resultan de obligada referencia. A partir de este momento, las actividades de los organismos de acción internacional cobran un acentuado protagonismo. Sin embargo, tal y como los autores señalan, la mayor parte de su labor de investigación se concentra en la descripción de las políticas y de las transformaciones que han de tener lugar en la educación, de modo que con bastante frecuencia, los estudios internacionales y transnacionales se llevan a cabo como si tales instituciones existiesen fuera del marco de la política internacional y se limitaran a contribuir al desarrollo de los países del tercer mundo (Albatch y Kelly, 1990: 369).

Lo anterior no es óbice, sin embargo, para certificar cómo los organismos internacionales hoy cumplen un papel precioso tanto para la educación como para la Educación Comparada en particular, tal y como lo demuestra su labor aplicada sobre los diversos sectores de la educación. A continuación nuestra intención es revisar, aunque sea de manera esquemática, los organismos más significativos y algunas de las directrices acometidas en materia de política educativa: la Unión Europea, OCDE, UNESCO, UNICEF y Banco Mundial[7].

### La Unión Europea

Aunque, en palabras de Ryba (2000), más poderosa que el Consejo de Europa, este organismo se limita a un número mucho más pequeño de países miembros: de seis en su nacimiento (1957), se ha ido ampliando hasta certificar la presencia de quince en 1999, si bien actualmente se ha avanzado hasta convertir en una realidad palpable el proceso de ampliación a 14 países más (Comisión Europea, 2001 y 2002a). Otras diferencias con el Consejo de Europa es que, por un lado, la Unión Europea no

---

[7] Es necesario, sin embargo, nombrar al menos a otros organismos que por razones de espacio no hemos desarrollado en este apartado, como es el caso de la OEI, OIT y la CEPAL, entre los más significativos.

tiene poderes legislativos explícitos, sino que éstos se hallan determinados por el Consejo de Ministros, y por otro, sus propósitos centrales son políticos y económicos, mientras que los del Consejo de Europa son más culturales y educativos.

La Unión Europea comienza a preocuparse por temáticas relacionadas con la educación y la formación en la década de los años sesenta, aunque en un principio se vinculan de forma muy estrecha e incluso dependiente de las políticas de empleo, así como de sus consecuencias (el fenómeno del desempleo que asola a Europa). Lo anterior tiene como efecto la consolidación de las políticas europeas de Formación Profesional, que lógicamente es el nivel educativo más sensible a los requerimientos laborales y que por tanto constituye uno de los focos prioritarios que resulta objeto de atención y estudio (Lázaro y Martínez, 1999). Sin embargo, en la actualidad puede certificarse la situación según la cual cada vez estamos más cerca de poder apelar a la "dimensión europea de la educación", entendida ésta en *sensu lato*.

A partir, en efecto, de las Conclusiones del Consejo y los Ministros de Educación, en 1989, acerca de cooperación en materia de política educativa, comienza a gestarse el principio educativo europeo regido por "el respeto de la diversidad lingüística y cultural y la afirmación del carácter subsidiario de las acciones comunitarias". A partir de este momento es cuando comienza a gestarse una Europa del Saber y de la Cultura, una Europa pluricultural, una Europa de la movilidad y una Europa abierta al mundo, pero también una Europa de la formación para todos y una Europa de las competencias (Lázaro y Martínez, 1999: 51). Una Europa, en suma, que modifica el rumbo de sus reflexiones y sus directrices de acción, al pasar con ello desde una perspectiva economicista a una perspectiva más social y más acorde a las necesidades de los ciudadanos europeos. Así lo vienen ratificando los documentos más recientes que en materia de política educativa traducen la aspiración anterior, tales como el Informe de la Comisión *"Futuros objetivos precisos de los sistemas educativos"* (2001), el texto de la Comisión Europea *"El futuro desarrollo de los programas de educación, formación y juventud de la Unión Europea después del 2006"* (2002) o el programa de trabajo detallado para el seguimiento de los objetivos concretos de los sistemas de educación y formación en Europa (2002). Todos ellos insisten, en efecto, en la forja de una dimensión europea de la educación y la formación cuyos objetivos son: mejorar la calidad y la eficacia de los sistemas educativos, facilitar el acceso de todos a los sistemas de educación y formación, así como abrir los sistemas de educación y formación al mundo exterior. De esta manera se integra una doble perspectiva que concilia la vinculación del vector educativo a la dimensión económica y a la social, a la vez que se reconoce cómo Europa ha de parapetarse con políticas educativas activas para hacer frente a los desafíos de la nueva sociedad del conocimiento. Discursos teóricos que, si bien emergen con los *libros Blancos* de la Comisión Europea (1993 y 1995) se cargan de nuevos y estratégicos significados en la Estrategia de Lisboa (2000), a la vez que se acuerda una fecha límite (el 2010) para lograr dichas pretensiones.

Bajo tales aspiraciones se articulan en la actualidad las principales líneas de análisis y trabajo de la Unión Europea, alimentadas en buena parte por los documentos, informes y publicaciones que han tenido lugar durante los últimos años:

— Aprendizaje de lenguas europeas.
— Desarrollo de las nuevas tecnologías.
— Enseñanza abierta y a distancia.
— Enseñanza Superior.
— Evaluación de la calidad de programas europeos.
— Formación a través de tecnologías multimedia en el ámbito laboral, escolar, formativo, etc.
— Formación de profesionales y movilidad en la Unión Europea.
— Formación en el trabajo y orientación en los procesos de adaptación laboral.
— Formación en profesiones de diferentes ámbitos.
— Formación Permanente.
— Formación Profesional y Técnica.
— Formación y medio ambiente.
— Mujer y formación.
— Reconocimiento y equivalencia de titulaciones en la Unión Europea.

En la base de datos de la Unión Europea (CORDIS) pueden identificarse además los siguientes ámbitos de referencia:

• Formación y sociedad de la información.
• Enseñanza superior en Europa y Latinoamérica.

- Enseñanza superior y Formación profesional en Europa, Canadá y Estados Unidos.
- Formación para la prevención de drogodependencias.
- Formación y desarrollo sostenible.
- Formación en el ámbito de nuevas tecnologías.
- Formación, trabajo e igualdad de oportunidades de las mujeres.

Todos los ámbitos y líneas de investigación pueden, en suma, incluirse en dos grandes áreas, con carácter global (Ferrer, 1998):

- El *Área de la Educación y la Formación*: En esta área se destacan las políticas educativas acometidas a fin de alcanzar la aspiración de la dimensión europea de la educación. Al mismo tiempo, y desde una óptica más operativa, se diseñan métodos, instrumentos y tecnologías que incidan de forma especial en la innovación y en la calidad educativas.

- El *Área de la Integración Social e Integración Europea*: En ella destacan los proyectos que inciden en las redes escolares de diferentes ámbitos, así como el desarrollo de proyectos que refuercen el sentido del desarrollo sostenible y la educación para el desarrollo. Finalmente, y no reñido con lo anterior, se promueven la formación y ayudas necesarias a los profesores y formadores a fin de que las tecnologías de la información y los multimedia puedan integrarse en las aulas.

En lo que respecta a su producción bibliográfica, es EURYDICE (Red Europea de Información sobre Educación), la institución por excelencia, que genera información fiable y de carácter comparado sobre los diferentes sistemas y políticas educativas europeas. Asimismo, EURYDICE funciona como observatorio, resaltando tanto los puntos comunes como la diversidad de los sistemas educativos.

EURYDICE nació en 1980, y en 1985 pasó a formar parte del Programa Sócrates (programa de acción comunitaria en educación). En la actualidad, la red está formada por las Unidades Nacionales y por la Unidad Europea. Mientras las primeras dependen de los correspondientes Ministerios de Educación[8] de los 30 países que conforman la red[9], siendo su labor la de proporcionar y contrastar la información necesaria para mantener la actividad de la red, la Unidad Europea, situada en Bruselas, depende de la Comisión Europea y entre sus funciones destaca la gestión de la red, la coordinación de sus actividades, así como la preparación de los estudios comparados y la elaboración y administración de la base de datos, entre otros[10].

Acorde con las aspiraciones anteriores de esta institución, EURYDICE prepara y publica los siguientes trabajos:

- Análisis descriptivos actualizados sobre la organización de los sistemas educativos. Dentro de éstos, se distinguen la publicación "Cifras clave", que ofrece datos y variables educativas y se publican con periodicidad variable, y la colección "Temas Clave".

- Estudios monográficos comparados de interés europeo. Dentro de éste, cabe distinguir publicaciones concretas, encuestas de EURYDICE publicadas, obras de referencia (glosarios, sumarios, etc.), resúmenes, la serie "Focus" y bibliografías temáticas.

- Indicadores de los diferentes niveles de educación, desde la educación infantil hasta la educación superior.

Además de la publicación en papel, EURYDICE tiene su propia base de datos, la EURYBASE[11], herramienta privilegiada para conocer de primera mano información sobre los sistemas educativos que forman parte de EURYDICE, al proveer datos detallados sobre los mismos.

---

8 En España, la Unidad Española de Eurydice se halla adscrita al CIDE (Centro de Investigación y Desarrollo Educativo), que a su vez depende del Ministerio de Educación, Cultura y Deporte.

9 Los 15 países de la Unión Europea, 3 países de la Asociación Europea de Libre Comercio y del Espacio Económico Europeo, 10 países de Europa Central y del Este, Chipre y Malta.

10 Información sobre el origen, base de datos, así como de las actuales investigaciones en curso, entre otros aspectos, pueden ser consultadas en profundidad en http://www.eurydice.org.

11 Que puede ser consultada en http://www.eurydice.eurybase.org.

*O.C.D.E. (Organización para la Cooperación del Desarrollo Educativo)*

En esencia, este organismo analiza las políticas nacionales para la educación de sus países miembros y ofrece exhaustivos documentos, año tras año, referentes a diferentes aspectos relacionados con las políticas educativas, con las relaciones entre formación y empleo, etc; materiales éstos que resultan de enorme interés y utilidad para el comparatista como fuente de datos a la hora de establecer sus respectivos análisis. Con respecto a los estudios nacionales, concede una atención considerable a los aspectos culturales, así como a sus contextos nacionales en los que los primeros tienen lugar y se desarrollan. Sin abandonar esta tarea, sin embargo, en el último decenio ha concentrado también sus esfuerzos en orientar políticas para la cooperación al desarrollo de los países del Sur, y el factor educativo ha constituido un ámbito más dentro de un entramado programático de acciones de calado político, social, económico y cultural.

Tópicos que se han erigido en objeto de atención, por ejemplo, son la cuestión de la interdependencia entre la estructura del conocimiento y los aspectos académicos, la interconexión educativa en un mundo cada vez más unificado o los compromisos políticos que se establecen en materia de política educativa. En cuanto a sus líneas de trabajo e investigación, a partir del CERI (Centro de Investigación e Innovación Educativa) pueden obtenerse las que se constituyen como redes de trabajo prioritarias. Una selección de las mismas se ofrece a continuación:

- Descripción, análisis y comparación de los sistemas educativos de diferentes países.
- Orientación profesional de los jóvenes en el mercado de trabajo.
- Educación de adultos a través de las nuevas tecnologías.
- Nuevos entornos de enseñanza y aprendizaje con las nuevas tecnologías para la enseñanza postsecundaria.
- Conocimiento básico para las políticas educativas de los países.
- Indicadores de los sistemas educativos.
- Evaluación de los sistemas educativos.
- Calidad en la educación.
- La medida del capital humano.
- La reforma de los sistemas educativos.
- Las cualificaciones y competencias.
- Profesionales y la formación profesional.
- La enseñanza no formal.

- La formación continua.
- Formación y empleo.
- La Calidad de los centros escolares.
- La transición de la enseñanza superior y el trabajo.
- La alfabetización de adultos.
- La investigación educativa.

- La enseñanza secundaria.
- La educación rural.
- La descentralización educativa.
- Educación y colectivos vulnerables.
- Fracaso escolar.
- Eficacia políticas de ayuda social.

En definitiva, si se presta atención a la heterogeneidad de las temáticas ofrecidas por el organismo, puede observarse cómo a los tópicos de análisis y estudio más clásicos, como es, por ejemplo, la alfabetización de adultos (Vega, 2002), se unen nuevos retos: por un lado, la importancia que adquieren tanto la instrucción como la educación como herramientas de formación, tal y como puede comprobarse en la publicación de los actuales estudios PISA 2000 (*Programme for Indicators of Student Achievement*) sobre los resultados explícitos en las adquisiciones de los alumnos y, por tanto, la calidad implícita que acreditan los sistemas escolares mundiales, y, por otro, la necesidad de luchar contra la vulnerabilidad y la exclusión, en sus muchas variantes, especialmente en las regiones del Sur.

*Naciones Unidas: los programas de UNESCO y UNICEF*

La Organización de Naciones Unidas (ONU) se creó con el fin de configurar un sistema mundial de organizaciones internacionales (Henworthy, 1988). Este "gran" organismo se divide, a su vez, en diferentes programas, entre los que destacan el PNUD, el UNICEF y UNESCO[12].

El PNUD, fundado en 1965, cumple una tarea de coordinación en la cooperación entre las diferentes agencias que intervienen en el campo. Entre sus acciones, destacan los estudios elabo-

---

[12] Algunos programas secundarios, que no han tenido la divulgación de los anteriores, son: UNEP (Fondo de Naciones Unidas para el Medio Ambiente), UNCHS (Fondo de Naciones Unidas para Asentamientos Humanos), UNIDIR (Fondo de Naciones Unidas para el Desarrollo), UNITAR (Fondo de Naciones Unidas para Formación Profesional e Investigación) y FNUAP (Fondo de Naciones Unidas para actividades en materia de población), entre otros.

rados anualmente que giran en torno al complejo "Índice de Desarrollo Humano" (IDH), que analiza el desarrollo desde una óptica integral, más allá de los fundamentos más económicos.

La UNESCO (Organización de Naciones Unidas para la Educación, la Ciencia, la Cultura y la Comunicación) es un organismo de la ONU especializado en materia social y educativa, tal y como indican sus siglas. Nació en 1945 con la aspiración de, tal y como reza en su Preámbulo, "organizar la constitución de la paz en el espíritu de todos los seres humanos" (UNESCO, 2000: 14) y hoy se concentra en proyectos y programas educativos muy diversificados, pero determinantes por su impacto educativo en la comunidad internacional, de ahí que se reconozca el papel de liderazgo que ejerce en temas de política educativa (Valderrama, 1985; UNESCO, 1997). El interés que posee para la Educación Comparada es más que evidente, desde el momento en que dicho organismo se compromete con el cumplimiento de varios cometidos que afectan de forma directa a la disciplina que nos ocupa: establecer sistemas básicos de estadísticas educativas (que son utilizadas por muchos investigadores en educación y Educación Comparada); aportar diferentes formas de interacción que estimulan el trabajo comparativo y crear directamente y apoyar el trabajo comparativo y el debate sobre diferentes temas y tópicos educativos.

Desde el punto de vista organizativo, la UNESCO se extiende a través de redes que cristalizan en diferentes instituciones educativas alrededor del mundo, de las que a continuación se nombrarán las más significativas. En Europa: el IIEP-Instituto Internacional de Planificación Educativa (París); el BIE-Oficina Internacional de Educación (Ginebra), el UIE-Instituto de Unesco para la Educación (Hamburgo) y el CEPES-Centro Europeo para la Educación Superior (Bucarest). En Latinoamérica y el Caribe, la OREALC-Oficina Regional para la Educación (Santiago de Chile), la CRESALC-Centro Regional para la Educación Superior de Latinoamérica (Caracas); el IIPE-Instituto Internacional de Planeamiento Educativo (Buenos Aires); y el CARNEID-Centro de Innovación y Desarrollo para la Educación (Parameribo).

A su vez, se reconocen dentro de la UNESCO otras instituciones, como es el "Club UNESCO" y "amigos de la UNESCO" (con más de 5000 centros distribuidos en más de 80 países), que son definidos por Ortega (2001) como "el brazo de la UNESCO". Al anterior se unen las escuelas asociadas UNESCO, donde se imparten cursos de formación y capacitación en diferentes programas UNESCO.

Cuatro grandes aspiraciones son las que, a modo de pilares, centran en la actualidad la atención de este organismo (así como las estrategias a través de las cuales se camina hacia la consecución de las primeras) (UNESCO, 1997):

a) La consecución de una serie de premisas: *la educación para todos,* a través de las políticas de alfabetización, educación de adultos, educación de mujeres y niñas, enseñanza de necesidades educativas especiales, etc; la *educación a lo largo de toda la vida* (lema compartido con la Unión Europea pero con un trasfondo de naturaleza muy diferente) y la consolidación de los denominados *cuatro pilares* que ha de encerrar la educación, en palabras de Delors: *aprender a conocer, aprender a hacer, aprender a ser* y *aprender a vivir juntos,* al que se ha añadido, con posterioridad, *aprender a emprender.* Se trata, en definitiva, de fomentar sistemas educativos que logren formar ciudadanos y ciudadanas libres, capaces, conscientes de sus propios derechos y deberes cívicos, y de contribuir con ello al bienestar de la sociedad.

b) La *promoción de la calidad y la pertinencia en la educación.* Este objetivo cristaliza a su vez en proyectos de planificación, de elaboración de estadísticas e indicadores, de construcción de tecnologías de soporte para la educación y de preparación para los desafíos del mundo del trabajo provenientes sobre todo de los ámbitos científicos y tecnológicos.

c) La *Ayuda al Desarrollo.* Este ámbito de trabajo no puede obviarse, ya que se configura en la actualidad como una de las líneas de trabajo más consolidadas a escala mundial. En este sentido, cabe destacar la evolución desde la asistencia técnica que proveía el organismo a la visión según la cual se reconocen nuevas formas de cooperación para el desarrollo. Tampoco se olvidan otros aspectos, como son la atención a la ayuda de emergencia, la construcción de infraestructura y equipos escolares, así como la búsqueda de conciertos con los interlocutores sociales.

d) Finalmente, y sin afán de exhaustividad, han de nombrarse las *medidas para la diseminación de la información,* a través de las diversas publicaciones (entre las que destaca el *World Survey of Education,* desde 1955, y el *World Education Report*), compilaciones, artículos y libros, tesauros de educación, etc.

Si se efectúa, a continuación y tomando como referencia las finalidades anteriores, una búsqueda en el catálogo bibliográfico de este organismo, el UNESBIB, puede comprobarse cómo algunas de las directrices de investigación y trabajo, las más significativas, se han constituido en torno a:

- La comparación de políticas de investigación educativa en diferentes países.
- La comparación de los sistemas educativos.
- La planificación educativa.
- La innovación de la educación.
- Las políticas y reformas educativas.
- La tecnología y la educación.
- La enseñanza no formal.
- La enseñanza superior.
- La educación para la paz.
- La educación de adultos.
- La educación intercultural.
- La formación del profesor para la educación intercultural.
- La formación continua.
- La calidad en la educación.
- La metainvestigación educativa.
- La lucha contra el analfabetismo en los países del Sur.
- Los nuevos retos de la escuela.
- Las diferencias de género en educación.
- La cultura democrática de las escuelas.
- Formación para el trabajo en la educación básica.

UNICEF es un organismo que nace al amparo de la Declaración Universal de los Derechos Humanos (1948) y la Declaración de Ginebra de 1924. Originado en 1946 en un contexto post-bélico, esta iniciativa surge con la creación de un Fondo Internacional de Emergencia para la Infancia (ICEF), dentro del sistema de las Naciones Unidas. Será, sin embargo, en 1953 cuando la Asamblea General confirme la existencia de la Organización dentro de Naciones Unidas, pasando a denominarse "Fondo de Naciones Unidas para la Infancia" (Black, 1996).

Puede reconocerse, tal y como indica Dávila (2001), en efecto, una evolución a lo largo de las diferentes décadas a través de las cuales este organismo ha ido modificando sus aspiraciones, acordes con el contexto que demanda diferentes requerimientos:

— En la década de los cincuenta, UNICEF realiza campañas contra las enfermedades masivas que atacan a la infancia, conjuntamente con los problemas de la nutrición infantil que asola a África.

— En la década de los sesenta, conocida como "era del desarrollo", la atención sobre la infancia se centra sobre la salud maternoinfantil, nutrición y educación primaria, por un lado; por otro, la inversión del capital humano, esto es, "la consideración de la infancia como objetivo de todas las políticas destinadas a constituir el capital humano de un país, lo que constituye nuestro objetivo más precioso" (UNICEF, 1996: 101).

— En la década de los setenta, conocida como la época de las alternativas, la crisis del petróleo actúa como detonante que precipita los acontecimientos de un periodo cuanto menos crítico. UNICEF se concentra sobre un enfoque que se identifica con la distribución de "servicios básicos", dado que el desarrollo heredado de la década anterior había probado su ineficacia ante una población cada vez más pobre que, por otro lado, crecía a ritmos exponenciales.

— En la década de los ochenta, el informe de Grant, publicado en 1982, anuncia "nuevas esperanzas en tiempos sombríos", y propone una "revolución a favor de la infancia". Este lema se apoyará, además, en programas a través de los cuales se logra una expansión espectacular de la educación básica. Pero también conoce éxitos en otras áreas, íntimamente relacionadas con la primera: el papel de la mujer (objeto de atención prioritario desde el ámbito de la sanidad); la proliferación de programas para atajar el trabajo infantil y la defensa de los Derechos del Niño, en *sensu lato*.

— En la década de los noventa se reforzará de manera explícita esta última aspiración, coincidiendo con la Convención de Derechos del Niño (1989) que se pondría en vigor en 1990. En este periodo, ya cercano a la actualidad, UNICEF se convierte en un participante esencial en el ámbito de la defensa y cumplimiento de los derechos del niño, incorporando a sus programas los principios de la Convención y otros tratados sobre los Derechos Humanos.

En la más inmediata actualidad, se reconoce por parte de UNICEF una aspiración que se identifica con el "redescubrimiento de la infancia como grupo social", y lo anterior cristaliza en una estrategia que se bifurca en dos frentes diferenciados: por un lado, en pro de la supervivencia y el desarrollo del niño (a través de las campañas contra la mortalidad infantil, desnutrición, salud y erradicación del analfabetismo) y, por otro, la campaña de los Derechos del Niño, que se concentra, por su parte, en combatir el trabajo infantil, los malos tratos, los conflictos bélicos y la prostitución infantil, entre otras aberraciones que sufren estos "niños perdidos", en palabras de Somavía (2000). Dicha estrategia se ha hecho más que presente a través de los diferentes ámbitos de acción que han sido objeto de revisión y análisis en las recientes Cumbres mundiales de Jomtien (1990) y Dakar (2000) y sobre los que se continúa trabajando incesantemente.

En este sentido aludido, UNICEF sigue avanzando en su marcha infatigable para combatir la perversión o no cumplimiento de los derechos de todos los niños del mundo, y para ello apunta a cinco iniciativas estratégicas en íntima conexión entre sí, a través de las cuales se aspira a conseguir los objetivos que guían a dicho organismo (UNICEF, 2000):

— Aprendizaje a lo largo de toda la vida: inculcación de una afinidad y búsqueda del aprendizaje continuo y constante.
— Acceso a la calidad y a la flexibilidad en los entornos escolares.
— Sensibilidad en materia de género y educación de las niñas.
— Estado como aliado insustituible, en materia normativa pero también delegada en las comunidades.
— Cuidado de los niños más pequeños y de corta edad: planteamiento comunitario de diferentes iniciativas especialmente sensibilizadas con este colectivo tan vulnerable.

Para concluir con los tres últimos organismos citados, además de contar con una producción bibliográfica amplia y en continua actualización, se reconocen, asimismo, encuentros auspiciados por los organismos internacionales que trabajan denodadamente en la consolidación de proyectos educativos realistas y a la vez ilusionantes. Sin afán de exhaustividad, los más significativos, organizados por UNESCO, UNDP o UNICEF, son: La *Declaración Mundial sobre Educación para Todos* de Jomtien (1990), la *Cumbre Mundial a Favor de la Infancia* (1990), y otras Conferencias sectoriales que también enfatizan el vector educativo: Programa de Naciones Unidas sobre la *Conferencia Internacional de Medio Ambiente y Desarrollo* (1992), el Congreso Internacional de *Educación para los Derechos Humanos y Democracia* (1993), Programa de Acción de la *Conferencia Internacional sobre Población y Desarrollo* (1994), Conferencia Internacional sobre *Educación para Necesidades Especiales* (1994), *Declaración de la Cumbre Mundial para el Desarrollo Social* (1995), *Plataforma para la Acción de la Cuarta Conferencia Mundial sobre mujeres* (1995), Conferencia Intergubernamental de *Políticas Culturales para el Desarrollo* (1998), *Conferencia Mundial de Educación Superior* (1998), Segundo Congreso Internacional *de Formación Técnica y Profesional* (1999), y *Conferencia Mundial de Ciencias* (1999).

*Banco Mundial* [13]

Constituye uno de los organismos internacionales cuyas políticas educativas han sido más escrutadas y no se han sustraído al efecto de las diferentes críticas surgidas en buena medida por parte de quienes vinculan el funcionamiento de este organismo con una idea de desarrollo más cercana, política y económicamente, al liberalismo y al capitalismo. En lo que respecta, precisamente, al liberalismo, añade De Moura, no exento de cierto cinismo, que "algunos piensan que se ha convertido en la herramienta satánica del neoliberalismo, al tiempo que otros se quejan de que ésta se ha mostrado inefectiva hacia el mismo. Mientras, los contratados por

---

[13] Buena parte de este apartado, aunque más conciso y actualizado ahora con referencias más recientes, ha sido publicado en Martínez, M.J. (2002a): "¿Maridaje entre educación, conocimiento y desarrollo en el Banco Mundial? Nueva filosofía del «k4d»", *knowledge for development, Quaderns Digitals* 27. http://www. quadernsdigitals.net/Articuloquaderns.asp?ldArticle=5919.

el Banco se preguntan cómo pueden ser las dos cosas al mismo tiempo" (De Moura, 2002: 388). Con relación, ahora, al capitalismo, la inevitable prioridad de que es objeto el vector económico y ante las acusaciones de que las políticas de este organismo contienen todos los típicos prejuicios de los economistas y administradores públicos a expensas de las perspectivas pedagógicas (Heyneman, 2003), De Moura apostilla, en este caso, "Es cierto. ¿Cómo podía ser de otro modo? El Banco trata con ministerios, no con profesores u ONG (...) el Banco trata con proyectos multimillonarios. Éstos tienen que ser diseñados y dirigidos" (De Moura, 2002: 394).

Al mismo tiempo, y añadiendo un matiz sobre el *modus operandi* de sus acciones, Torres (2002) ha definido a esta institución, parafraseando a su vez a Samoff, como un complejo financiero-intelectual que acomete la internacionalización del conocimiento utilizando una comunidad de expertos, en un proceso en el que existe una fuerte confluencia de investigación y financiación educativa.

De acuerdo con las premisas anteriores, y ante todo auspiciada bajo los principios teóricos de la teoría liberal del capital humano, el interés de este organismo no recaía, al principio, sobre la educación, hasta que en la década de los años setenta llevó a cabo el primer estudio sistemático comparado acerca de diferentes estimaciones sobre el rendimiento social de la educación, coordinado y publicado por Psacharopoulos (1973). Casi diez años más tarde, el autor de este primer análisis actualizaría su estudio, en 1981.

A partir de las primeras publicaciones se generalizan una serie de conclusiones que marcarían, por su parte, las políticas educativas de la década de los ochenta. Éstas pueden reducirse a las siguientes premisas (Haddad, 1981; Psacharopoulos, 1981a): los beneficios de la Educación primaria resultan más determinantes que los de la educación secundaria y terciaria (universidad); las tasas sociales de rendimiento son siempre más bajas en las instituciones públicas que en las privadas, y los beneficios para la educación en los países en vías de desarrollo son mayores que los países más avanzados, que comienzan a ser debatidas y criticadas desde autores como Carnoy (1980), Fernández (1981) y Hurst (1981).

Ya en la década de los años noventa, en uno de los documentos más significativos del Banco Mundial, "*Priorities and Strategies for Education*" (World Bank, 1995), se establecen directrices generales para las reformas en la financiación y gestión de los sistemas educativos, redefiniendo el papel de los gobiernos sobre seis estrategias clave con el objetivo de mejorar la oferta educativa de los países en desarrollo (Burnett, 1996):

— Concesión de una prioridad preferente a la educación en las políticas gubernamentales sectoriales, entendiendo las inversiones en recursos humanos como instrumento clave para un desarrollo sostenido a largo plazo y para la reducción de la pobreza, de acuerdo con la teoría del capital humano a la que se adscribe.

— Una mayor preocupación por los resultados de los aprendizajes en la perspectiva de la situación y necesidades requeridas por los mercados de trabajo, para lo que establece niveles estandarizados de logro educativo y monitoriza y evalúa los contenidos y los resultados de esos aprendizajes, sobre todo en los niveles de primaria y secundaria.

— Concentración preferente de las inversiones educativas en el nivel de educación primaria y básica, al tiempo que sugieren la aportación económica por parte de las familias para sufragar los gastos en la enseñanza superior.

— Una mayor preocupación por la equidad y por garantizar el acceso a la educación básica en especial a los más pobres, a las mujeres, a las minorías étnicas y lingüísticas, a los grupos con necesidades educativas especiales y a los que habitan en regiones remotas o aisladas; otorgando también becas que cubran tanto los costos de las tasas, como los derivados de transporte, libros y uniformes y, cuando sea necesario, las compensaciones a las familias por la pérdida de ingresos por la inactividad laboral de los hijos.

— Auspiciar la implicación y compromiso de las familias y la comunidad en el gobierno de las escuelas para lograr avances en los procesos de escolarización y elevación de la calidad de la educación.

— Mayor énfasis en la autonomía institucional de los centros escolares para ajustar los currícula a las necesidades locales y asignar sus recursos financieros al margen de los aparatos burocráticos de los Estados.

Pero las propuestas señaladas por parte de este organismo internacional han recibido, como previamente se indicó, no pocas críticas, y ello desde diferentes ámbitos educativos. Se le achaca, así, en términos generales, la endeblez de la teoría pedagógica que lo sustenta, a pesar de dominar un lenguaje cuya retórica se precia de ser tecnicista, así como los principios aludidos referentes a la planificación educativa (Coraggio y Torres, 1999). Éstos, en efecto, son discutibles desde el principio de igualdad de oportunidades, o, en puridad, desde la ausencia del mismo.

Desde el punto de vista político, preocupa la constante apelación a los procesos de desregulación por parte del Estado, quien, por su parte, habrá de caminar hacia una mayor descentralización hasta que pueda hablarse del "Estado Mínimo" frente a la idea de "Estado Benefactor", lo que repercutirá sin duda alguna también en el ámbito de la educación, pero también en la salud y otros aspectos sociales básicos.

En el sentido aludido, algunas de las principales críticas que las premisas pedagógicas y su materialización educativa del Banco Mundial han recibido en el terreno educativo se concentran en que (Lauglo, 1996; Bennell, 1996; Samoff, 1996; Burnett & Patrinos, 1996; Coraggio y Torres, 1999; Torres, 2001 y Heyneman, 2003):

— La educación es un proceso complejo, interactivo y la dinámica de la toma de decisiones se halla claramente condicionada por los contextos locales. En esa perspectiva, resulta más que cuestionable la pertinencia de proponer prioridades estratégicas y líneas de actuación que tienen un carácter casi universal y con pretensiones homogeneizantes, ya que "no se puede prescribir soluciones estándar o uniformes para todas las sociedades" (Haddad, 1981: 17) que están guiadas más por propósitos económicos que pedagógicos.

— El objetivo de lograr la educación básica a través de la adquisición de competencias mínimas centradas en Lenguaje, Ciencias y Matemáticas en el nivel de enseñanza primaria y el primer ciclo de la secundaria deja al margen otro tipo de competencias también deseables; pero sobre todo centra su realización en los procesos de escolarización formal, alejándose con ello de las iniciativas desarrolladas en el ámbito de la educación no formal (en la que la educación de adultos, la educación popular... están cumpliendo un papel estratégico e inestimable).

— La Formación Profesional queda claramente relegada al plantearse como más deseable que, una vez cursada la educación general, tal formación tenga lugar en el puesto de trabajo; no se quiere que sea el Estado el que la provea de manera preferente sino que sea el sector privado el que se implique en su provisión, financiación y gestión.

— La insistencia por definir niveles de logro educacional y objetivos de aprendizaje concretos estandarizados como elemento central de la planificación curricular puede propiciar que el profesorado sólo dedique su actividad a la consecución de tales objetivos en detrimento de otros igualmente valiosos. El profesorado se halla, así, constreñido en unos currícula limitados y faltos de creatividad.

— A lo anterior se une la contradicción entre la explicitada búsqueda del incremento de la calidad de la educación y la escasa preocupación por la formación pedagógica inicial del profesorado. Ante la problemática de un profesorado mal formado, el Banco Mundial propone una capacitación *remedial*, tal y como se ha definido en su discurso educativo, frente a los programas de calidad de una formación permanente.

Más allá de toda polémica, el Banco Mundial continúa siendo, hoy por hoy, una de las mayores fuentes de financiación de educación en el Sur a escala mundial. Así lo confirma el grueso de su producción bibliográfica, editada desde la década de los ochenta hasta la actualidad, cuya divulgación ha sido notable en el ámbito educativo en general y en el de la disciplina de Educación Comparada en particular.

La actualidad del Banco Mundial nos remite a un debate candente que, añadido a lo anterior, se focaliza en torno a la orientación que parece dirigir la atención y el interés de este organismo en torno al 'conocimiento', hasta el punto que no falta quien advierte que posiblemente se generalice la denominación de "Banco Internacional para la Reconstrucción del Conocimiento y el

Desarrollo" para identificarlo en los escenarios futuros (De Moura, 2002: 389). El conocimiento se convierte, así, en el nuevo instrumento catalizador y detentador del desarrollo y se canaliza a través de los discursos políticos y económicos que presenta y defiende el Banco Mundial. Bajo esta aspiración se difundieron diversos documentos de este organismo entre 1998, 1999 y 2000, estableciendo, en esta línea, el estado del arte en cuestiones de desarrollo con respecto a temas particulares y tomando al vector del conocimiento como eje central de sus propuestas políticas, económicas y culturales, y en las que se insertan las propiamente educativas. De este modo, el discurso y prácticas del Banco Mundial en torno a las políticas de conocimiento para el desarrollo han de entenderse y localizarse dentro de su apuesta por las políticas de "educación a lo largo de toda la vida" (*lifelong learning*) que aquí se materializa en la asistencia virtual a cursos *on line*, intercambio de experiencias exitosas y proyectos de desarrollo, etc.

Sin embargo, el análisis que diferentes autores realizan en torno al uso de este término nos remite a una conclusión cuanto menos que paradójica, ya que, como señala King, "esta mixtura de pragmatismo corporativo y alta teoría ha logrado conferir a la estrategia del Banco Mundial una única, y en cierto modo contradictoria, forma y sentido" (King, 2001b). Dicho de otra manera: mientras, por un lado, el discurso oficial se carga de una significación de naturaleza política e ideológica según la cual el conocimiento se pone al servicio de todos en cuanto a instrumento común para alcanzar el paradigma del desarrollo, la realidad parece ofrecer un panorama según el cual este conocimiento que ofrece el Banco "enfatiza la información sobre el desarrollo, más que el conocimiento sobre el desarrollo o la política del desarrollo" (King, 2001 y 2002; King y Mc Grath, 2002). Nos remiteremos, a continuación, aunque sea brevemente, a estas dos realidades, el plano ideal y el real, que coexisten y a la vez alimentan esta tensión dialéctica.

En efecto, aludiendo al primero de los planos, si ha de comprenderse, por un lado, cuáles son las aspiraciones que persigue el Banco Mundial en torno a la intensificación en la adquisición del conocimiento, quizá resulte esclarecedor reconocer que las políticas educativas de este organismo se centran en torno a la "Ayuda Basada en el Conocimiento" localizada en los contextos y basada en las necesidades (King, 2001a, King y Mc Grath, 2002 y Tilak, 2002), concepto éste en torno al cual giran buena parte de los actuales proyectos.

Según esta filosofía adoptada por el Banco Mundial desde 1998, la causa de la pobreza se debe a la carencia de capital, pero también de conocimiento (World Bank, 1998). Desde este punto de partida, puede confirmarse un viraje del organismo hacia posturas más empáticas que caminan hacia el entendimiento del otro más que a la sugerencia y/o priorización de determinadas políticas, de modo que hay quien ha interpretado una postura de "menor arrogancia" por parte del Banco (King, 2001b). Lo anterior, además, cristaliza en un principio que se convierte en el lema que dirige las aspiraciones del Banco, consistente éste en la prioridad de "compartir el conocimiento", filosofía ésta que aglutina a todos los grupos temáticos del Banco Mundial y cuya consulta se halla actualmente disponible en la red[14]. Dicho principio se refuerza además con la importancia estratégica concedida a los diferentes agentes (*partners*) y protagonistas en la construcción del desarrollo, aunque el propio Banco señale que las políticas adoptadas con respecto al partnenariado (*partnership*) se moverán por razones pragmáticas, en la medida en que éste se considera como "un significado hacia un fin" (...) "una herramienta para conseguir estos fines más efectivamente, y más eficientemente, para beneficiar a todos los involucrados" (World Bank, 2001a). De este modo, como señala el propio Banco Mundial:

> Nos hemos reestructurado e invertido en redes de conocimiento, comunidades de prácticas, información tecnológica dentro de la organización para permitir compartir (*share*) el conocimiento, tanto interno como externo (World Bank, 2000: 6).

Lo anterior cristaliza en diferentes proyectos que tienen en común el escenario en el cual se idean y materializan: INTERNET[15]. El acceso de la información del Banco Mundial ya era posi-

---

[14] A los grupos temáticos puede accederse desde la página principal: www.worldbank.org.

[15] Como señala Ballantyne (2001), a su vez pueden detectarse en la red muchas iniciativas que también comparten con el Banco Mundial su interés por desarrollar políticas de desarrollo de conocimiento. Algunos ejemplos, elaborados desde Naciones Unidas u OCDE pueden ser consultados en: www.oecd.org; www.african-connection.com; o www.e-aseantf.org. También se certifican iniciativas desarrolladas en esta línea tanto desde organismos privados como ONGs: www.weforum.org; www.giic.org; www.gbde.org; www.globalknowledge.org o www.gdnet.org; como ejemplos más significativos.

ble siete años atrás. De hecho, desde que Wolfensohn anunciara
su apertura, en 1996, fecha en la que el *website* del Banco tuvo 1.5
millones de consultas en un año, en la actualidad se confirma que
la cifra se ha incrementado notablemente hasta llegar a 5.5 millones de consultas en un año (King, 2002b). La verdadera innovación procede desde el momento en que, del mero acceso a dicha
información se evoluciona hasta articularse cuatro proyectos en
la red. A continuación nos referiremos a cuatro de estos proyectos, los más significativos, en esta línea (World Bank, 2000b, 2001,
2001a 2001b, King, 2002):

*Comprehensive Development Framework (CDF):*

Este portal es una iniciativa que parte de la presidencia de
Wolfensohn y se define como una matriz de áreas transnacionales
a través de la cual las diferentes agencias y los *parntners* del Sur lle-
gan a acuerdos en la construcción constante y permanente de
una estrategia de desarrollo nacional. Se perfila, de hecho, como
el recurso que tiene el potencial de ejercer un mayor impacto en
la coordinación entre la agencia y las organizaciones del Sur.

*Global Development Gateway* (GDG):

Éste constituye, sin duda, uno de los proyectos más ambiciosos,
a la vez que polémicos, del Banco Mundial. La idea inicial es muy
básica: en este portal de INTERNET puede consultarse un amplio
rango de estadísticas y servicios, y una guía en la WEB donde los
interlocutores sociales encuentran información estratégica correspondiente a los proyectos de desarrollo que se están acometiendo.
A través de éste puede contactarse con todos los *partners* que forman parte de los diferentes proyectos del Banco Mundial, de modo
que se constituye en un portal donde compartir material, diálogo y
resolución de problemas de modo más fácil y accesible que recurriendo a otras fuentes de INTERNET. En síntesis, es el proyecto
menos desarrollado hasta el momento, y se le ha criticado que, en
general, peca de ser excesivamente pretencioso, al duplicar las iniciativas que existen ya en otros portales (CDN), y, sobre todo, se ha
extendido la visión según la cual el Banco Mundial ejerce una exce-
siva influencia sobre lo que se acepta como "desarrollo de conocimiento" útil, válido y compartido.

Este instrumento, que King (2002) no ha dudado en denominar como una "super-página" o"hipermercado del desarrollo" está dividida en 27 áreas (algunas de las cuales, las que más utilidad pueden tener desde la perspectiva de la Educación Comparada, son: "Aprendizaje dentro de la Educación", "Sociedad Civil", "Educación y Formación" y "Efectividad de la Ayuda", entre otras) y subdividida en más de 130 tópicos, aunque algunas de ellas, como la "Efectividad de la Ayuda" ha sido objeto de simplificaciones a fin de agilizar la consulta y la información. También se acceden a *links* (conexiones) con las *websites* de las agencias bilaterales (Bélgica, Australia, Austria, Alemania, Japón, Canadá, Estados Unidos, etc), las agencias especializadas de Naciones Unidas, la OEDC-DAC, los Bancos de Desarrollo Regionales e incluso con el Banco de Desarrollo Islámico, entre otros.

*Global Development Learning Network* (GDLN):

Este portal engloba tanto cursos regulares que pueden realizarse vía electrónica organizados por el organismo, como cursos en centros de aprendizaje a distancia. Lo que quizá resulta más significativo, llegados a este punto, es la dimensión que adquiere la capacidad para la colaboración entre centros del Sur aliándose con el aprendizaje como centro de interés compartido. A partir de estas aspiraciones, se multiplican proyectos que cuentan con dinámicas de "las últimas novedades de aprendizaje", "aprendizaje en *multimedia*", "comunicación por satélite", "video-conferencia", etc.

*Global Development Network* (GDN):

Este último recurso se perfila como el intento del Banco Mundial de acometer la generación de políticas relativas al conocimiento cada vez mejores y en constante diálogo con el Sur. Se reconoce, así, como una de las iniciativas más visibles del Grupo de Desarrollo Económico en el Banco.

Ahora bien, si retomamos el segundo de los planos que adujimos en un principio, el plano real, y una vez analizado el plan de aspiraciones centrado en torno a esa política de conocimiento, son varias las críticas y recriminaciones que se vierten sobre los proyectos generados en torno al conocimiento. Conocimiento que, en palabras de King, se ha llegado a sintetizar en diferentes reuniones y foros del Banco Mundial con el símbolo de "K4D" (siglas de "Knowledge for Development"), no exento de cierta frivolidad, y que, en cierto modo, acaba recogiendo de manera muy gráfica el espíritu del Banco hacia las políticas adoptadas en torno al primero. En efecto, la realidad viene marcada por una situación real según la cual el Banco Mundial, en su afán de "compartir", tal y como se indica en los textos formales que se han distribuido a nivel internacional, ha olvidado que los conocimientos existen en los contextos y a ellos han de remitirse para aplicarse de manera extensiva e igualitaria. En este sentido, el director del proyecto original de "*Knowlegde for Development*", Denning, era el primero en admitir que todavía queda un largo camino por recorrer para que la burocracia actual se vaya transformando en una "organización ágil que comparta el conocimiento" (Denning, 2001: 135).

En cuanto a las diferentes propuestas de desarrollo diseminadas a través de los proyectos que pueden consultarse en INTERNET (conocidos incluso más, de nuevo, por sus siglas CDF, GDLN y GDN) se recrimina en general que, a pesar de que sus aspiraciones se centran dentro de esa filosofía de "compartir el conocimiento", en la realidad emergen cuestiones que tienen que ver con el control y el conflicto que supone la detección de dicho conocimiento y su articulación. Incluso se discute la política llevada a cabo en torno a los borradores de los diferentes proyectos, en la medida en que éstos, a pesar de ser documentos informales, se hallan muchas veces cargados de puntos de vista excesivamente individualistas y prejuiciosos acerca de "de qué tipo de conocimiento se está hablando" y de los mismos no se sigue, asimismo, una discusión en el transcurso de la cual se articulen propuestas de modificación o mejora de algunos puntos (Ballantyne, 2001: 4). También Martinussen (1999) alude a esta realidad, cuando destaca que la mayor parte del flujo de información que proviene del Banco Mundial consiste en la circulación de documentos internos en forma de *papers* preparados de acuerdo con procedimientos específicos que raras veces deja espacio para los casos "desviados" o, en fin, para la inmensa complejidad que presenta la realidad social. Desde esta perspectiva, la falta de transparencia en las políticas ejecutadas en torno al conocimiento parece constituirse en el sentir común de diferentes autores, así como organizaciones (en la que se ven representadas buena parte de las ONGD con contactos con el Banco Mundial) (King, 2002b; Heyneman, 2003).

Pero son más las críticas que se vierten, desde esta perspectiva. En cuanto al énfasis sobre el "partenariado" por ejemplo, puede reconocerse que en la actualidad, y si se revisan las páginas electrónicas que el Banco Mundial destina a establecer contactos con todos los organismos en virtud del principio de "compartir el conocimiento", el organismo llega a rozar incluso lo esperpéntico, al acabar aglutinando un conjunto de *partners* totalmente heterogéneo y sin aparente conexión entre ellos. La lógica consecuencia de lo anterior es que ofrece, como resultado, una imagen global inconexa, ambigua y poco transparente de los objetivos que persigue el citado organismo. En esta línea apunta Wilks a que resulta a todas luces demasiado ambicioso tratar de cubrir todos los tópicos de desarrollo, y ello desde todas las perspectivas posibles, si para ello plantean un ámbito cibernético "en el que conviven los Zapatistas con el Instituto Adam Smith" (Wilks, 2001: 3). Esta propuesta, añade, puede tener además efectos secundarios no deseados, en el sentido de que puede resultar (y por ello se condena) "ingenuo, imposible, peligroso y destinado a desbordar sus propias limitaciones".

En cuanto a la propuesta electrónica de la GDG, en concreto, pero extensible a los otros tres recursos, ese portal donde "acaba cabiendo de todo", Wilks increpa al Banco en particular el hecho de que este recurso, "como algunas propuestas previas del Banco Mundial, se presenta como un vehículo para presentar las investigaciones y análisis, pero del modo en que está concebido, diseñado y operativizado sistemáticamente excluye ciertas voces y perspectivas" (Wilks, 2001: 1). Ishengoma (2001), en esta línea, reconoce que uno de los grandes olvidados es aquí el conocimiento indígena y local, que no parece interesar al Banco Mundial por considerarlo primitivo, y por tanto alejado de la comunidad científica y tecnocrática que el Banco está dispuesto a diseminar. Como reacción, son varias las organizaciones civiles que, en señal de protesta, han decidido no cooperar con los portales y siguen luchando por construir y fortalecer otros espacios de pluralidad que den cabida también a perspectivas críticas con respecto a las políticas educativas acometidas por el Banco Mundial.

Como conclusión de este somero análisis, se certifican evidentes coincidencias en las directrices de acción del Banco Mundial sobre la educación y sobre el conocimiento para el desarrollo. En ambos casos, se articulan políticas enérgicas y contun-

dentes (no en vano a ellas han ido dirigidos desembolsos mone-
tarios significativos) pero su impacto parece ser muy limitado. Las
causas ante este aparente descuido hay que encontrarlas en que,
en ambos casos, la falta de transparencia en el discurso formal de
sus políticas se traduce fundamentalmente en dos vías de acción:
por un lado, en el control sobre el conocimiento que el organismo defiende y alienta (ya sea educativo, ya para el desarrollo).
Por otro, y como consecuencia, en el velado pero firme propósito de exclusión de ciertos colectivos: en el caso de la educación,
el olvido de las políticas de educación secundaria, de formación
profesional y de formación de profesores, entre otras; en el caso
de políticas de conocimiento, las comunidades indígenas. Esta
falta de equidad manifiesta, que en muchos casos es fruto de políticas descontextualizadas, conduce a que buena parte de la comunidad internacional reaccione contra sus acciones.

Con respecto a dicha reacción, y si bien la realidad educativa
ha sido analizada a lo largo de la década de los años noventa y ha
generado un estado de la cuestión lo suficientemente estable
como para comprender el engranaje que mueve las aspiraciones
de este organismo, sin embargo, la óptica más generalizada de
conocimiento para el desarrollo, dentro de la filosofía más amplia
de educación continua, necesita seguir siendo escrutada, dada la
relativa novedad de sus planteamientos.

En este sentido aludido, y para concluir, no podemos dejar de
señalar las cuestiones que King (2001) se hace, a modo de reflexiones en voz alta que no esperan una respuesta inmediata, con
relación a la política adoptada por el Banco en torno al conocimiento, y que pueden ayudar a orientarnos en relación a la intencionalidad de la institución:

— *¿Realmente* persigue el Banco actuar como un *partner*
   honesto, cuando se perfilan intenciones dirigidas más
   bien a "seleccionar" *el conocimiento*? Como consecuencia,
— ¿no enfatiza más el Banco, con la política de conocimiento que está llevando a cabo, la *diseminación* de conocimiento, más allá del que debiera constituirse en auténtico
   objetivo, la *generación* del mismo?
— ¿Cuáles son, finalmente, las fuentes y recursos de conocimiento que el Banco reconoce realmente como válidas?...
   en fin, ¿son éstas realmente "válidas"?

No está, evidentemente, en mi mano contestarlas, aunque en ambos casos, educación y conocimiento, se han expuesto tanto las posturas del Banco Mundial como las principales reacciones que se establecen en torno al mismo. De cualquier forma, evidencian una situación según la cual el Banco Mundial parece haber ampliado la orientación de sus políticas educativas y ha encontrado en el conocimiento una nueva premisa para la investigación y la acción. De este modo, si la pasada década asistimos al nacimiento del Banco del Conocimiento, quizá es ahora el momento de enfatizar que con el auge y la prioridad que adquiere el discurso tecnocrático del conocimiento como elemento de referencia y acción se están descuidando aspectos que merecen igualmente atención. Es el caso de la financiación, la investigación y el trabajo analítico, que están empezando a emerger como los grandes olvidados, tal y como el mismo Banco reconoce, cuando señala que:

> La reciente declinación en el rol investigador del Banco corre en paralelo con todas las nuevas actividades del Banco desde el momento en que se reconoce que éste es un "Banco de Conocimiento" y con la mejora del impacto de las operaciones educativas. La investigación ha tenido un importante impacto en las prioridades y estrategias en educación (World Bank, 1999: 26).

Habrá que estar, en cualquier caso, atentos a cuáles son las novedades que va introduciendo este cada vez más fortalecido Banco del Conocimiento (que bien podría enunciarse, siguiendo la nueva filosofía de siglas que adopta el Banco, como "B4K"-*Bank for Knowledge*), y especialmente, cómo se va constituyendo el estado de la cuestión por parte de los académicos, los diferentes *partners* y la comunidad en general en torno a la pertinencia de dichas políticas que el Banco trata de aplicar.

*********************************

Como conclusión de este apartado, que se ha referido de forma sucinta a las políticas educativas que se producen desde los organismos internacionales, finalizaremos con dos ideas, ambas fruto de un análisis comparativo, aunque sea superficial, con respecto a las líneas de investigación y acción que se propagan desde los citados organismos: por un lado, la idea que éstos tienen acerca de las reformas educativas y, por otro, las directrices de investigación y estudio más comunes que comparten todos ellos[16].

En cuanto a la idea de la "reforma educativa", aspecto éste que ha sido tratado explícita e implícitamente por todos los organismos, pueden adelantarse una serie de puntos comunes que inspiran los intereses reformistas de los mismos. Éstos, en esencia, serían:

- Las reformas educativas aplicadas sobre países son concretas y específicas, se aplican sobre diferentes niveles educativos. En escasas ocasiones se tratan de reformas estructurales de carácter global y amplio, aunque España y Portugal sean, desde esta perspectiva, dos excepciones.

- Las reformas se aplican principalmente sobre el nivel de educación secundaria, como nivel educativo estratégico a partir del cual se decide el futuro académico y/o profesional del alumno (en este sentido, la disyuntiva entre "modelos integrados *versus* segregados" continúa siendo una constante por parte de los organismos en su aplicación real y específica sobre los países).

- La preocupación por los resultados escolares: las cifras de fracasos y deserciones son tomadas como desafíos renovados sobre los que volcar fórmulas alternativas desde el contexto escolar.

- El estudio y análisis de la Formación Profesional como nivel educativo que sirve de gozne entre el ámbito institucional y el mundo del trabajo. Así, se persiguen fórmulas que se integren en ambos escenarios, y se adapten de este modo a los requerimientos que se hacen desde el ámbito laboral.

---

[16] Para acometer estos dos objetivos resulta de gran ayuda el artículo publicado por Ferrer, quien realiza un análisis de estas cuestiones a partir de las bases de datos procedentes de los organismos internacionales más significativos, y reflexiona sobre las líneas de investigación llevadas a cabo, para finalizar con la conclusión sobre la situación de la investigación dentro de la política educativa y científica de Cataluña. Ferrer, F. (1998): "Línies prioritàries de recerca educativa als països desenvolupats", *Temps d'Educació*, 19, págs. 193-219.

- No reñido con lo anterior, los organismos internacionales también estudian y analizan la calidad en la educación, así como su control, medida y evaluación.

- La influencia creciente de los padres y de la sociedad en general sobre la educación. En esta línea, los organismos centran también su atención sobre el papel de la empresa y los interlocutores sociales, como parte activa y participante dentro de las diferentes instituciones escolares.

- Lo anterior obedece también a la búsqueda de fórmulas descentralizadoras en la educación que conduzcan a una mayor autonomía en los centros educativos, con todas las consecuencias que ello conlleva (en la toma de decisiones por parte de las plantillas, en la evaluación, etc.).

- La educación superior como "institución-problema": este nivel educativo sigue siendo fuente de continuos debates, que abarcan desde la financiación a la calidad educativa universitaria, entendida ésta en *sensu lato*.

- Finalmente, aunque no por ello menos importante, los organismos internacionales centran su atención (muchos de ellos preferente) sobre la situación vivida por colectivos menos favorecidos y su relación con la educación y la formación permanente: los niños de bajo nivel socioeducativo y familiar, el colectivo de mujeres, etc.

En cuanto, finalmente, a las directrices de investigación que llevan a cabo los organismos internacionales, puede efectuarse una estructuración a fin de organizar los grandes ámbitos que se han reflejado en estas páginas. De ésta se establece una triple división de aspectos concomitantes en los que parecen coincidir todos ellos:

a) La investigación sobre *los aspectos curriculares de la educación*. En este sentido, temas recurrentes son: la educación cívica, la educación intercultural, la educación ambiental, la adaptación del currículum a la sociedad, las necesidades educativas de los grupos menos favorecidos, etc.

b) La investigación sobre *la organización y la política educativa del sistema educativo en general*. Esta realidad se lleva a cabo

muchas veces a través de estudios comparativos, tal y como
constatan buena parte de las publicaciones de estos organismos internacionales. Dentro de este grupo se localizan
aspectos como las políticas y reformas educativas; la calidad
educativa como premisa inexcusable; las diferentes transi-
ciones entre niveles educativos; la evaluación de los sistemas
educativos; la descentralización educativa; la situación del
profesorado en diferentes países y el estudio concentrado en
diferentes niveles del sistema educativo.

c) La investigación sobre la *relación que existe entre el sistema
   educativo y la sociedad.* Dentro de la última agrupación se
   reconocen temas de análisis y reflexión que tienen que ver
   con los nuevos roles de la escuela; con la formación a lo
   largo de toda la vida (o educación permanente); con la
   transición entre la escuela y la vida; con la educación y el
   género; el papel de la familia y el influjo de la educación
   sobre la misma; el impacto de las nuevas tecnologías sobre
   la educación o la igualdad en la educación, entre muchos
   otros temas.

CAPÍTULO III

# EMERGENCIA DE NUEVOS MODELOS TEÓRICOS Y METODOLÓGICOS: HACIA LA HETEROTOPIA CREATIVA

En el momento actual, aunque como fruto de un proceso que se gesta desde la década de los años ochenta, se reconoce que la Educación Comparada se ha convertido en un campo rico, atrayente y apreciado desde el punto de vista teorético y académico, pero también desde la metodología aplicada. Los problemas heredados en el devenir histórico permanecen como cuestiones latentes, pero los nuevos paradigmas, modelos y propuestas constituyen corrientes lo suficientemente sólidas como para poder garantizar no sólo la supervivencia actual de la disciplina, sino sobre todo el acatamiento de nuevos retos y problemas que emergen desde el futuro más inmediato. Lo anterior es posible, a su vez, como resultado de la gran heterogeneidad de planteamientos y análisis de tópicos que hasta ahora no habían sido objeto de reflexión ni de estudio.

El presente capítulo, aun siendo conscientes de lo ambicioso del cometido, aspira a concentrar y mostrar buena parte del presente escenario en el que se articulan los nuevos modelos de la Educación Comparada. En aras de conseguirlo, cuatro serán los apartados en los que se estructuran los diferentes discursos y metanarrativas analizados.

En el primero de ellos se examina una de las tendencias más prolíficas cuyo impacto resulta patente en el actual escenario de Educación Comparada y viene presidida por la necesidad de continuar *historificando* la Educación Comparada. Esta corriente no hace sino insistir en la importancia estratégica de la Historia a fin de descifrar las claves actuales de la disciplina. A lo anterior, además, se añade la consolidación de los enfoques sociohistóricos que contribuyen a ampliar y al mismo tiempo fortalecer el campo teórico y metodológico de la Educación Comparada.

En el segundo se añaden las corrientes más significativas que conviven (aunque a veces defiendan visiones antagónicas) en el panorama de la disciplina desde la década de los años noventa y contribuyen a alimentar la miscelánea temática que la caracteriza y determina. En el tercer apartado se analiza de manera individualizada el impacto del postmodernismo sobre la Educación Comparada y el surgimiento, tal vez como reacción, de diferentes teorías que tratan de interpretar la emergencia de nuevos elementos dentro de los discursos y metanarrativas.

Finalmente, como complemento a los tres anteriores, el último apartado muestra cómo la metodología comparada resulta también objeto de nuevas inquietudes y revisa el viraje hacia las aportaciones actuales más significativas, al sentir la necesidad de representar la complejidad de forma simbólica a través de las denominadas "cartografías sociales" que también encuentran su lugar en la disciplina. Esta afirmación, no exenta de cierta polémica, por cuanto para algunos comparatistas no supone un avance significativo desde el punto de vista metodológico, demostrando con ello cómo se continúa certificando cierta distancia entre la variedad de las propuestas teóricas frente a la relativa escasez de referentes metodológicos que se evidencian desde la Educación Comparada.

De esta manera, se cubre así el objetivo de presentar una panorámica lo suficientemente amplia como para demostrar, como ya se ha indicado, la situación anímica tildada de vitalista por la que pasa la Educación Comparada, lo que invita a su vez a seguir desentrañando la complejidad paradigmática y metodológica que caracteriza a las Ciencias Humanas y Sociales. Desde la multiplicidad de enfoques configuradores de un escenario heterogéneo y *heterotópico* (utilizando terminología foucaltiana), reconocemos que el momento por el que pasa la Educación Comparada invita, cuanto menos, a explorar los nuevos desafíos que se acometen desde la disciplina.

## La Historificación de la Educación Comparada o la necesidad de la historia en la Educación Comparada. Emergencia del enfoque sociohistórico

Uno de los referentes que se erigen como fundamentales dentro del marco actual que ofrece la Educación Comparada se identifica con la tendencia que incide en la recuperación del sentido de la Historia aplicada a la disciplina, a modo de áncora sobre la cual lograr anclar la nave que navega a la deriva por este océano de incertidumbres.

Ha de partirse, en efecto, de la realidad según la cual el estatus epistemológico de la Educación Comparada se perfiló con más demora, en relación con otras disciplinas dentro de las Ciencias de la Educación. De hecho parece que algunos autores estiman 1900 como la fecha que muestra el inicio académico de esta disciplina, con los trabajos de Sadler y Russell[1].

De hecho, la juventud de la disciplina justifica el que se tome como un referente continuo a la Historia, de modo que ésta sigue influyendo sobre el estado actual de la cuestión (Schriewer, 1993). Autores como Archer (1979 y 1981), García Garrido (1991a), Pereyra (1990), Ossenbach (1990) y Nòvoa (1998), entre otros, confirman esta tendencia, reconociendo con ello el valor explicativo de la Historia y la importancia estratégica que encierra el estudio de la génesis histórica de la Educación Comparada, hasta el punto de que Pereyra, uno de los autores que mantiene una activa línea de investigación y estudio de la perspectiva sociohistórica de la Educación Comparada, augura un auge en los estudios de esta naturaleza, que caracteriza como:

> En concreto, esta renovación viene definida por la historifica-ción de la comparación, o, para ser más preciso, por el fortaleci-miento de un uso diferente de lo histórico, de la historia, dentro del discurso social. En lugar de la simple ilustración de sus interpreta-ciones, la historia vendría a clarificar y articular conceptualmente a la comparación (Pereyra, 1990: 30).

---

[1] Con respecto a Sadler, muy recientemente se celebró el centenario de la publi-cación de su libro escrito en 1900, *¿Qué podemos aprender del estudio de los sistemas extranjeros de educación?*, tal y como recordaron Crossley & Jarvis (2000) a propósito de un repaso de la evolución histórica de la disciplina. Pero todavía se certifica un origen de la Educación Comparada en cuanto a disciplina científica más antiguo, con un año de diferencia, 1899, otorgando por tanto la paternidad a Russell, quien dirigió en el *Teachers College* de la Universidad de Columbia un curso con el que se inauguró formalmente esta disciplina, según García Garrido (1991a). Velloso (1989) añade los horarios del curso de Russell, y apostilla que éste se centró en la educación nacional alemana comparada con las características de los sistemas inglés, francés y americano, acorde también con sus investigaciones que desembocarían en el libro *Estudio Comparativo de los Sistemas educativos.*

Más adelante apunta:

> En consecuencia, la «historificación» de la teoría social y de la comparación en particular, no debería entenderse como una pura reconstrucción «historicista» [...]. A la historia cabe la construcción de la realidad como un proceso activo que se organiza socialmente (Pereyra, 1990: 30).

Con respecto, precisamente, al valor que tiene la Historia como sustento y a la vez elemento de cohesión que justifique la construcción de teorías dentro de de la disciplina, no faltan autores que tildan de crítica la actual situación por la que vive la Educación Comparada, y encuentran en una de sus causas la "desaparición intencionada del sentido de la historia" (Jameson, 1988: 29) e incluso la "amnesia histórica" (Green, citado por Watson, 1998: 12) que se ha producido de manera intencionada con respecto a la Historia. De ahí que comparatistas como Watson (1998) o Broadfood (1999), y más recientemente Crossley y Jarvis (2001), ante la pérdida de anclaje histórico y cultural de la Educación Comparada, reivindiquen el valor intrínseco de la misma "para la comprensión de nuestros mundos variados", y sugieran continuar con el análisis histórico y cultural, a fin de poder criticar las políticas, aprender de las experiencias de las diferentes sociedades y su habilidad para explicar e identificar temas y tendencias que suceden a través del globo (Watson, 1998: 28).

En definitiva, la Historia no sólo ayuda a descubrir los orígenes y devenir de la asignatura, sino también a desentrañar la complejidad intrínseca que presenta el panorama actual. De este modo, una de las frases más recurrentes utilizadas por los comparatistas que expresa de modo categórico la esencia de esta función de la Historia con respecto a la Educación Comparada debe su autoría a Kandel (1933), quien señaló que "la Educación Comparada es la continuación del estudio de la Historia de la Educación en el presente ". Además, y conjuntamente con lo anterior, la Historia sirve para justificar, interpretar y coadyuvar en el conocimiento más profundo con respecto a los diversos enfoques que han ido surgiendo y se insertan dentro de esta disciplina, así como la fundamentación metodológica, llegando en este sentido a comprender cómo se configuran y cuál es el lugar que ocupan dentro del variado universo teórico, metodológico y conceptual de la Educación Comparada. Desde estas premisas, se ha de, así, y en palabras de Kazamias, "reinventar la historia de la Educación Comparada" (Kazamías, 2001: 445), al reconocer con ello que una de las consecuencias más nefastas de los, por otro lado, prolíficos años sesenta la ha constituido el costo epistemólogico que ha supuesto, a largo plazo, el abandono virtual de uno de los elementos unificadores del campo: la dimensión histórica. Éste constituye, sin duda, un posicionamiento irrenunciable al que habremos de recurrir para seguir, en palabras de Pereyra (2000), avanzando en la trayectoria lógica que separa al mero legislador del intérprete, verdadero fin al que debe aspirar la Educación Comparada y cuantos a ella se dedican.

A partir de estos referentes teóricos, el *enfoque sociohistórico*, que toma precisamente la legitimidad que ha de adquirir la dimensión histórica en los estudios comparados, da un paso más, al reconocer cómo la importancia no ha de recaer, según los defensores de esta postura, entre los que se encuentran Nòvoa (2000, 2000a), Pereyra (2000) y Schriewer (2000), entre otros, en los hechos educativos, sino en las corrientes intelectuales que generan retóricas discursivas diferentes para describirlos, interpretarlos y contextualizarlos un espacio y tiempo concretos a fin de organizar y gestionar las prácticas educativas.

De este modo, al énfasis que recae sobre la Historia se añade el acento que se focaliza sobre la teoría y sobre la práctica social, elementos éstos ampliamente analizados por los autores arriba mencionados y que amplían el foco de investigación y acción, al tiempo que critican vivamente las posturas y enfoques que, por el contrario, se centran de modo exclusivo en los resultados educativos cuantificables. Desde esta perspectiva, se exigen nuevas competencias a la Educación Comparada, que por su parte ha de contribuir con funciones que se relacionan con:

— analizar cuáles son las restricciones que se imponen a la educación desde contextos socioculturales particulares; y, al mismo tiempo,

— la de identificar cuáles son las posibilidades alternativas que surgen desde un punto de vista socioeducativo;

— y, como conclusión, reconocer la imposibilidad de poder transferir directamente las soluciones a problemas de un

marco a otro, tendencia ésta que por otro lado parece
haber reverdecido en los últimos tiempos, a juzgar por los
trabajos recientes de Steiner-Khamsi o de Phillips, y que
no hace sino revitalizar aquella etapa de préstamo y copia
que tuvo lugar durante el siglo XIX y que será revisada en
el capítulo siguiente.

Para concluir con esta teoría, uno de los rasgos más idiosincrásicos se identifica con el análisis de los diferentes discursos que
legitiman las prácticas sociales en el aula, de modo que aspectos
como la construcción social del currículum, la formación de la
identidad, la consolidación de diferentes disciplinas escolares,
entre otros temas, son los referentes de análisis más estudiados, lo
que lo acerca al enfoque de la etnografía crítica. Sin embargo, y
a diferencia de éste último, el enfoque sociohistórico fusiona de
manera coherente la atención que merece el análisis de los discursos educativos con el vector histórico que concede una serie
de claves explicativas, fundamentándolo a su vez y al mismo tiempo, tal y como el propio término hace referencia, en el marco
social que se va a emplear como elemento legitimador de los propios hechos educativos (Schriewer, 2000: 9).

## LAS CORRIENTES DE EDUCACIÓN COMPARADA A REVISIÓN

Ocho son, en efecto, las teorías que a continuación serán
objeto de análisis, y que cubren en buena medida el panorama de
la disciplina de Educación Comparada, las investigaciones y trabajos más relevantes en la materia. Hay ciertamente, más, pero he
preferido centrarme en los modelos que mayor impacto e influjo
han tenido para establecer el actual estado de la cuestión de la
Educación Comparada[2].

---

[2] Para la elaboración de este apartado nos basamos, además de los autores y
representantes de cada una de las teorías, en las clasificaciones y estructuraciones
realizadas por Mollis (1990), Albatch (1990), Pedró (1993), Epstein (1993), Pereyra
(1993), Paulston (1993), Nòvoa (1998), Crossley (1999) y Popkewitz (2000), si bien
señalamos solamente algunas de las teorías y enfoques, los más significativos, expuestos por los mismos.

## La etnografía crítica

La etnografía crítica es una teoría que proviene fundamentalmente de la Filosofía y de la Sociología, si bien, como el término lo indica, utiliza una perspectiva crítica y la plasma a través de una metodología de corte antropológico y cualitativo[3]. Como antecedentes teóricos, la teoría bebe de dos fuentes: del marxismo, por un lado, y su crítica a la teoría burguesa de la sociedad y de la Sociología positivista de Comte, por otro, que equipara las Ciencias Sociales a las Ciencias Naturales, de modo que reivindica la formulación de leyes causales generales, el conocimiento universalmente válido y la unidad del método científico.

La Educación Comparada no ha sido ajena en ningún momento a la emergencia de planteamientos teóricos provenientes de las Ciencias Sociales, y éste es un buen ejemplo de ello. Otras pruebas que pueden demostrar el interés recaído sobre la Sociología lo constituye, así, la atención que recibe la teoría de los tipos weberianos para la elaboración de las tipologías de los sistemas educativos nacionales (Zymek, 2000).

Es sobre todo con la emergencia de los enfoques etnográficos y antropológicos y su aplicación práxica sobre la sociedad[4], cuando la Educación Comparada adopta el modelo de la etnografía crítica para interpretar los estudios que se elaboran. En efecto, y si bien en un principio la investigación educativa comparada no mantuvo lazos estrechos con esta disciplina, en la actualidad sí puede certificarse una vinculación que se manifiesta en las diferentes investigaciones comparativas que parten de estudios antropológicos y etnográficos. Un buen ejemplo de esta tendencia lo constituye, en palabras de Masemann (1990), la utilidad de las teorías etnográficas para ser aplicadas en el campo de la evalua-

---

[3] Como lo ratifican los numerosos ejemplos que coadyuvan a Apple (1978, 1978a y 1986) a demostrar la hipótesis de que las escuelas funcionan para reproducir una sociedad desigual utilizando un discurso legitimador, de dominación y explotación. El autor utiliza el vector curricular para demostrar su teoría acudiendo a estudios de corte cualitativo y etnográfico con fines críticos.

[4] Aunque la diferencia fundamental radica en que mientras los primeros centran su atención en los estudios macro, esto es, centrados sobre una cantidad ingente de datos a fin de analizar los comportamientos de las grandes sociedades, la Antropología prefiere priorizar la investigación a pequeña escala, utilizando para ello métodos más exclusivos, como la observación participante.

ción, y que ayuda a dar una visión más completa sobre los efectos de los programas en los alumnos.

Si nos centramos en los aspectos más concretos de la teoría de la etnografía crítica que pueden ser utilizados por la Educación Comparada, uno de ellos, probablemente el principal, consiste en la utilización del método de la observación participante como herramienta útil de trabajo para comprender e interpretar la cultura que envuelve a los individuos. La aplicación de este método sobre Educación Comparada ha mostrado resultados realmente interesantes. En este sentido, sería deseable continuar aplicando perspectivas teóricas para la resolución de otros muchos problemas, a fin de seguir avanzando en la utilización de esta herramienta desde el punto de vista comparado.

Otros comparatistas entienden, sin embargo, que la utilidad de esta teoría ha de ir más allá, con la consideración de estudios que se centren en aspectos como el trabajo de las escuelas, la alienación de que son objeto los alumnos, la conversión de la educación como "mercancía". De esta manera se configura otra de las líneas de trabajo e investigación de esta teoría, al admitirse que la etnografía crítica es un buen modo de análisis y estudio de las técnicas que utilizan los profesores para sancionar positivamente a los alumnos dentro de los paradigmas de la racionalidad tecnológica.

Una última cuestión, con respecto a este modelo, llama la atención sobre la tendencia actual de los estudios de etnografía crítica dentro de la disciplina: tal y como sostiene Masemann (1999), en la actualidad se advierte un viraje dentro del modelo y un acercamiento hacia las teorías neomarxistas, de las que aprovecha las conexiones de estudio a nivel *macro*, necesarias para interconectar esta dimensión a nivel *micro* de las experiencias escolares locales. Además, reconoce cómo este modelo precisa igualmente de análisis económicos, ineludibles, para medir aspectos como la efectividad escolar en todos los niveles escolares, por ejemplo. El neomarxismo, en definitiva, "llama a los investigadores a aprovechar la oportunidad de realizar análisis políticos y económicos en los cuales su rol, así como los del profesor, estudiante, e incluso la igualdad escolar en sí misma, se define de modos nuevos" (Riddell, 1997: 200).

A partir de aquí se abren nuevas vías de investigación para la Educación Comparada que toman como base a este modelo y se centran de forma clara sobre la vertiente cultural del contexto escolar, aunque se amplían las temáticas y la relación con otros factores. De este modo, se analizan, entre otros temas, las formas de inserción social y procesos de socialización de los alumnos en los diversos contextos de cultura política nacional y la penetración de los discursos de la ideología dominante a través del sesgo de la "racionalidad innovadora", lo que supone la apertura de nuevas temáticas y consideraciones teóricas que podrían proponerse desde esta disciplina. Esta última característica, el papel que juega el discurso dominante revestido de aires innovadores, acerca esta teoría a la teoría neofuncionalista, que será objeto de atención también en este apartado.

*El enfoque de la dependencia y su influjo en la Educación Comparada*

Este enfoque aborda el estudio comparativo desde una perspectiva neomarxista[5], aportando con ello una nueva forma de entender la Educación Comparada. Acreedores de un talante ciertamente reivindicativo, en este enfoque brillan con luz propia autores como Carnoy, Arnove, Bowls o Gintis, quienes son conocidos por sus trabajos en el campo del área correspondiente a la Didáctica escolar, aunque también hayan realizado incursiones en la disciplina de la Educación Comparada. En este sentido, destacan, por su impacto, los trabajos que realizan sobre el análisis de los sistemas educativos mundiales (Arnove, 1980 y Carnoy, 1990), o la vigencia del neocolonialismo en la educación actual, de forma velada aunque igualmente efectiva (Carnoy, 1974 y 1980; Apple, 1978 y Albatch y Kelly, 1990).

La postura de Carnoy con respecto al concepto de escuela y a la función reproductora y no productora que ésta acaba cumpliendo, queda bien patente cuando opina que:

> Las escuelas no son simplemente una herramienta de los capitalistas (en una sociedad capitalista), sino una institución en la que se hacen patentes las tensiones entre las fuerzas de reproducción y las

---

[5] El neomarxismo se desvincula del marxismo desde el momento en que se desmarca del último con acepciones divergentes con respecto, por ejemplo, a la relación entre ideología y falsa conciencia, el concepto y alcance de la lucha revolucionaria o el papel que ha de tener el proletariado en la lucha de clases.

fuerzas de democratización. Así, las escuelas contienen elementos de reproducción y de democracia, del mismo modo que también se encuentran en el Estado, considerado como un todo, en las sociedades capitalistas y burocráticas. Por consiguiente, asumimos que en el Estado, tanto en sociedades capitalistas como en las de corte burocrático, se reproducen las relaciones de poder jerárquicas y no equitativas, pero que él mismo y el sistema educativo que utiliza para reproducirse contienen importantes contradicciones (Carnoy, 1983: 31).

Desde el momento en el que este esquema se reproduce con más intensidad en el escenario metrópoli-periferia, ha de caminarse hacia la búsqueda de acuerdos sobre determinados axiomas, algunos de los cuales se constituyen en torno a que (Zacharíah, 1990):

- La comparación, inherente a toda generalización, es una actividad intelectual de abstracción y reconstrucción. De lo anterior se infiere que los estudios comparados están implícita o explícitamente determinados o dirigidos.

- En el estudio sistemático de las semejanzas y diferencias a menudo debemos salir de las escuelas para investigar las causas de muchas, no todas, las prácticas que tienen lugar en su interior.

- Contrariamente a ciertas afirmaciones retóricas, la educación institucionalizada sólo desempeña una función relativamente menor en la promoción de la movilidad social, la política económica y el desarrollo cultural [...].

- Sin embargo, las relaciones interpersonales en los contextos escolares (es decir, los procesos educativos) pueden, y en ocasiones así sucede, generar acontecimientos que provoquen cambios sociales significativos, que pueden o no ser deseables.

Ahora bien, en íntima conexión a lo anterior, y conjuntamente con las denuncias sobre la "relación parasitaria", en palabras de Zachariah, que contribuye significativamente a aumentar la riqueza del mundo rico y la pobreza del resto del planeta, el concepto de "desarrollo" pasa a ser juzgado y precisa una reconceptualización. De este modo, se defiende la premisa de que el desarrollo del Sur está llamado a redefinirse en términos de su propia cultura e historia y la pretensión se concentra en esbozar objetivos basados en un desarrollo que no siga los imperativos económicos mundiales: de un desarrollo meramente económico se pasará a estudiar y analizar las ventajas que comporta el desarrollo humano y sostenible.

Desde los círculos de corte económico se acuñan, además las "teorías o enfoques de la dependencia", que coadyuva al estado de la cuestión que se establece en torno a la reconceptualización del desarrollo, a través de autores como Cardoso (1977), Dos Santos (1979), Sander (1985), Olivera (1985), y, más recientemente, Amin (1999), que también inciden sobre el concepto de "desarrollo desigual". Parten, así, para justificarlo de un marco teórico en el que la dinámica económica se ejerce desde dos polos contrapuestos, el centro y la periferia, pero la afluencia no es bidireccional, sino que la balanza se desequilibra de forma más que notable por el Norte, y ello origina una relación de dependencia comercial, tecnológica y financiera de la periferia con respecto al centro. Defienden, por tanto una noción ya no evolucionista de desarrollo, sino histórica, admitiendo con ello el papel jugado por las variables exógenas en el análisis del desarrollo y del subdesarrollo, y cargan las tintas sobre el factor económico como elemento explicativo que disgrega al "subdesarrollo" del "desarrollo", en buena medida detentado el último por los países del Norte. Dicho de otra manera, el desarrollo puede existir, pero ello conlleva transferido de forma inevitable una dependencia de la periferia con respecto al centro, configurándose como un "desarrollo del subdesarrollo". Sin embargo, el mayor riesgo que presentan estas teorías consiste en la visión unilateral y dependiente que conceden al concepto de desarrollo, ya que, en este sentido, como señala Schneider en una sentencia no exenta de una crítica a los determinismos que subyacen como trasfondo, "los países del Sur deberán decidir si su concepción del desarrollo se integrará en el imperativo de la productividad tal y como éste es practicado en los países del Norte" (Schneider, 1995: 94).

Puede concluirse, pues, con el reconocimiento de que las teorías marxistas continúan vigentes, aun cuando no se acaten ortodoxamente todos sus postulados ideológicos, al utilizarse sobre todo el poder reivindicativo de la educación para luchar contra el orden económico establecido.

## El enfoque neofuncionalista

Una vez que se ha superado el funcionalismo parsoniano de la década de los setenta, la Educación Comparada se renueva y retoma las teorías neofuncionalistas, que tienen nuevas propuestas y sugerencias a modo de aportaciones interesantes para la disciplina (Welch, 1993; Schriewer, 1990 y 2000). Así, y si bien los investigadores neofuncionalistas continúan teniendo una fuerte raigambre teórica y metodológica con respecto a las teorías de la tradición investigadora en el terreno funcionalista, son en efecto nuevos los planteamientos y temas de reflexión que emergen en la última década.

Es precisamente con Luhmann y su teoría de sistemas donde más se reconoce la evolución del funcionalismo en su tránsito al neofuncionalismo. Se dan continuaciones significativas, como lo demuestra su conceptualización de los sistemas y su relación con el entorno o las cuestiones de la socialización, por ejemplo. Con respecto a la primera, Luhmann habla de "externalizacion" y de "exclusas" que pueden abrir y cerrar ambas realidades. Con respecto a las cuestiones de la socialización, ésta queda definida como "socializar a los individuos y equiparles para la comunicación en la sociedad" (Luhmann, citado por Schriewer, 1990: 345). Desde la óptica educativa, Luhmann entiende que existe una conexión entre la educación, el positivismo y la consecución con ello de una ciencia social formal, en el sentido de que la educación es vista como sistema importante con la función de proveer una mano de obra especializada a fin de suplir a un sistema más amplio, el contexto económico y social.

Otro de los autores que coincide en esencia con el estudio de Luhmann, Radcliffe-Brown (citado por Coombs, 1985) analiza también la educación desde un punto de vista neofuncionalista, ya que en el estudio que realiza sobre la crisis actual por la que pasan los sistemas educativos, el autor entiende que la educación es "un sistema con partes interactuantes" con lo que refuerza la función de la interdependencia funcional que estas partes tienen entre sí, de modo que un cambio sustancial en una de estas partes tendrá efectos significativos sobre el resto. Para ello utiliza la analogía de la educación con el cuerpo humano, deduciendo que de la misma manera que el médico efectúa un diagnóstico sobre la base de indicadores que permiten estimar lo que puede necesitar el paciente para mejorar, la organización educativa ha de buscar la obtención de indicadores que revelen el "estado de salud" que acredita ese mismo sistema educativo. Tal y como él señala, apelando sobre todo a la necesidad de contar con una visión unificada de la educación: "Si uno va a evaluar la salud de un sistema educativo para mejorar su funcionamiento y planear su futuro de modo inteligente, la relación entre sus componentes críticos ha de examinarse bajo una visión unificada" (Coombs, 1985: 9).

De este modo, el uso funcionalista que hace del concepto de "sistema" se basa, en buena medida, en el reconocimiento de que la explicación y el análisis de los sistemas educativos han de llevar siempre incorporada la relación que existe entre la educación y la sociedad, ya que por ambas partes existirá un intercambio de flujos que condicionará necesariamente al otro elemento.

Sin embargo, y como conclusión a ambos autores, se alega a que hoy este enfoque va "más allá" del papel funcional que está cumpliendo la educación. En este sentido, Welch (1993, 2000) señala que los "nuevos" sociólogos de la educación producen "nuevos" problemas, en lugar de "tomarlos" sencillamente. Para ello, el autor apela a la "producción" de novedosas temáticas, a la vez que invita a que no se tenga temor, tal y como él lo indica, "a cuestionar la ciencia y la razón, que aparecen ahora como los nuevos absolutismos contra los que hay que seguir luchando a fin de desentrañar nuevos significados" (Welch, 1993: 347).

*El enfoque de los sistemas educativos actuales*

La corriente del enfoque de los sistemas educativos actuales se consolida y adquiere un *corpus* teórico propio a partir de las debilidades teóricas y metodológicas que se advertían por parte de buena parte de las tendencias más clásicas en Educación Comparada. De esta manera, en palabras de Nóvoa (2000), este enfoque se consolida como una de las tendencias más fructuosas, a la vez que polémicas, a juzgar por los análisis que surgen de autores tan representativos como Torres, Meyer, Ramírez, Boli, etc[6] y que hemos revisado someramente a propósito del discurso sobre la globalización.

En palabras de Adick (1993), dos son fundamentalmente las fallas que este enfoque trata de subsanar. En primer lugar, reacciona en lo que respecta al estudio clásico de los casos educativos que tienen lugar en un determinado país. Éstos se ejecutaban a través de las similitudes y diferencias presentadas a partir de categorías comparativas. Sin embargo, los representantes de este enfoque objetan a estos estudios el que raramente ofrecen un enfoque verdaderamente comprensivo de los cambios sociales e históricos producidos a corto y largo plazo. Este aspecto, unido al siguiente, contribuye en buena medida a construir estudios "incompletos", tal y como apostilla Schriewer (2000), a juzgar por la falta de una contextualización sociohistórica. Existe, por contra, según el comparatista, una multiplicidad de procesos socioculturales y patrones organizacionales no contemplados, y la complejidad que entrañan los mismos no puede ser descifrada por políticas educativas orientadas nomotéticamente.

En segundo lugar, los autores que se representan dentro de este enfoque consideran que existe una discriminación en el estudio de algunos de los sistemas educativos actuales en detrimento de otros, puesto que mientras algunos sistemas son nombrados y analizados en profundidad por varios autores y perspectivas, otros sistemas, como pueden ser los correspondientes a la Europa central y oriental o América Latina no resultan objeto de análisis con tal profusión (Torres, 1999). De este modo, la discriminación que puede predicarse del Sur, o "naciones en desarrollo", queda suficientemente demostrada desde el momento en que se exige la transformación de la escuela moderna como fenómeno mundial pero, paradójicamente, se olvidan de estos países en vías de desarrollo. Al mismo tiempo, llama la atención que, a la vez que se produce ese olvido intencionado de los países en desarrollo, los

---

[6] García Garrido (1993) señala también a dos autores españoles representantes de esta teoría, Colom y Puig, quienes plantean el proceso educativo como un sistema social en permanente estado de vinculación con otros sistemas sociales, con lo que resulta difícil estudiarlo por separado, abstrayéndolo de esas otras realidades sistémicas.

países desarrollados se repliegan en el concepto de "países occidentales", hasta el punto de presuponer que países tan distintos como Estados Unidos, Alemania o España comparten más aspectos que lo que los diferencian.

Ante esta realidad, el enfoque que ahora está siendo objeto de análisis asume el reto de cómo explicar históricamente la aparición y consolidación de los sistemas nacionales que se estructuran de una manera similar. Sin embargo, la novedad de dicho enfoque radica en que el mundo moderno es visto como un sistema con una lógica y dinámicas históricas que se desarrollan por sí mismas, de lo que se infiere que no ha de considerarse a los componentes como necesitados de interacción entre sí: es el sistema mundial el que influye sobre las unidades sociales. Dicho de otro modo, el término "sistema mundial" supone, así, la existencia de unos sistemas sociales que abarcan más que cualquier sociedad organizada, mientras que cada una de las acciones que se producen se han de analizar desde la óptica de cuál es su posición en el sistema mundial.

Con respecto a la aplicación sobre la educación, surge, a raíz de diversos estudios, un consenso con relación al concepto de "sistema educativo moderno" que aglutina diferentes características, como es su relevancia, su calidad transnacional, su inespecificidad cultural (las prácticas son uniformes en todo el mundo) y su fácil extrapolación a los diferentes sistemas educativos expandidos a lo largo del planeta.

Ésta última, contextualizada sobre el sistema educativo moderno encuentra en la "escuela moderna" su caldo de cultivo, por cuanto ésta muestra una nueva concepción de educación, enseñanza y formación. Destacaremos cuatro aspectos lo suficientemente llamativos, en este sentido. En primer lugar, en cuanto a sistema organizativo, el sistema escolar muestra una serie de diversificaciones y diferenciaciones entre niveles (que se evidencia en la división de grados, niveles, módulos y certificados, por ejemplo). En segundo lugar, la enseñanza se establece de acuerdo a un plan de estudios que resulta elaborado por el Estado, que es quien legitima la preselección de contenidos y sus respectivos currícula. En tercer lugar, se diferencia de forma sistemática la enseñanza y el aprendizaje. En cuarto y último lugar, aun siendo conscientes de que podrían establecerse más apartados, la práctica escolar se halla reglamentada internamente, de modo que puede certificarse un control por parte del Estado.

Esto supone, como ya se adelantó líneas arriba, una renovación en la consideración de nuevos elementos de análisis en el hecho educativo y una reiteración sobre todo a la re-evaluación de los mismos a la luz de esta interpretación. Es en este contexto donde surgen los planteamientos en los que se basa el "enfoque general de sistemas mundiales", que se entiende, de esta manera, como un intento de formular un concepto básico que precede al estudio comparativo de varios desarrollos educativos nacionales e históricos. Meyer, Boli-Bennet y Ramírez, justifican la adopción del enfoque en los siguientes términos:

> Nuestra perspectiva descansa sobre la base siguiente. La educación como una institución social es un fenómeno transnacional o «cultura mundial», precisamente en el mismo sentido que la ciencia, la tecnología, la teoría política, el desarrollo económico, y un conjunto de otros fenómenos transnacionales por naturaleza. Con ello queremos decir que lo que la educación es (su ontología), cómo se organiza (su estructura) y por qué tiene valor (su legitimidad), son características que evolucionan primeramente al nivel de la cultura mundial y de los sistemas económicos mundiales, no a nivel de naciones-estados individuales u otras subunidades del sistema (Meyer, Boli-Bennet y Ramírez, 1997: 151).

La escuela moderna queda definida como una parte integrada a su vez en un sistema mundial, un sistema que parece dirigirse de forma cada vez más clara a un sistema de producción transnacional (y que se identifica con los mercados capitalistas). De acuerdo con estas premisas, la escuela se acoge a este modelo cada vez más global, más allá de etiquetas de "sistemas europeos"[7], "sistemas norteamericanos" o "sistemas latinoamericanos", como indican Meyer, Boli, Thomas y Ramírez (1997) y Torres y Morrow (1994, 1995 y 1999). Al final, los autores entienden que la escuela moderna ha de ser analizada como resultado de las condiciones de producción y reproducción que prevalecen desde la óptica transnacional

---

[7] Nóvoa (2000a) destaca cómo en algunos casos se tiende, en este sentido, a valorar a Europa como un criterio de explicación, y en otros casos parece como si Europa no tuviese ningún poder interpretativo en materia educativa. Al final, como señalan Lechner y Boli (2000), dentro de este enfoque ha de considerarse a Europa como una "región mundo", que se define en función de las redes complejas que se extienden entre lo regional, lo local, lo nacional y, por ende, lo global.

en el sistema mundial moderno, más allá de circunstancias culturales y/o nacionales específicas (Torres y Morrow, 2002).

El enfoque presentado por los autores, si bien ha ido avanzando y consolidándose a través de diferentes investigaciones y estudios, todavía no puede considerarse una teoría concluida. Sin embargo, sí que se han constatado algunas virtudes que presenta la teoría, entre las que destacaría el hecho de que favorezca una postura histórica explicativa a largo plazo, que adopte una perspectiva más allá del eurocentrismo, considerándose con ello más global y comprensiva, y, finalmente, el hecho de que su centro neurálgico, el sistema educativo, esté teóricamente bien definido, y de este modo coadyuve a explicar tanto los orígenes como la expansión mundial de las estructuras de la escuela moderna.

Además, y frente a los cambios emergentes producidos por la tecnología, la expansión de las comunicaciones, la internacionalización de la economía y los mercados laborales, la globalización, etc; se llega a reconocer, como indica Wielemans, que "los factores sistémicos mundiales siguen funcionando, y que ellos son los que deberían constituir el objeto fundamental de nuestra investigación, reconvertida, así, en nuestra época, a un «análisis de sistemas» globalizados" (Wielemans, 1997: 155).

Desde esta perspectiva, quizás debamos estar atentos a nuevas orientaciones teóricas que plantean en esta línea y desde el modelo. Por ejemplo, cuál será el alcance e impacto de la *criollización* (de "criollo", transcrita directamente del vocablo *creolization*) de la cultura desde el momento en que se inserta en el contexto internacional global (Morrow y Torres, 1999: 108), y de cómo estos procesos de *criollización* global afectan a las sociedades metropolitanas y periféricas: a su estratificación educativa, pero también a la formación de élites y, en definitiva, al cambio cultural.

*Los efectos de la cultura y socialización sobre la Educación Comparada: consecuencias sobre la metodología*

Los conceptos de "cultura" y "socialización" han contribuido también a la Educación Comparada hasta el punto de que en la actualidad se ha consolidado un modelo dentro de esta disciplina que cuenta con la importancia de los vectores culturales y su papel en la explicación e interpretación de la realidad educativa.

Desde la perspectiva comparada, la cultura juega un papel inestimable por cuanto describe las decisiones que se han ido adoptando a lo largo del tiempo sobre valores, normas, reglas de juicio y comportamiento que determinan a los sistemas educativos. Dicho de otro modo, la perspectiva cultural posibilita el entendimiento de las tradiciones históricas y cómo éstas influyen sobre la educación actual.

Sin embargo, el concepto de cultura no sirve solamente para traducir las situaciones educativas actuales, sino para generar y ampliar a su vez otras concepciones de cultura. Lo anterior es posible desde la premisa de que los sistemas educativos son dinámicos por naturaleza, y van requiriendo y demandando nuevas concepciones culturales. Pero también es la comunidad educativa la que selecciona, "utiliza" y reinterpreta las tradiciones culturales, de modo que, como apunta Liegle (1993), dicha comunidad puede usar la cultura que existe en un momento histórico dado, pero también tienen la oportunidad de ser culturalmente creativos.

La Educación Comparada ha adoptado las ideas kantianas de "cultura", de "moralidad" o "educación" como estructuras normativas útiles para el análisis y evaluación acerca de si los sistemas educativos nacionales se aproximan a los ideales morales y a la cultura tradicional. Pero para poder conseguir este objetivo, se ha de elegir un buen método a fin de conseguir este tipo de análisis. En este modelo, el análisis y la descripción histórica constituye el instrumento adoptado, en este caso, para definir el método que ellos denominan el "enfoque histórico-sistemático".

Si nos remitimos a continuación al segundo de los términos del binomio con el que se comenzó, el de "socialización", han de destacarse los lazos que establece ésta última con la cultura, y los conceptos de "sistema educativo" y "educación", hasta tal punto que puede establecer una suerte de operación matemática, que podría estar enunciada así: de la misma forma que un amplio entendimiento sobre lo que significa un sistema educativo nos ha llevado al concepto de cultura y su relevancia para la Educación Comparada, un amplio entendimiento sobre lo que significa la educación nos lleva al concepto de socialización.

La socialización lleva, así, aparejada un campo de acción más global que la cultura, y se refiere a la suma de las interacciones sociales y de los procesos de toda una vida mediante los cuales una persona se define a sí misma como miembro de una cierta cultura, desarrolla una identidad social e individual y adquiere una competencia general en las áreas de acción social y juicio moral, en palabras de Liegle (Liegle, 1993: 439).

Ambos conceptos, cultura y socialización mantienen lazos comunes. En primer lugar, ambos reconocen que la educación ocupa un puesto primordial en las interrelaciones sociales en cuanto a vehículo transmisor de ideas, de valores y de tradiciones. En segundo lugar, ambos términos incluyen como concepto la importancia que adquiere la evolución de las ideas y de la historia, con lo cual el carácter procesual garantiza el que la educación pueda reaccionar en todo momento.

Sin embargo, también se reconoce que, desde la óptica de la Educación Comparada, la socialización en cuanto que concepto adquiere ciertamente una relevancia significativa, en el sentido de que este elemento resulta primordial en la interpretación de las relaciones que la humanidad mantiene entre sí y con respecto al contexto más inmediato. Desde esta perspectiva se propone que la socialización se identifique con los ámbitos generales de la investigación y coadyuve a acrecentar la relevancia teórico-práctica de la Educación Comparada (Liegle, 1993: 437).

Con la intención de clarificar más los usos de la socialización aplicada a la Educación Comparada, ésta puede contribuir a la última ampliando los temas y problemas de la disciplina, y ello puede conseguirse mediante cuatro vías: primera, a través de la indagación de realidades renovadas y dimensiones dentro de los sistemas escolares: nuevos objetos de estudio que surgen, al respecto, son la realidad escolar, la ecología, el clima o la socialización política. Segunda, a través de la investigación sobre la incursión de nuevos agentes, procesos y problemas dentro del sistema educativo, aunque se sitúen "fuera de" el sistema escolar: la atención a la educación preescolar, educación popular o de adultos, etc. Tercera, a través de la investigación del peso e influjo ejercido por los agentes informales de la educación: la familia, el grupo de pares, el barrio vecinal. Y cuarta, a través de la investigación de las redes sociales más amplias que extienden una presión considerable sobre la educación de los niños precisamente por los efectos educativos colaterales que conllevan: la televisión y los deportes, entre otros.

Pero también la socialización puede actuar en otro sentido, con el fin de enriquecer los enfoques teóricos de la Educación Comparada. La socialización ofrece una estructura teórica que combina las teorías de desarrollo humano con los análisis de las condiciones culturales y de los valores, y al mismo tiempo con los análisis de las estructuras educativas, interacciones y procesos. De esta trilogía entre desarrollo humano, cultura y estructuras procesuales educativas pueden ofrecerse algunos ejemplos: la socialización como resultado del desarrollo cognitivo (teoría de desarrollo cognitivo de Piaget); como resultado de control de los impulsos (teorías psicoanalíticas) y, finalmente, como resultado de otras teorías de desarrollo en Psicología y Sociología, como son la interacción simbólica, funcionalismo estructural, interaccionismo simbólico y teorías de aprendizaje social.

Igualmente interesante resulta la aportación metodológica que hace la socialización a la disciplina de la Educación Comparada, entre los que destacan:

a) Métodos de investigación de campo (cuantitativos, pero en especial los métodos cualitativos).

b) Métodos que se sirven de la comunicación oral para reconstruir las historias de vida de los individuos, con lo cual se consigue un material biográfico de gran calidad.

c) Métodos de evaluación de historias, dibujos y otras expresiones creativas tanto de niños como de adultos.

d) Métodos de reconstrucción de desarrollos vitales, desde la perspectiva sociotemporal y adoptando una óptica tanto cuantitativa como cualitativa.

e) Entrevistas y cuestionarios que ofrecen actitudes, opiniones y orientaciones sobre los pensamientos y valores de las diferentes generaciones y también de contextos socioculturales diferentes.

*La teoría de la modernización*

Esta teoría establece como eje central la reflexión de que la educación es un factor importante en las estrategias generales de desarrollo económico y de modernización política. Este enfoque, que nació en la década de los años cincuenta, considera que la educación se erige en factor significativo para el desarrollo, al considerarse el primero como un indicador propio de la modernidad (Albatch y Kelly, 1991). A su vez, la modernidad queda definida por aspectos tales como el progreso tecnológico o los avances de la racionalidad científica, con lo que se consolida un modelo lineal de progreso social que permite que no haya divisiones ni digresiones en el camino *evolucionario* hacia la modernidad (Welch, 1999: 28).

Los sistemas educativos, entonces, quedan a merced de los imperativos técnicos que buscan, a su vez, tras esa impronta de neutralidad ideológica, una mayor especialización en la educación para coadyuvar a la preparación de personal cualificado para el mundo laboral. En este contexto, la eficacia domina a cualquier otra finalidad, quedando por ello subordinada incluso la ética. Esta idea se desprende del concepto de "modernización" que aparece en la obra de Mac Clelland, para el cual la racionalidad que subyace en el concepto de Modernidad y del logro de la necesidad incluye una relación tecnocrática con cuestiones de eficacia (citado por Feyerabend, 1978).

Uno de los autores que refleja esta realidad, así como las desiguales repercusiones que ello tiene desde el contexto de los países del Norte como del sur es Coombs (1985). En el análisis que realiza sobre la actual crisis educativa mundial, puede estudiarse cómo el uso de la teoría de sistemas para analizar el concepto de "desarrollo" se reviste de convenciones intelectuales funcionalistas y de la lógica de la racionalidad tecnicista, por lo que acaba derivándose en la teoría de la educación.

El discurso de esta racionalidad estratégica sobre el que descansa el análisis de Coombs encuentra en su analogía del sistema educativo y la necesidad de analizarlo como si se tratara de una cadena de centros uno de los recursos más adecuados para la defensa de su teoría (Coombs, 1985: 8). De este modo confirma el rol de la educación como un subapartado cuya función es, en esencia, la de adaptarse a los contextos y poder servir en este sentido a las necesidades del sistema social, y en especial mediante la provisión de mano de obra cualificada. La tecnología-cientifista de la educación también es puesta de manifiesto por Harbison y Myers (1964), para quienes la teoría de la modernización predice todos los cambios, de modo que se configura una visión tecnicista del progreso, libre de valores, sobre un tipo de educación deseable.

De la teoría pueden desprenderse, así, tres grandes premisas, descritas por Hüfner, Meyer y Naumann (1992):

— la educación formal constituye una parte del proyecto de modernización, y, como integrante del conjunto, es extremadamente sensible a las ideas del mundo científico y profesional,

— la investigación comparada también se considera como una parte intrínseca del sistema, aunque se halle atrapada por el sistema educativo estandarizado, lo que hace posible ignorar las realidades sociales y culturales y concentrarse en el análisis, a menudo estadístico, de un juego estandarizado artificialmente,

— finalmente, la educación es una institución mundial.

Como inconvenientes a esta teoría, puede formularse el hecho de que no analiza algunos elementos, o carece de ellos. Uno de ellos es que la solución de los problemas concretos se resuelve sobre el papel, mediante la adopción de conjuntos de reglas concretas para su solución igualmente concreta (Welch, 1993). De este modo, las teorías de modernización contuvieron una noción invariable de evolución social, a la vez que silenciaron el poder de las estructuras sociales alternativas y los valores: el carácter unitario e integrador de la calidad asignado a las Ciencias Sociales no dejó resquicio para el análisis de las estratificaciones y las desigualdades sociales, a las que se dedicarían posteriormente Parsons, Alexander, Schriewer, y Morrow y Torres, entre otros. En definitiva, como señala Welch, más recientemente, haciendo referencia a la misma problemática, pero de un modo más global, "estos modelos fallan en problematizar la noción de progreso social, o comprender las políticas de las diferencias y las desigualdades culturales" (Welch, 2000: 191).

Como consecuencia, el concepto de hombre reflexivo y dialéctico se desdibuja, frente a este universo creado a partir de modelos abstractos y antihumanistas, meramente funcionalistas y en constante interacción con el contexto. Como trasfondo puede entreverse la falta de atención sobre la dimensión de la educación como forma de liberación personal y crítica. Dicho de otro modo, como sostiene Welch críticamente, "no hay espacio para el concepto de ser humano autóctono con sentimientos, aspiraciones e intereses" (Welch, 2000: 363).

*El neopositivismo*

El neopositivismo retoma los modelos de los representantes más paradigmáticos del Positivismo[8], para plantear nuevos retos, más acordes con el escenario presente. Se reconoce incluso un submodelo dentro del mismo, el hologeísmo o investigación hologeísta, a través del cual se pueden medir las variables teóricas sirviéndose de amplias muestras de las culturas humanas con alcance mundial, más allá de las naciones, por lo que, en palabras de Anderson, trata con complejos sistemas de correlaciones y sus características educacionales, y, entre éstas, los rasgos de la estructura social, con pequeñas referencias a la individualidad de la sociedad (Anderson, 1961: 24).

Los autores más representativos de este enfoque son Noah y Eckstein (1970, 1998). Noah (1973) define las finalidades que han de perseguir los estudios comparados que se califican dentro de este enfoque, entre los que destacan:

— primar la identificación, validación y medición de las variables que intervienen,
— mostrar las relaciones entre esas variables en cada uno de los países,
— comparar internacionalmente la dirección, tamaño y niveles de confianza de las estadísticas que miden esas relaciones, y
— confiar en factores tales como "el carácter nacional" o el "contexto histórico" para explicar y generalizar sólo cuando la introducción de variables adicionales no permite ganar nada en términos de poder explicativo.

---

[8] Los debates establecidos en torno al positivismo y sus efectos sobre las Ciencias Sociales y Naturales han sido extensamente expuestos a lo largo de la historia de la Educación Comparada. Tal y como indica Welch (2000), si uno examina la historia del desarrollo de las metodologías de las Ciencias Naturales desde el siglo XVII y la adopción del positivismo desde campos mas recientes como la Filosofía, la Política o la Educación, resulta razonable argumentar que el positivismo acredita las siguientes características: la unidad que presenta el método (monismo metodológico), la creencia en las leyes de Ciencias Sociales como estructuralmente similares a las Ciencias Naturales, la relación técnica entre la teoría y la práctica (que excluye las consideraciones de la ética en la investigación social) y la creencia en la investigación libre de valores sociales (en la cual los "hechos" son separados de los "valores").

Este viraje hacia nuevos objetivos, objetos y orientaciones metodológicas, se planteó en un principio, en palabras de Pedró (1993), como un "giro copernicano" para la Educación Comparada que, a partir de entonces, sustituiría a los anteriores ensayos históricos y filosóficos por estudios con datos cuantitativos analizados y procesados.

Dentro de este gran modelo destaca Archer (1979, 1981), que ofrece una alternativa dentro del modelo positivista y que considera el crecimiento educativo como una variable dependiente de los cambios particulares en otros sistemas socioculturales. En esta línea, además, lo que más singulariza a Archer como positivista es su creencia de que si se descubrieran e identificaran únicamente las variables independientes apropiadas que explican el crecimiento sistemático, se tendría una comprensión concreta de la expansión educativa (Archer, 1981). De este modo, su premisa fundamental parte de que los sistemas educativos tienen una autonomía considerable y manifiestan "consecuencias no queridas, propiedades agregadas no esperadas, y características emergentes no buscadas" (Archer, 1982: 6). Pueden encontrarse, así, puntos de convergencia y discrepancia de la autora con respecto al positivismo, ya que toma de éste el hecho de que el conocimiento se deriva de los fenómenos observables, pero se opone a la tendencia que positivistas manifiestan a primar lo unidimensional y a establecer generalizaciones universales e inferir leyes basándose en una variable particular. De esta manera, como señala Epstein, Archer responde a un grupo de macrosociólogos que defienden la idea de que la educación responde de modo invariable a presiones externas abstractas generadas por acontecimientos tales como las necesidades industriales en evolución o los cambios políticos sistémicos.

En este sentido, tal y como señala Epstein, Archer se adscribe a la corriente neopositivista, a la vez que "permanece fiel a la tradición positivista observando regularidades y proponiendo generalizaciones (aunque con gran cautela) a partir de sus datos sobre centralización y control de la educación, grupos de interés, élites políticas y recursos económicos" (Epstein, 1993: 276). Aspectos éstos que son tratados en una de las producciones más difundidas de la autora, *Orígenes sociales de los sistemas educativos*, por la gran sutileza y complejidad de sus contenidos, reconociendo como trasfondo que es uno de los intentos más ambiciosos dentro del campo positivista en busca de una síntesis comprensiva de las proposiciones sobre la educación. No en vano, Craig sostiene, con respecto a esta obra, que "uno se queda con la sensación de que sabemos ya todo lo que siempre quisimos saber sobre los orígenes y desarrollo de los sistemas educativos" (Craig, 1981: 201).

*El Enfoque ecológico*

Este enfoque, cuyo principal propulsor es King, profesor emérito del *King's College* de la Universidad de Londres, recientemente desaparecido[9], puede considerarse como una renovación de su anterior "enfoque contextual", modelo que defendió en la década de los años sesenta. En efecto, en su propuesta sigue apostando por una proyección eminentemente práctica de la Educación Comparada, de manera que resulta preferible hablar de "estudios comparados", más que de teorías o metodologías comparadas. Con ello se está haciendo una referencia directa a la multiplicidad de papeles que ha de asumir la Educación Comparada y que puede cumplir con gran eficacia.

El enfoque ecológico trata, en esencia, de recoger los problemas recurrentes de los alumnos y las decisiones que resultan más difíciles de adoptar desde la perspectiva de la política educativa. Lo fundamental en este caso consiste en conseguir proyectar los problemas analizados sobre los contextos reales en los que los primeros se producen. Este modelo, así, entiende que la finalidad que pretende el estudio comparado es la que marca y determina la elección del método, concibiéndose por tanto el último como un elemento secundario y circunstancial con respecto al primero.

Además se destaca también la trascendencia que los estudios e investigaciones tienen para el avance necesario de la Educación Comparada, en el sentido de que resulta primordial aplicar los resultados hallados a las necesidades de quienes han de tomar las decisiones educacionales y llevarlas a la práctica (King, 1967 y 1979). Por ello, al estudiar una realidad educativa, hay que tener

---

[9] Tal y como lo refleja el especial homenaje que le dedica Broadfoot (2002), en el que conjuga su vertiente profesional y su calidez humana, y que es completado en cierto modo con las apreciaciones y recuerdos, e incluso experiencias escogidas concretas aportadas por sus colegas Sutherland, Mitter, Sherman, Van Daele, Davies y Broca. Shuterland (2002) también destaca precisamente cómo "es globalmente recordado con afecto y con respeto".

en cuenta las percepciones de todos los implicados en el hecho educativo, ya que, como señala King, "hoy más que nunca la Educación Comparada es considerada como un proceso *evolucionario* porque la humanidad puede participar como parte contribuyente" (King, 2000: 276).

Eliasson, Fägerlind, Merritt y Weiler (1992) analizan los procesos educativos que han de considerarse desde la política educativa de cara a la ejecución más inminente de los acuerdos en materia de educación, a través de cuatro pasos muy clarificadores:

1. *Articulación de problemas y establecimiento del temario.* Éste es el momento en que los políticos han de tomar conciencia del tema educativo en cuestión.

2. *Búsqueda de información para entender el problema y abordarlo, y, asimismo, de soluciones plausibles.* En este paso se trata de descubrir la relación causal que une a la educación y la investigación. No es probable además que los hallazgos concretos tengan un gran impacto político, aunque paradójicamente se han dado casos en los que las tradiciones más informales en materia de educación pueden tener un efecto más inmediato sobre la política, aunque carezcan de la fuerza acumulada de una ideología científica mundial. Las discusiones internacionales concretas de los expertos mundiales, publicadas a menudo de una forma que difícilmente cabe considerarlas como auténticas investigaciones, se vehiculan a través de un discurso político más concreto.

3. *Propuesta de opciones políticas y elección entre ellas.* Aquí se traduce la verdadera naturaleza del proceso de la política pública, ya que en este punto se identifican las posibles soluciones y se hace una selección basada en criterios de elección racional. De este modo, la formulación de políticas ha sido catalogada incluso de "anarquía organizada" (Cohen, March y Olsen, 1975), debido fundamentalmente a la problematicidad mostrada en las preferencias, a la falta de claridad de esta parte y a la fluidez de la participación: las burocracias educativas funcionan mediante preferencias muchas veces incoherentes y mal definidas, a través de procedimientos y procesos mal comprendidos por los participantes que son incoherentes e impredecibles respecto al tiempo y esfuerzo

que despliegan en el proceso de toma de decisiones políticas. En éste, además, pueden surgir más problemas: los procesos pueden llegar a bloquearse sin alcanzar la fase de decisión ni producir ningún resultado concreto, o puede ocurrir que el problema tenga una carga valorativa cuya intensidad implique un conflicto social irreconciliable.

Además, el conflicto tiene un carácter cíclico: se habla de la expansión y de la contracción de la opinión pública para la toma de decisiones.

4. *Aplicación y realimentación.* La evaluación de las consecuencias de una política ayuda a sus responsables a determinar hasta qué punto se ha implantado su solución, si ha obtenido el fin perseguido realmente y si ha producido efectos secundarios que demanden una alternativa a la problemática educativa planteada. Lo normal es que el tema educativo esté compitiendo en realidad con otros temas de diferente naturaleza (políticos, sociales, culturales, etc.).

De este modo, el modelo acentúa el carácter práxico de la educación para la toma de decisiones, a la vez que incide en un modelo político cuyas fases no tienen por qué ser lineales, sino que interactúan y se retroalimentan entre sí. La referencia final a la concurrencia de otros elementos no hace sino acentuar ese "contexto ecológico", cuya presencia se justifica desde la necesidad de acercarse al sistema educativo desde el escenario en que se hace inteligible y, en la medida de lo posible, conocer la percepción que de él tiene el ciudadano del país de que se trata.

## DEL MODERNISMO AL POSTMODERNISMO: IMPACTO SOBRE LA EDUCACIÓN COMPARADA[10]

Más allá del surgimiento de las teorías que representan los diferentes movimientos y líneas de investigación y estudio de la Educa-

---

[10] Una versión anterior de este apartado fue publicada en el artículo Martínez, M.J. (2002): "Reactions from Comparative Education to Post-modernism: from initial ortodoxy to creative heterodoxy in a globalized world". *REDIE. Revista Electrónica de Investigación Educativa*, 4-2.
http://www.redie.ens.uabc.mx/vol0402/contenido-usarralde.html

ción Comparada, el siglo XX, y también el nuevo siglo XXI, son testigos de la consolidación de un paradigma que tendrá repercusiones en todos los ámbitos culturales y científicos: el postmodernismo, como legado a su vez del modernismo, del que por otro lado se deslinda y desmarca con rasgos idiosincrásicos propios. La Educación Comparada, en cuanto que disciplina científica, también resulta influida por este movimiento, a través del cual surgen teorías al menos creativas que tratan de enfrentarse al espectro de la incertidumbre que parece emerger como el rasgo consustancial del panorama sociopolítico y cultural actual.

Pero hemos de recurrir al modernismo para poder entender la continuidad (aunque, más propiamente, la ausencia de ésta) que se desprende de ambos movimientos, y poder así desembocar en el que parece constituirse, más que como evolución, reacción al *establishment*: el postmodernismo como reflejo de un estado de la cuestión que responde así frente al orden preestablecido. El modernismo supuso, en sí, un cambio en la concepción del hombre y del mundo, y erigió en señas de identidad la libertad y el individualismo europeo, frente al feudalismo, imagen que prevaleció hasta la Segunda Guerra Mundial y que cristalizó política y socialmente en la figura de la burguesía. De forma sucinta, Cowen (1998) destaca tres rasgos de los sistemas educativos modernos:

1. El rol del estado se centra fundamentalmente en monopolizar la educación de las masas, en alianza con las iglesias, para lo cual utiliza mensajes moralizantes.

2. Los contenidos y estructuras de la educación llevan implícitos mensajes de estratificación social y cultural, lo que lleva a contradicciones internas.

3. En las relaciones internacionales entre los sistemas educativos prolifera la política del "pedir prestado", aunque existan realmente problemas y dificultades para transferirlos desde el punto de vista práctico.

Ahora bien, se distinguen a partir de aquí tres tipos de cambios que afectan y modifican a las anteriores imágenes de la modernización:

a. El apoyo a las intervenciones estatales para promover y

controlar conscientemente la modernización social y el crecimiento económico.

b. La descolonización (ampliación del privilegio de ciudadanía a los pueblos y razas no blancas), lo que genera la interrupción del modelo homogéneo e indiferenciado de la modernización, en palabras de Hüfner, Meyer y Naumann (1992).

c. El cambio hacia nuevas formas de pensamiento y reconsideración de la ciencia.

De este modo, y con respecto al tercer cambio, tal como señala Masemann (1990), al igual que en la industrialización tuvo lugar el surgimiento del pensamiento lógico-silogístico, en la era post-industrial está teniendo lugar un cambio hacia nuevas formas de saber. En efecto, en la actualidad se ha acuñado un término para definir el paradigma que sustituye a la modernidad: el *Postmodernismo*[11]. El paso del modernismo al postmodernismo y los rasgos diferenciadores que singularizan a un paradigma del otro resultan bien definidos por Siebers, quien indica que:

> Si el Modernismo expresa el deseo de capturar la sensación de totalidad, el Postmodernismo trata de crear un cuadro con énfasis en todas aquellas partes sobre el que nada se ha dejado. Mientras evita el dualismo conflictivo, recoge y combina tanto como le es posible el conjunto en una nueva visión. Es la heterotopia de lugares y temas mezclados que visualiza la utopía en términos de multiplicidad y diferencia... y trata de reformular el deseo utópico en oposición explícita a la organización binaria y los modelos totalizantes (Siebers, 1994: 23).

---

[11] Autores como Giddens o Cowen, sin embargo, prefieren denominarlo "Modernidad tardía", como concepto más preciso que "Postmodernidad". Cowen argumenta que el concepto "postmoderno" es demasiado vago para el estudio de los sistemas mundiales y sus relaciones y no satisface el objetivo centrado en el análisis de los últimos, sino que más bien se aplica a la constante búsqueda de formas cambiantes de conocimiento, algunos tipos de cambio cultural y sobre todo para el campo del arte, la música, el teatro e incluso la novela. Dicho de otro modo: según el comparatista, podemos "ver" formas específicas de Postmodernismo, pero "analizamos" los sistemas educativos a partir de las claves de lectura e interpretación concedidas desde la Modernidad tardía. A partir de su propuesta, Cowen (2003) sugiere que el comparatista ha de seguir teorizando sobre los retos que van surgiendo desde este paradigma y continuar adecuadamente los primeros a los nuevos discursos que demanda dicho paradigma: la dimensión política de la modernidad tardía, el concepto de nacionalismo o los cambios en las narrativas educativas relativas al control, dirección y logro; entre otros.

Este nuevo paradigma presenta, en efecto, unos rasgos que lo singularizan, en la medida en que se halla compuesto de una "sensibilidad irónica, una disponibilidad reflexiva creciente, y una conciencia incrementada de uno mismo, del espacio y la multiplicidad" (Paulston, 1999), y de una "apertura a múltiples perspectivas, conocimiento de la alteridad y sentido de posibilidad infinita" (Haynoe, 2000). Con estos rasgos, el postmodernismo no aspira a otra cosa que a "abrir los espacios institucionales y discursivos a través de los cuales las identidades sexuales y sociales pueden desarrollarse más fluida y pluralmente" (Hebdige, 1999: 226). En orden a conseguirlo, se configuran además otra serie de postulados. De entre ellos, destacamos los siguientes (Mitter, 1997; Owen, 1997 y Paulston, 1999):

— la detección de una falta de confianza en cualquiera de las grandes respuestas o de las grandes teorías. Así, según Welch, cualquier forma de razón totalizante y gran teoría es rechazada, "como parte de aquella Ilustración que tenía fe en el privilegio de la razón, y que encontró en las narrativas del progreso la clave para plantear diferentes proyectos" (Welch, 2000: 201).

— Ésta podría considerarse como una consecuencia de la anterior: la falta de compromiso social y político (Butler, 1993), que deriva a su vez en el olvido intencionado de la historia y la legitimación del factionalismo y el particularismo, que son, en palabras de Popkewitz (2000a), reminiscencias de etiquetas previas como el "relativismo" y "nihilismo".

— El rechazo al conocimiento hegemónico universal, y la búsqueda por tanto del reconocimiento del pluralismo crítico y antihegemónico (Young, 1997).

— El ataque al "eurocentrismo" y la apertura al conocimiento de las experiencias postcoloniales y los códigos culturales no occidentalizados[12].

---

[12] Argumento que coincide, en esencia, con la teoría del postcolonialismo defendida por Tikly (1999 y 2001) según la cual, además de criticar las metanarrativas que surgen en la modernidad, señala que "la Postmodernidad tiene una naturaleza etnocéntrica [...] representa una nueva forma de hegemonía global de occidente [...] Se presenta a sí misma como un «nuevo neo-universalismo» al que otras culturas deben aspirar" (Tikly, 1999: 605) Lo anterior viene justificado en

— El cambio en la investigación hacia nuevos conceptos de tiempo y espacio, de hechos e interpretaciones.
— El reconocimiento, a través de herramientas como los mapas conceptuales, de que "todo conocimiento es problemático".

Así, los sistemas educativos dentro del postmodernismo se caracterizan ahora, en franco contraste con los sistemas educativos modernos, porque (Ball, 1990; Edwards & Whitty, 1992; Coulby, 1995):

1. El rol del Estado se diversifica y complejiza más: el Estado se transforma en el agente que certifica a los proveedores, a través de su control sobre las estructuras de cualificación y los diferentes acuerdos. El proyecto de educación en *sensu lato* se convierte entonces en la provisión de servicios del mercado a los consumidores, quienes por su parte tienen el derecho de elegir el tipo de educación que quieren. De este modo, el Estado crea un marco que legitima la diversidad, la libertad de elección y la racionalidad en el consumo, entre otras. Como consecuencia, los imperativos morales de igualdad se reconvierten en un ejercicio de elección educativa racional. El propósito de la educación y de la formación se transforman ahora en la preparación para el mercado y la articulación de los patrones de educación y formación con la división económica del trabajo. A partir de estas premisas, el Estado ya no reconoce a las identidades minoritarias desde el punto de vista cultural, sino que son tratadas desde la óptica del consumo, y como tales consumidores tienen derecho también a participar en el mercado educativo.

2. En función de los mercados, los contenidos y las estructuras de la educación se diversifican y sufren una evidente desintegración por efecto de los primeros. Las diversas especificaciones y especialidades se convierten en el *leit-*

---

buena medida por el panorama trazado desde la globalización y su tendencia unificadora, a partir del cual la teoría postcolonialista analiza las consecuencias que el colonialismo acarrea para la educación de las regiones del Sur, ya no desde parámetros económicos como hacen los enfoques de la dependencia, sino desde la consideración de variables como la raza, la cultura, la lengua y los procesos de identidad cultural.

*motif* del currículum: las estructuras de la educación
secundaria se diferencian dentro de una ideología de elección y diversidad. La pedagogía post-fordista deja de ser
industrial y se articula en módulos, paquetes enmarcados
con una gran utilidad para el mercado, que resultan más
efectivos de cara a los requerimientos de la empresa.

3.  El ámbito internacional resulta reconceptualizado no sólo
como un elemento potencial para "tomar prestado", sino
como una guía central para los otros principios que se
enmarcan en el sistema educativo y sus propósitos: la economía internacional se convierte en un elemento crucial
de obligada referencia para definir los propósitos, la eficiencia y la efectividad del sistema educativo, su contenidos y estructuras e incluso los estilos pedagógicos.

Éstos son, a grandes rasgos, los elementos que conforman la
teoría postmoderna. No faltan sin embargo autores que someten
a consideración algunos aspectos que evidencian el paradigma del
postmodernismo, así como los debates que se originan a su alrededor y que Paulston (1999) sintetiza en dos grandes tendencias:
las metanarrativas del postmodernismo, y la reflexividad moderna
(que adopta algunas características del posmodernismo, sobre
todo su talante crítico).

En este sentido, una de las críticas más generalizadas tiene
que ver con que el incremento de teorías postmodernas en
Educación Comparada ha fortalecido un escenario presidido por
"un vacío moral allí donde se buscaba el juicio", según Popkewitz
(2000a: 219). Ante esta carencia notable, no sorprende como
señala Snodgrass (1992) el llamamiento que se hace desde la educación en general hacia una reconversión en las relaciones entre
la ética democrática y la cultural, pero también, como admite
Welch, hacia un reconocimiento implícito de los valores, ya que
"la apertura postmoderna no conoce ningún límite ético, entendiendo que los valores son una cuestión de elección, una cuestión
de gusto estético individual" (Welch, 2001: 484).

Otra de las críticas es que a pesar de la pertinencia de las
implicaciones políticas, filosóficas y estéticas que conlleva el postmodernismo, y que conduce a una profusión de "pluralidad, diferencia y multinarrativas" (Epstein, 1993: 166), los críticos (O'Neill,
1995; Torres y Morrow, 1995 y 2002) han apuntado sobre todo a

sus restrictivas implicaciones para las teorías del cambio y la justicia social, puesto que, en palabras de Agger (1991), "el cultivo de una suerte de blasón irónico con la imparcialidad (traducido del original "detachment") como el valor central claramente devalúa cualquier compromiso con el cambio social y las cuestiones de justicia social", idea con la que coincide también Welch (1999: 48). Lo mismo puede predicarse de la falta de implicación con la realidad del conocimiento como práctica cultural a través de la cual se localizan los contextos de escolarización local y nacional (Featherstone, 1995; Wallerstein, 1991; Robertson, 1992 y Wagner, 1994).

Como conclusión, el cambio del modernismo al postmodernismo pone de manifiesto una realidad que muestra y destaca el factor de la incertidumbre, de la sorpresa y de la falta de certeza, y se extiende a todos los ámbitos de la vida, pero especialmente a las Ciencias Sociales y Humanas, testigos mudos de acontecimientos que se precipitan a un ritmo vertiginoso. En consecuencia, y ante la carencia de modelos, de teorías y paradigmas seguros a los que aferrarse, aumenta la responsabilidad de todos y cada uno de nosotros, tal y como apunta Cox cuando se refiere a que "la ausencia de certezas pone el centro en nosotros, los ciudadanos, para debatir colectivamente, tomar las mejores decisiones, y así acatar responsabilidades para la sociedad en la que queremos vivir" (Cox, 1995: 81).

Desde el ámbito de la comunidad educativa, y si bien pudieron atisbarse movimientos y actitudes luchadoras previas, en la actualidad más inminente, se respiran ciertos aires de desencanto y decepción, unidos a sentimientos de impotencia, ante el hecho de que los desafíos planteados, considerados desde una perspectiva global, carecen de una solución cortoplacista y eficaz (Delors, 1996: 40). Quizá también por esta razón hay quien prefiere, como Tedesco (1992 y 2000), abordar los análisis educativos, más que como "retos", equiparables a "aspiraciones que se pretenden lograr como finalidades ideales", como "crisis", esto es, como problemáticas que se encuentran en la educación, muchas de ellas enquistadas *de facto*, y cuya solución ha de ser proyectada a fin de combatirlas hasta su replanteamiento. En este sentido, la crisis educativa ante la que estamos abocados se materializa a través de la transformación profunda y vertiginosa que se está produciendo a nuestro alrededor y que está afectando, de manera generalizada, a aspectos tales como los modos de producción, las tecnologías de la comunicación y la democracia política, así como la transformación en la organización del trabajo, con consecuencias evidentes sobre la desigualdad social, ahora justificada "laboralmente". De un modo u otro, ya vaya precedida de sentimientos de decepción, ya de convencimiento de cristalización de una crisis pertinaz, no faltan quienes opinan, como Flecha y Tortajada, que, ante estos escenarios, "hay que pasar de la cultura de la queja a la cultura de la transformación" (Flecha y Tortajada, 1999: 20)

En esta línea, ya sea considerada como "desafío", ya como "solución a la crisis", la perspectiva desde la cual ha de observarse y actuar sobre la educación se modifica necesariamente. Así, frente a un contexto que cada vez se configura con más insistencia desde referentes en constante mutación y cambio, aparece la idea-fuerza de "educar para la incertidumbre" (King, 1972a, 1978, 1999 y 2000, y Lindslay y Parrott, 1998) y educar en "la era de la incerteza", como señala Claxton (1998), esto es, educar para el desconcierto, para saber reaccionar ante cambios inminentes, pero a la vez adaptándose a las nuevas exigencias y requerimientos con las armas conceptuales y metodológicas adecuadas y pertinentes (Torrance, 1999). Todo lo anterior, bajo la premisa de que el conocimiento ha de ser continuamente, en palabras de King (1991), readquirido y reaplicado, a través de los sistemas educativos puestos continuamente en cuestionamiento y desde el momento en que se certifica un contexto mundial que, en palabras del autor, es "un mundo compartimentalizado de certezas sólo supuestas" (King, 1999: 214).

Sin embargo, aquí radica una de las carencias más significativas, a nuestro parecer, ante las que sin duda habrá que saber reaccionar, puesto que nos hemos educado en un sistema de certezas pero, paradójicamente, nuestra educación para la incertidumbre resulta deficiente. Como señala Morin "existen algunos núcleos de certeza, pero son muy reducidos. Navegamos en un océano de incertidumbres en el que hay algunos archipiélagos de certezas, no viceversa" (Morin, 2000: 3). Aunque, frente a este referente, pleno de desafíos, no faltan quienes atestiguan que la carencia de un norte, de directrices seguras para bregar contra temporales imprevisibles, resulta un obstáculo a todas luces insalvable. Es el caso de Caivano, que sentencia, no exento de ciertos tintes catastrofistas, "malos tiempos para educar cuando reina la prestigiada doctrina posmoderna de la incertidumbre como única certeza admisible. Sin duda, no hay horizontes claros" (Caivano, 2000).

Ahora bien, en el actual escenario, y tal vez como reacción, surgen desde la Educación Comparada teorías que resultan cuanto menos creativas desde una perspectiva que abre nuevos caminos para la disciplina: nos referimos al modelo de "transitología" (del original inglés "transitology") o, literalmente, "conocimiento del tránsito", como nexo de unión entre el modernismo y el postmodernismo; y la teoría de "*learnology*" o, recurriendo de nuevo a la literalidad, "Ciencia del Aprendizaje".

La "*transitología*" forma parte de una propuesta global cuya autoría se debe a Cowen y cuyo planteamiento consiste en que la Educación Comparada ha de (I) leer lo global; (II) comprender las transitologías; (III) comprehender "el otro"; y (IV) analizar las pedagogías (Cowen, 2000, 2000b). En lo que respecta a las "transitologías"[13], éste entiende por "tránsito" el proceso más o menos simultáneo de colapso y reconstrucción de que son objeto los aparatos de los Estados, los sistemas de estratificación social y económica, y las visiones políticas del futuro, con lo cual se destaca a través del término el papel que juega la educación como instrumento precioso para la reconstrucción de los procesos sociales y para redefinir el futuro (Cowen, 1999). Algunos ejemplos de estas "transitologías" son: la revolución cubana de Castro, el cambio de gobierno británico de Tatcher o el final de los regímenes como el de Franco o el del Sha de Irán. Con estos ejemplos, Cowen pone de manifiesto que la diferencia entre una "revolución" y una "transitología" radica en que éstas últimas sucedieron en menos de diez años (Cowen, 2000a). Como trasfondo, el comparatista destaca la evolución de las sociedades modernas, cuyas premisas se identifican con la igualdad y el sentido de ciudadanía, a las sociedades de la postmodernidad o modernidad tardía, dirigidas por el mercado. De este modo, la Educación Comparada ejercerá su papel simbólico como si se tratara de un "torrente de luz en días oscuros" (Cowen, 2000: 339), y tratará de aportar un equilibrio al contexto de los cambios acaecidos, de modo que a través

---

[13] El término "transitología" emerge con especial fuerza, según Lowenhard (1995), para comprender los problemas políticos, económicos y culturales del Sur de Europa y América Latina entre los años setenta y los noventa (Lowenhard, 1995. Citado por Cowen, 2000).

de la primera podrán revelarse los nuevos códigos educativos, esto es, la comprensión de los poderes políticos y económicos dentro de los sistemas educativos.

La propuesta del autor dentro de su proyecto consiste en que la Educación Comparada ha de releer el contexto global y, a partir de ahí, ampliar su agenda de investigación y recapturar su preocupación por el análisis cultural, por las dimensiones históricas de su tradición y por una crítica emancipatoria de la política educativa, aspectos éstos que se hallaban, en cierto modo, aletargados. En ese sentido, la "transitología" es importante "por cuanto sitúa al Estado y a sus proyectos educativos y sociales en el corazón de la Educación Comparada postmoderna" (Cowen, 1998: 165).

En cuanto a la teoría de "*learnology*", éste es un término acuñado por Broadfoot, también denominado por ella "educación neocomparada" (1999) y que, si se traduce literalmente, puede ser denominada "ciencia del aprendizaje". Como rasgos consustanciales a este "neocomparativismo" se destaca su rigor, desde la exigencia de que necesita ser vista como una expresión de una perspectiva de las Ciencias Sociales concebida generalmente, así como su radicalidad en la inmersión de temas antes no considerados. A través de esta teoría la autora reivindica la necesidad de reconceptualizar las Ciencias Sociales de acuerdo con las realidades del siglo XXI y con la teoría de la construcción social, de modo que tanto la educación como la Educación Comparada han de centrarse en aspectos que, en esencia, se remitan más al sujeto y a su acceso al conocimiento, más que a los sistemas educativos y sus consiguientes problemas de provisión (2000a).

A fin de conseguir esta aspiración, se abren prometedoras vías de reflexión y acción. Algunas de ellas se configurarían en torno a cómo los sujetos aprenden y acceden a la sociedad del conocimiento, cómo se está llevando a cabo la aspiración mundial de "educación para todos", cómo se produce una contradicción entre lo que se enseña en la escuela desde el punto de vista curricular y los amplios objetivos de la filosofía de aprendizaje del denominado "aprendizaje a lo largo de toda la vida" (*Lifelong Learning*) (Gelpi, 1979; Broadfoot, 1998; King, 1999 y Bown, 2000), o, cómo habría de revisarse el reparto que de la educación se está materializando en las sociedades actuales (Lindslay y Parrott, 1998 y Broadfoot, 2000a), entre otros muchos temas. En este sentido, y aun siendo conscientes de que son, efectivamente, muchos los interrogantes planteados, Broadfoot apunta a que los estudios comparados desde la perspectiva cultural arrojarán luces que sin duda ayudarán a interpretar las nuevas realidades. Su utilidad, en efecto se comprueba desde el momento en que es entendida como "una oportunidad para contribuir a los debates políticos nacionales e internacionales". Y, con ello, se augura que "Si tomamos este camino correcto, podremos encontrarnos con una nueva y mayor autopista" (Broadfoot, 1999: 229).

Para concluir en este punto, y desde un escenario en el que los efectos del postmodernismo en educación de forma general y en Educación Comparada en particular presentan nuevos desafíos que son contestados desde la última con propuestas como la "transitología", la educación neocomparada o la teoría postcolonialista, la Educación Comparada ha de estar preparada para seguir confiriendo sentidos renovados al rol de la educación y de la política educativa de una manera comprehensiva e interpretativa. Y máxime desde la pléyade de propuestas teóricas que provienen de los diferentes modelos y teorías actuales, aunque se hallen unidos entre sí por su conexión y localización en el actual contexto global.

## NUEVAS PROPUESTAS METODOLÓGICAS DE EDUCACIÓN COMPARADA: LA NECESIDAD DE REPRESENTATIVIDAD DE LAS CORRIENTES. HACIA UNA CARTOGRAFÍA SOCIAL DE LA DISCIPLINA

Ante un panorama actual que se presenta desde el punto de vista paradigmático y metodológico precedido por la sensación de incertidumbre y desorientación, emerge con fuerza una teoría de raigambre metodológica que puede convivir de modo más armonioso con el paradigma de la postmodernidad: el análisis de la *cartografía social,* cuyo máximo representante es Paulston.

La cartografía social se presenta como una respuesta y a la vez reacción ante la crisis de representación que acreditan los enfoques científicos y metodológicos correspondientes a la Modernidad: el enfoque racionalista-técnico, el enfoque racionalista-crítico y el enfoque constructivista-hermenéutico:

— El *enfoque racionalista-técnico* ha sido el paradigma dominante desde los años sesenta, se identifica con los modelos positivistas y engloba a metodologías como las propuestas de Holmes, Hilker, los análisis y estudios llevados a cabo por organismos como la IEA, etc. En la actualidad, este modelo se renueva, desde la perspectiva del neopositivismo, de tal modo que hoy puede seguir certificándose la vigencia del mismo. Este modelo es definido por Paulston como realista, materialista (desde la perspectiva del materialismo histórico), logocéntrico, eurocéntrico, de género masculino, y configurado en estadios (Paulston, 2000).

— El *enfoque racionalista-crítico* utiliza metodologías para el análisis dialéctico, desde los supuestos ideológicos que legitiman la supremacía y la dominación ejercida por determinados grupos sociales, de modo que subraya el conflicto entre las clases sociales y aspira a la búsqueda de estructuras igualitarias. La diferencia fundamental entre este modelo y el anterior es que éste se muestra proclive a visualizar grupos sociales, con lo que representa un compromiso con el análisis dialéctico y por ello configuran y a la vez problematizan conceptos como "correspondencia" y "reproducción".

— El *enfoque constructivista-hermenéutico*, finalmente, en palabras de Paulston, es el que tiene menos incidencia en Educación Comparada. Éste insiste en valorizar los elementos internos que subyacen en los sistemas educativos, y por ello renuncia a proponer interpretaciones objetivas que pretendan eliminar la implicación subjetiva del autor en los procesos. Se considera un enfoque cercano al paradigma "naturalista" y desde luego opuesto al positivista, aunque haya nacido, en palabras de De la Orden y Mafokozi, "en estrecha interdependencia con el primero" (De la Orden y Mafokozi, 1997: 356).

Frente a los anteriores modelos se alza la *Cartografía Social* como propuesta metodológica alternativa, al mostrar el intento personal del educador y del comparatista para contribuir a la liberación del campo discursivo a través de la tarea de imaginar alternativas que son percibidas por los investigadores en aquellos espacios donde la producción de la escolaridad y el conocimiento experto para la teoría y desarrollo continúan teniendo vigencia. A partir de ahí, el investigador visualiza narrativas acerca del mundo y de la realidad educativa (Liebman, 1994).

Por todo lo anterior, la propuesta metodológica de la cartografía social constituye un nuevo reto frente a las propuestas
metodológicas anteriores por cuanto, en palabras de Paulston
(1997), "supone un nuevo método de identificar las cambiantes
percepciones de valores, ideologías y relaciones espaciales", y, a su
vez, "una alianza de la educación y la geografía cultural en el
desarrollo de una metodología coherente con la visualización de
narraciones en una época en la que la gente se da cuenta de que
sus posibilidades y su lugar en el mundo resultan ser bastante distintas de lo que eran unas pocas décadas atrás". De este modo, el
comparatista ejerce un rol de mediador, moviéndose entre metanarrativas diferentes, pero sin la intención de "reconciliarlas" o
"unificarlas" (Paulston, 2000).

La cartografía social utiliza *mapas conceptuales*. Kirby señaló,
con respecto al valor intrínseco que encierran estos instrumentos, que "los mapas sociales hacen posible una vía de entendimiento de cómo se crean las identidades, y cómo las conexiones
entre la espacialidad y la subjetividad son situadas en la tierra
dentro y entre las comunidades intelectuales" (Kirby, 1996: 21). A
su papel comprensivo e interpretador, King añade que "todos los
grupos culturales imponen algún tipo de cartografía o significado sobre el mundo [...]. El mensaje del mapa es el que debe estar
abierto al cambio y, donde fuera necesario, al cambio posterior y
"remapeo" (traducción al original de "*remaping*")" (King, 1996:
185). Al final, los elementos de "novedad" y su continua adaptación a los cambios parecen mostrarse intrínsecos a estos mapas
conceptuales, también denominados "mapas cognitivos", de modo
que a través de su orientación teórica y política, éstos nos ayudarán,
sin duda, a "movernos en este terreno social nuevo y confuso"
(Kneller, 1990: 281).

Sin embargo, como el mismo Paulston aconseja con respecto
a los mapas conceptuales, y como consecuencia en buena parte
de la responsabilidad que recae en el investigador, de éste acaba
dependiendo el éxito o el fracaso de la utilización de esta metodología, ya que es él el que analiza e interpreta tanto los mapas
cognitivos de diferentes teorías como los discursos que se manifiestan paralelamente a los mismos. En este sentido:

El mapeo conceptual puede crear tanto imágenes distorsionadas
y autoritarias como nuevas herramientas para cambiar la ortodoxia y

el mito epistemológico del progreso científico cumulativo o materialista. Los mapas ofrecen a los educadores comparativos una herramienta valiosa para capturar la retórica y la metáfora de los textos, de
hacer visible lo invisible, de abrir un camino para la intertextualidad
entre los discursos que compiten entre sí (Paulston, 1993a: 106)

El valor que subyace a estas representaciones reside en la
genuina multiplicidad de perspectivas e instrumentos que utilizan dichos mapas y que conducen a la composición intertextual,
a fin de ayudar a captar los aspectos retóricos y metafóricos de los
textos[14]. En esta línea, a través de los anteriores, se permite cata-
logar las corrientes, tipificar las relaciones entre conceptos educativos y descubrir jerarquías lo que redunda en la certificación
de que "los mapas constituyen un acto de control y poder"
(Bateson, 1979: 3) para el comparatista que investiga y estudia los
sistemas educativos.

Desde la incursión de este nuevo elemento, Paulston redefine
la Educación Comparada en función de la metodología que él
mismo propone, y señala que:

Ahora la Educación Comparada es vista como un mapeo heurís-
tico de las interrelaciones eclécticas del conocimiento de las comunidades, más que las imágenes más objetivas presentadas al mundo
en los anteriores textos fundacionales. La fuerza de la teoría social en
el campo está todavía firmemente sostenida en todas estas perspectivas múltiples y las herramientas utilizadas en la composición intertextual (Paulston, 1993a: 106).

Otra herramienta que conceden los mapas conceptuales para
interpretar la realidad educativa y la multiplicidad de modelos en
Educación Comparada es la *imaginación espacial* (Price, 1994, y
Paulston, 2000 y 2000a), que se define como "la habilidad de revelar las intersecciones múltiples, de resistir cierres disciplinarios
y cruzar bordes, y de entrar en diálogo crítico con otras imagina-

[14] Un texto puede ser definido como "aquel espacio social que lleva a un lenguaje no seguro o intocado, que permite que una disciplina no enunciativa sostenga
la posición de juez, profesor, confesor o decodificador". De este modo, Barthes
(1979) está demostrando que ésta se constituye en una práctica política e intelectual
que interpreta los textos de Educación Comparada intertextualmente, es decir, en
relación con otros textos, más que en relación con los autores.

ciones, como guía principal de la cartografía social (Paulston, 2000a). Así, valiéndose del recurso de los mapas conceptuales y haciendo uso de la imaginación espacial, el investigador tiene una visión flexible que permite "el estudio de los sistemas educativos de los países para ser redefinidos continuamente como un recurso de poder creativo" (Hurgan, 1994: 4). De este modo se llega a configurar toda una hermenéutica de la imaginación a través de la cual se construyen puentes seguros entre el pasado y el futuro.

A través de este enfoque metodológico, Paulston rechaza los modelos anteriores, especialmente los positivistas, de modo que reconoce que en su sistema es "probabilístico, y especulativo, con otras palabras, irónico" (Paulston, 1997: 150). La referencia a la ironía como arma interpretadora resulta constituirse en una constante en su método, ya que alude también a que "esta perspectiva reflexiva de la cartografía social provee de una nueva metodología capaz de reinscribir y entender la comprensión irónica de la realidad" (Paulston, 2000: 323).

Como virtudes más sobresalientes de este método, el comparatista destaca el carácter deconstructivo que acreditan todos los modos de representación, al que se añade la lúdica tolerancia de nuevas ideas admitidas dentro de los modelos y de los diversos modos de verlos e interpretarlos, lo que puede facilitar al investigador el avance en sus estudios (Horgan, 1996). De esta manera ayudará sin duda a los comparatistas a "reconocer patrones y relaciones en contextos espaciales desde lo local hasta lo global, creando con ello un mapa que puede ser comprensivo y razonablemente seguro, y mantiene un sentido de proporción" (Paulston, 2000: 318).

Sin embargo, paradójicamente, y si bien la intención que busca el autor a través de los mapas sociales consiste en alejarse del positivismo, Paulston acaba uniendo a través de su propuesta metodológica modelos muy diferentes y heterogéneos entre sí (Coulby & Jones, 1998), para lo cual utiliza el término de "*chora*", concepto acuñado por Platón, para asignar a todas las formas representacionales disponibles como elemento de análisis para las elecciones de modelos y paradigmas (Robinson & Rundell, 1994). En este sentido, Epstein recrimina a Paulston el hecho de que quiera integrar tendencias que en realidad son incompatibles, con lo cual subestima el carácter irreconciliable de las ideologías rivales (como es el caso del neorrelativismo y el neomarxismo) (Epstein, 1993: 267-268). Los mapas conceptuales como instrumento metodológico también son puestos en entredicho por Torres (1998), desde el momento en que se pregunta "¿Dónde están las relaciones causales, y la referencia al factor histórico?", además de recriminar su solipsismo y su extremo relativismo. Liebman también destaca la falta de atención a los aspectos mensurables, y recrimina a los representantes de este modelo que "perdidos en su pensamiento postmoderno, piensan y argumentan que el mundo social no puede ser medido, sólo puede ser visto, informado y comparado" (Liebman, citado por Watson, 1998: 28).

Para concluir, y más allá de las críticas que puedan achacársele, la representación cartográfica, tal y como el propio Paulston indica y reconoce "no resuelve el conflicto de interpretaciones y el sentido de desorientación que parecía ser característica definitoria de nuestra era" (Paulston, 1997: 143). Dicho de otro modo, como apostilla García Garrido (1997), el enfoque cartográfico puede contribuir a extender aun más ese sentido de desorientación, al enfocar de modo complejamente ideográfico, irónica y escépticamente, las realidades educacionales, a lo que añade que:

> Aunque hay que saludar con interés y apreciar la contribución que este enfoque cartográfico podría deparar a los estudios comparados sobre educación, no veo que se sitúe en una línea verdaderamente superadora de los enfoques positivistas criticados por el mismo. Y mucho menos veo claro que deba erigirse como la nueva metodología de punta en Educación Comparada y constituirse, siguiendo los deseos de su promotor, en la metodología comparativa propia del postmodernismo (si es que el postmodernismo ha de ser algo realmente superador del modernismo) (García Garrido, 1997: 72-73).

CAPÍTULO IV

# PRESENTE, PASADO Y FUTURO EN EDUCACIÓN COMPARADA

En este último capítulo, con el que concluye la revisión al estado del arte de la disciplina de Educación Comparada, se cobijan tres intencionalidades que se enlazan y retroalimentan entre sí en ámbito de la investigación de la Educación Comparada, y sientan buena parte de las actuales preocupaciones y proyecciones vertidas desde la disciplina. De este modo se cierra el análisis realizado a lo largo de estas páginas, análisis que comenzó con la fundamentación epistemológica a través del estudio del concepto, el objeto y sus finalidades y continuó con la intención de trazar la panorámica teórica y metodológica que desde los años noventa configura el estatuto de la disciplina. Ésta se ha basado, en esencia, en la convivencia (no siempre armónica) entre los diferentes enfoques y modelos que justifican una manera de entender la Educación Comparada desde la óptica teorética y metodológica, entre los que destacan con luz propia los surgidos a partir del paradigma del postmodernismo, y que no hacen sino tratar de arrojar cierta dosis de certidumbre a un escenario tan heterogéneo que ha sido tildado de "crítico" por algunos (en el sentido de que no hay un norte que sirva de apoyatura), pero también de "posibilista" y "desafiante" por otros, como se ha apuntado en los capítulos anteriores.

Volviendo, así, sobre las tres intencionalidades a las que nos referimos líneas arriba, éstas se corresponden de alguna manera con el título escogido del capítulo y pueden estructurarse en torno a tres momentos:

En primer lugar, se revisan algunas de las cuestiones con más tradición dentro de la Educación Comparada (el "*pasado*"), aunque enlazaremos igualmente con el estado de la cuestión actual. Así se demuestra cómo, en fin, los debates no sólo no decrecen en interés, sino que toman renovados matices acordes con la incursión de nuevos elementos que reavivan la discusión, influida ésta última a su vez por el impacto de determinadas variables contextuales.

En segundo lugar se analizarán cuáles son las razones que llevan a legitimar en la actualidad la importancia de los estudios comparados desde el punto de vista investigador y aplicado (*"presente"*).

Las dos aspiraciones anteriores, finalmente, nos permitirán desembocar en una conclusión, y ésta no es otra que la consideración de un porvenir (*"futuro"*) alentador, en función de las revisiones realizadas, en el campo teórico y metodológico de la Educación Comparada. En esta línea, para reforzar los argumentos anteriores, aportamos, en tercer y último lugar, diferentes datos que acreditan el actual estatus de la disciplina en el escenario internacional. Para ello se revisará la situación de la disciplina en diferentes países y en las distintas sociedades nacionales e internacionales creadas en torno a la Educación Comparada.

De esta manera, como conclusión, a través de estos tres focos de atención y análisis, trataremos de demostrar una premisa que se ha hallado presente en todo momento y ha ido articulando, a modo de eje constructor, cuantas temáticas hemos abordado, a la vez que las ha ido impregnando de sentido: el reconocimiento de la absoluta vigencia y pertinencia que en estos momentos tiene la disciplina de la Educación Comparada, lo que permite certificar su consolidación en los contextos mundiales actuales y augurar, a su vez, un futuro prometedor en su papel, ante todo, de testigo, transmisor e intérprete de los desafíos educativos procedentes de los contextos transnacionales que, cada vez con mayor celeridad, obligan a reaccionar con mayor premura pero también exigencia.

REVISIÓN DE ALGUNOS DILEMAS CLÁSICOS Y RENOVADOS EN LA EDUCACIÓN COMPARADA

La Educación Comparada se configura como una disciplina relativamente joven, razón ésta última que justifica el que ofrezca muchos retos al investigador, algunos de los cuales han ido apareciendo en forma de cuestiones teóricas y metodológicas, con lo que han sido tratados de forma más extensa a lo largo de los diferentes capítulos de que consta el libro.

Aun así, y para ejemplificar este tipo de desafíos, que, a modo de provocaciones intelectuales, obliga al investigador a posicionarse necesariamente, nuestra intención es iniciar esta sección ofreciendo algunos de los que aparecen como los más significativos y a la vez más reveladores, a juzgar por el estado de la cuestión establecido en torno a la Educación Comparada. Cabe destacar el hecho de que muchos de estos dilemas no sólo no se diluyen con el devenir del tiempo, sino que se enriquecen con nuevos matices que requieren una redefinición y, sobre todo, una reubicación de las diferentes posturas que singularizan a los primeros.

Uno de ellos, que surge de modo casi automático, tiene que ver con la función que ha de acreditar la Educación Comparada, puesto que ¿consideramos la Educación Comparada como una disciplina normativa o reformadora?, o, dicho de otro modo, ¿han de primar los intereses académicos propios de la investigación objetiva o bien al contrario deben priorizarse los intereses melioristicos que afectan directamente a la práctica profesional y la finalidad reformista subyacente? Esta cuestión es la que nos remite a la diatriba "Educación Comparada académica" *versus* "Educación Comparada intervencionista", en palabras de Cowen (1987). Aunque ya se hizo referencia a esta cuestión al analizar los objetivos de la Educación Comparada para los diferentes comparatistas y en función de los modelos teóricos de referencia, conviene refrescar cómo, desde nuestro punto de vista, lo que en estos momentos parece más viable es abordar una visión integradora y comprehensiva de las funciones de la Educación Comparada, tal y como la mayoría de los comparatistas defienden.

En este sentido, la aspiración final consistiría en integrar la perspectiva teórica, pragmática y crítica aludidas en el capítulo primero a fin de ofrecer claves para la interpretación y establecerlas a partir de un parámetro tan ambicioso como complejo: presentar una panorámica actualizada de los sistemas educativos y sus políticas educativas, desde la cual continuar en el reconocimiento del estatus de esta disciplina académica.

En íntima relación con lo anterior, también comentamos la diferencia entre "comparativista" y "comparatista". Tusquets señala al respecto, a tenor de un artículo en el que repasa las obras y aportaciones españolas más significativas a la historia de la Educación Comparada, que quería referirse tanto a los autores "comparatis-

tas" como a los "comparativistas". Para diferenciarlos se guía tanto
del criterio como de la práctica de los diferentes autores, y destaca
la tendencia llevada a cabo por los primeros consistente en "excluir
el «comparativismo» y ceñirse al más estricto «comparatismo», con
lo que no mantienen esa rígida actitud en sus obras de índole histórica" (Tusquets, 1993: 278). Así, con esta referencia, el "comparativista" parece identificarse con las finalidades más científicas de
la Educación Comparada, en tanto que el "comparatista" prioriza
la vertiente más aplicada de la disciplina. Aunque, continúa, "es evidente que todo «comparatista» es con creces «comparativista» [...]
el género incluye a esta especie". Al final, parece concluir con que
el "comparativista" bien pudiera aglutinar ambas formas de entender y manifestar la Educación Comparada: la vertiente más básica
y la más aplicada[1].

Finalmente, en esta línea más teórica, otra de las diatribas más
clásicas tiene que ver con el dilema que se establece sobre la medida de priorizar los estudios sincrónicos sobre los diacrónicos, o
viceversa, en la Educación Comparada, aunque en la actualidad
esta cuestión parece ya superada con estudios que optan por la
integración de ambos componentes. Y es que, tal y como Cerroni
indica:

> Una clasificación meramente sincrónica no solamente petrifica
> los fenómenos, sino que congela las mismas categorías mentales que
> la articulan y las remite a las explicaciones supremas del pensamien-
> to puro. Análogamente, un análisis histórico meramente individuali-
> zante no logra explicar los rasgos característicos del fenómeno, que
> derivan de la conexión con otros fenómenos en el seno de una
> estructura histórica (Cerroni, 1971: 72).

Pero, y conjuntamente con los anteriores, existen en esta disciplina una serie de dilemas más globales, algunos más clásicos,
otros más renovados, que se ofrecen ante el investigador y el estu-
dioso de la Educación Comparada y que contribuyen a alimentar
y, en este sentido, fortalecer el estado del arte que se erige en
torno a la disciplina.

---

[1] Por nuestra parte, sumándose a los autores españoles más actuales de Educación Comparada, utilizamos el término "comparatista", concepto que aparece en
el diccionario de la Real Academia de la Lengua Española y cuyo uso se ha generalizado de manera notable.

En este apartado nos acercaremos a algunas de estas diatribas, las que, a nuestro entender, constituyen las disyuntivas más significativas y obligan a posicionarse, de un modo u otro, por parte de los implicados en este campo de estudio e investigación. Para ello, se tratará de dar una respuesta (que en la mayoría de ocasiones no se decanta por ningún planteamiento de los expuestos, sino que trata de explicitar las divergencias que legitiman las posturas reconocidas) a cuestiones como las que a continuación planteamos: en primer lugar, ¿en su denominación, ha de primarse el término de Educación Comparada o de Pedagogía Comparada? En segundo lugar, ¿ha de perseguir la Educación Comparada una finalidad nomotética o ideográfica? Para concluir, hemos escogido dos tópicos de gran actualidad, a juzgar por las revisiones bibliográficas más recientes en las que aparecen reflejadas estas cuestiones: en tercer lugar, ¿ha de considerarse en la actualidad la coexistencia entre la Educación Comparada y la Educación Internacional o éstas han de seguir rumbos paralelos?; y en cuarto y último lugar, ¿puede inferirse del actual interés que mantienen los comparatistas con respecto a las políticas educativas llevadas a cabo en las reformas de otros países un reverdecer de las aparentemente superadas "políticas de préstamo", que formaron parte de un periodo sociohistórico concreto (siglo XIX)?

Somos conscientes de que estas cuestiones no agotan, ni mucho menos, el amplio panorama que ofrece la Educación Comparada para su investigación y estudio, y tan sólo ha de considerarse como una muestra reveladora de un abanico mucho más amplio y variado de retos y desafíos que se ofrecen al investigador. Lo anterior, sin embargo, ha de atribuirse a la riqueza de temáticas y orientaciones que ofrece una disciplina que todavía tiene mucho que ofrecer a la comunidad científica, docente e investigadora.

## A. ¿Pedagogía Comparada o Educación Comparada?

Hoy se reconoce cómo la cuestión generada en torno a las dos denominaciones principales, Pedagogía Comparada y Educación Comparada, así como la preferencia de un concepto sobre otro, ha pasado por diferentes etapas que moderan el debate de esta disyuntiva. De este modo, y si bien en un principio no parecía cuestionarse la Pedagogía Comparada por englobar a toda la realidad educativa, posteriormente y al surgir la concepción de Ciencias de la Educación, los diferentes posicionamientos se reubican hasta converger en una postura más actual y coherente que aboga por la complementariedad de ambos términos (Sarramona y Marqués, 1982, citado por Ferrer, 1990). Así pues, hoy se advierte cierto consenso según el cual no han de considerarse como terminologías encontradas y con significados diferentes desde el punto de vista hermenéutico, sino que obedece más bien a la tradición intelectual de la que proceden, sobre todo en el primer caso.

Y es que la Pedagogía Comparada se adscribe a algunos autores procedentes del ámbito francés, como es el caso de Vexliard (1970) e italiano, como Orizio (1977). Ambos autores acuñan esta concepción, desde sus respectivas obras, en cuyos títulos aparece la denominación Pedagogía Comparada.

Desde España no faltan tampoco comparatistas que abogan por este término. Es el caso de Quintana, quien reivindicó en su momento esta denominación para compensar el aparente olvido de la misma por parte del mundo anglosajón. Por su parte, en un artículo dejó entrever su indignación ante la aparición de neologismos más atractivos a ojos de la comunidad científica internacional, como:

> La moda impuesta a raíz de la antedicha presión, de sustituir el nombre de "Pedagogía" por el de "Ciencias de la Educación", tanto por creer que así se daba una imagen de más científica a los estudios sobre la educación, como por creer que la Pedagogía, entendida del modo tradicional, había perdido su razón de ser ante el advenimiento y pujanza de las Ciencias de Educación (Quintana, 1983: 23).

Otro insigne comparatista español, proveniente de la Escuela Catalana de Educación Comparada, Raventós (1991), en su libro sobre metodología comparada, indica que la diferencia entre uno y otro término radica en el campo de acción, en el sentido de que la Pedagogía Comparada (término por el que él se decanta) hace referencia a los aspectos de índole teórica, académica y disciplinar, en tanto que la Educación Comparada alude a "las cuestiones más praxiológicas y más comunes internacionalmente" (Raventós, 1991: 11).

Más recientemente, Alexander se ha referido a la Pedagogía Comparada desde una perspectiva integradora, al concebirla como:

La disciplina que identifica, explora y explica similaridades y diferencias en la Pedagogía como concepto, discurso y práctica, a través de unidades de comparación designadas, como es el Estado-Nación. Explora así las oportunidades que sólo una comparación apropiada puede proveer y distingue lo que es universal en Pedagogía y lo que es único y específico; informando del desarrollo de la teoría pedagógica y extendiendo el vocabulario y el repertorio de la práctica pedagógica (Alexander, 2001: 53).

A través de esta definición, Alexander aboga por una conceptualización de la Pedagogía Comparada que aúna la vertiente teórica y discursiva con la práctica, resaltando sus virtudes desde el punto de vista metodológico.

En lo referente al otro término, hemos de reconocer que adoptamos desde un principio la denominación de Educación Comparada, desde el momento en que primero estudié como alumna la disciplina y posteriormente me adscribí en calidad de docente e investigadora al Departamento de Educación Comparada e Historia de la Educación de la Facultad de Filosofía y Ciencias de la Educación de la Universidad de Valencia. Lo anterior conecta además con la denominación que aparece en las directrices generales de los Planes de estudio del Consejo de Universidades y, en fin, de un modo más global, con la divulgación que este último concepto es objeto desde foros nacionales e internacionales relacionados con la disciplina.

De esto podemos desprender que la Educación Comparada es la que aparece como dominante por buena parte de la comunidad científica perteneciente al ámbito de la disciplina. No nos detendremos ahora a enumerar el listado, por otro lado interminable, de los autores que utilizan este término. Retomaremos las palabras de uno de los comparatistas españoles más reconocidos a nivel internacional, García Garrido, quien apostilla una serie de razones del por qué la Educación Comparada es el término más apropiado para definir el campo de investigación y acción de la disciplina, e indica que:

A mi modo de ver, el término de Educación Comparada es el que reúne más condiciones para designar a nuestra ciencia dentro de nuestro ámbito idiomático, por las siguientes y escuetas razones:
1. Es el más próximo a la terminología internacionalmente empleada.
2. Es el de más rancia tradición.

3. Es el más adecuado bajo el punto de vista semántico, pues hace referencia tanto al objeto como al método de la disciplina. El de Pedagogía Comparada no me parece conveniente, porque no es la Pedagogía sino la Educación (en cuanto sistema social organizado) lo que realmente se compara. "Pedagogía Comparada" sugiere, además, que esta disciplina es una parte de la Pedagogía, lo que tampoco me parece exacto (y aún en este caso sería más lógico hablar de Pedagogía Comparativa)" (García Garrido, 1991a: 94).

En conexión con esta definición, no podemos sino suscribir otro argumento para apoyar la preferencia de la Educación Comparada sobre la Pedagogía Comparada, para lo que nos remitiremos, de la mano de Lê Thành Kôi (1981), a las raíces terminológicas de los conceptos que aquí se están poniendo en cuestionamiento, "Pedagogía" y "Educación". En efecto, la discusión se orienta de este modo y de forma meridiana hacia el objeto que se está considerando. En este caso, si bien etimológicamente, la "Pedagogía" nos remite a la acción que los adultos llevan a cabo con los niños *(paidós)*, la "Educación" acaba siendo un término más abarcador y rico, por cuanto incluye como "sujeto", mejor, "protagonista", tanto a los niños como a los adultos, para lo cual su campo de acción se amplía no solamente por los cauces formales e institucionales, sino también por los no formales e informales, que adquieren por su parte un peso estratégicamente relevante. Esta circunstancia es especialmente retomada por los modelos teóricos actuales que conciben de manera especialmente sensibilizada la proyección de los marcos no formales e informales de la educación, como bien lo ejemplifica la *"educación neocomparada"* de Broadfoot (1999) y su interés, por ejemplo, en contrastar el discurso del "aprendizaje a lo largo de toda la vida" y los discursos formales de educación.

B. *"¿Es mejor ser erizos o zorros?" O sobre los fines ideográficos o nomotéticos en Educación Comparada*

Una de las cuestiones por las que ha de decantarse el investigador ya que dirigirá su análisis comparado de la realidad educativa y se configura como una de las tendencias más clásicas tiene que ver con los fines ideográficos (individuales, únicos e intransferibles) o nomotéticos (generalizables, incluso bajo la categoría de leyes) que ha de perseguir la Educación Comparada. También se han utilizado los términos "inductivo" y "deductivo" para referirse a esta realidad, aunque se extrapola a la óptica metodológica, de modo que el primer término se está refiriendo a la metodología que parte de lo individual para desembocar en lo general, en tanto que el segundo sigue la orientación contraria, esto es, parte de lo general para derivar en los casos particulares. De esta manera, tal y como señala Raivola con respecto a los estudios deductivos,

> La formación de conceptos e incluso la comparación es un proceso de razonamiento, es decir, el procesamiento de una información para crear conocimiento. En la lógica deductiva la comparación puede ser definida así: tras generar toda posible conclusión desde las premisas, el pensador las procesa y elige aquel que mejor encaja el sentido de las premisas propuestas (Raivola, 1990: 307).

Esta diatriba se relaciona de forma estrecha con los planteamientos que ofrece un modelo teórico de Educación Comparada como el positivismo y el neopositivismo, estudiado en el capítulo anterior, que defienden la noción de ciencia de la Educación Comparada, de su teoría y su método, como equivalentes a las Ciencias Naturales. De ahí que se extrapole la posibilidad y pertinencia de la generalización de los hallazgos de la Educación Comparada, hasta el punto de crear leyes nomotéticas, tal y como ocurre en la esfera de las Ciencias Naturales.

Volviendo sobre la cuestión que nos ocupa, Noah se refiere a esta situación parafraseando a su vez a Berlin, acerca del dilema clásico entre conocer el mundo o actuar en él, de modo que sostiene: "¿Deseamos ser «erizos» que conocen una cosa de gran importancia, o «zorros», que saben muchas cosas (ninguna de las cuales, cabe presumir, es de gran envergadura)?" (Berlin, 1953, citado por Noah, 1990). Aún reconoce este autor otra versión, la diferencia que *de facto* se da entre dos facetas: la científica y la artística. Mientras que los científicos toman la complejidad e incluso el misterio que encierra la misma esencia de la ciencia y la transforman en lo ordinario, legaliforme y explicable, los artistas, por su parte, recogen lo rutinario y hasta vulgar y lo llenan de amplios significados, incurriendo de este modo en lo más incomprensible y enigmático. Así, aplicando esta realidad sobre los estudios comparados, concluye Noah diciendo que hay quienes sistemáticamente pasan de lo particular a lo general mientras otros se dedican a enriquecer nuestra comprensión de un número mayor de particulares concretos. Él, por su parte, prefiere centrarse en el compromiso de "intentar otorgar sentido a la desconcertante diversidad de los fenómenos educativos que observamos" (Noah, 1990: 185)

Sin embargo, ambos principios son excluyentes, por lo que los comparatistas han de decantarse por una u otra orientación. Al segundo enfoque, que se identifica con el fin nomotético que ha de tener la Educación Comparada, de carácter más minoritario, se adscriben autores como Epstein, quien tras destacar el carácter ideológicamente incompatible que mantienen el relativismo, que acredita el enfoque fenomenológico ideográfico, y el positivismo nomotético; también reconoce que el enfoque fenomenológico lleva el relativismo "hasta un extremo nihilista que únicamente permite la interpretación de interacciones muy idiosincrásicas dentro de fronteras contextuales extremadamente limitadas". Concluye, pues, con que "en pocas palabras, la concepción fenomenológica de la naturaleza de la realidad y la convicción de que es susceptible de ser interpretada vician la comparación" (Epstein, 1991: 178). Raivola también defiende el inductivismo de la disciplina, pues con respecto al principio del razonamiento inductivo (búsqueda de generalizaciones) y deductivo (carácter individual) piensa que "no toda investigación comparada busca generalizaciones generales, pero toda investigación que aspire a ofrecer explicaciones generales debe ser comparada" (Raivola, 1990: 299).

Frente a este posicionamiento no faltan, sin embargo, autores como Barber (1972), que arremeten contra la identificación de la aspiración de la Educación Comparada con la generalización de datos, y señalan que dicha generalización se erige en un principio cuya legitimidad no puede ser demostrada nunca en términos empíricos (*a posteriori*).

Ésta constituye una de las razones que lleva a la mayoría de autores a identificarse con el enfoque ideográfico, tendencia ésta que se ha fortalecido en la actualidad y que compartimos, bajo la premisa de que los estudios comparados están interpretando hoy una realidad educativa contextualizada muchas veces irreductible, cuya generalización consecuentemente resulta difícil de entender y aprehender. En este sentido, salvo que se lleven a cabo estudiados programas de readaptación a partir de los principios políticos hallados y siempre bajo la consideración y respeto de la idiosincrasia educativa, cultural, política y económica que presenta el país receptor, los estudios ideográficos parecen obedecer de manera más fiel a las aspiraciones que vinculan la Educación Comparada con la comprensión de las complejas realidades socioeducativas actuales.

C. *¿Educación Comparada y/o Educación Internacional?*

La UNESCO, en la celebración de su XVIII Conferencia General de 1974, consideró que la "Educación Comparada" es el término que mejor engloba la acción educativa para la comprensión, la cooperación, la paz internacional y la educación relativa a los derechos del hombre y a las libertades fundamentales.

Ahora bien, en el actual escenario académico y científico concurren una serie de disciplinas cuyas trayectorias y aspiraciones muestran coincidencias razonables con la primera definición dada por la UNESCO: es el caso de la "Educación Internacional" y la "Cooperación para el desarrollo en educación", disciplinas ambas que presentan, a mi parecer, rasgos más concomitantes. En el momento en que éstas últimas entran a formar parte del ámbito científico de las Ciencias Sociales, son muchos los interrogantes que se plantean en torno a aspectos como su finalidad, o la atención al objeto y al método, por poner ejemplos de los elementos más significativos.

De las anteriores disciplinas nombradas, centraremos nuestra atención, por la especial incidencia que los autores realizan al alimentar el estado de la cuestión, sobre la Educación Internacional y su relación con la Educación Comparada. La intención que persigue este apartado no será la de definir la Educación Comparada y la Educación Internacional en cuanto a disciplinas científicas, respectivamente (de este aspecto nos ocupamos de forma específica en el capítulo segundo), sino que nos centraremos más bien en la delimitación no siempre tan clara y, por ende, polémica, de sus finalidades y objetos de estudio, aspectos éstos que han sido tratados en diversas ocasiones, con objeto de discusiones científicas diseminadas en las diferentes revistas de divulgación de Educación Comparada.

Ha de partirse, pues, de la confusión que *de facto* ocasionan ambas disciplinas. Así lo ratifica Epstein, en calidad de editor de la revista *Comparative Education Review*, quien señalaba en 1994 que "la «Educación Comparada» y la «Educación internacional» son términos a menudo confundidos [...] La confusión es mantenida por la literatura, muda acerca de las diferencias entre los dos ámbitos" (Epstein, 1994: 410).

De este modo, el autor aporta la concepción que tiene de ambas y las implicaciones que esto conlleva de cara a la investigación, de manera que señala que mientras la Educación Comparada aplica teorías y métodos de las Ciencias Sociales a los problemas educativos internacionales, la Educación Internacional se centra en propiciar que estudiantes, maestros, profesores e investigadores de diferentes naciones interactúen y aprendan sobre ellos y de ellos. A través de esta distinción, concluye Epstein que la Educación Comparada es una disciplina académica preocupada sobre todo por explicar cómo y por qué la educación se relaciona con los factores y fuerzas sociales que configuran su contexto y no simplemente por conocer las culturas y educación de otros pueblos. En consecuencia, para el comparatista, la Educación Comparada se asienta sobre la utilización de métodos analíticos, mientras que la Educación Internacional descansa en la información y descripción sobre las naciones y sociedades.

Esta distinción se va a configurar como una constante en diferentes autores, hasta el punto de que, a la hora de discriminar el ámbito de estudio y acción correspondiente a ambos campos, se legitima cierto consenso consistente en establecer como criterio diferencial de uno y otro la vinculación a la investigación básica para el caso de la Educación Comparada y la investigación aplicada en el de la Educación internacional (Mitter, 1997 y Crossley, 1999). También Watson sostiene que mientras que la Educación Comparada está basada en la investigación, la Educación Internacional hace un uso práctico de datos comparativos (Watson, 1996 y 1998)[2]. En esencia, este mismo matiz puede aplicarse

---

[2] Pero aún pueden establecerse otros criterios, ya que Mitter (1997), por ejemplo, distingue a su vez entre Educación Internacional y Ciencia de la Educación Internacional, siguiendo así una vertiente más básica y otra más aplicada, y parafraseando a su vez a pioneros alemanes de la Educación Comparada, como Schneider (1931) y Hilker (1964).

también al criterio diferenciador que se establece entre la Educación Comparada y la Educación para el Desarrollo. En este sentido, Little (2000) señala, a través de un completo estudio en el que se revisan diferentes teorías y posicionamientos correspondientes a los modelos de Educación para el Desarrollo, mientras la Educación Comparada se centra en el análisis y comprensión de los hechos educativos, la Educación para el Desarrollo se concentra sobre la perspectiva de acción y cambio, así, concluye que tanto las aportaciones realizadas para la comprensión (*thinkers*) como para la acción (*doers*) ejercen un papel complementario y no pueden reducirse la una a la otra.

Sin embargo, Wilson (1994) discrepa sobre esta tendencia que se halla en cierto modo consolidada y respaldada desde diferentes frentes teóricos, pues entiende que se trata de un esquematismo excluyente entre ambas disciplinas: de esta manera, defiende la consideración del comparatista como un "*academic-practicioner*" en la línea de los estudios llevados a cabo por Dewey y su capacidad de síntesis para los trabajos teóricos y prácticos de Educación Comparada. Al mismo tiempo, no reñido con lo anterior y a fin de luchar contra la consolidación de estereotipos sesgados, el autor defiende una perspectiva *meliorista* de la Educación Internacional, según la cual entiende que esta disciplina ha de orientarse de forma definitiva hacia una de las facetas quizá menos conocidas y explotadas: la de prestar asistencia técnica al desarrollo en educación de diferentes países, siguiendo así una tradición que proviene de autores como Scanlon y Shields (1968), Griffin y Spence (1970) y Anweiler (1977), a fin de que no existan solapamientos inoportunos entre la Educación Internacional y la Educación Comparada. Desde la perspectiva adoptada, el autor señala que "mi tipología de la Educación Internacional también incluye las actividades del personal que trabaja en las organizaciones bilaterales, multilaterales y no gubernamentales (ONGs), ocupado en estudios nacionales, usualmente relacionados con proyectos de desarrollo" (Wilson, 1994: 455).

Los comparatistas son conscientes del choque inevitable que se produce entre los campos correspondientes a ambas disciplinas, y de las repercusiones que lo anterior puede tener sobre las respectivas imágenes que ofrecen éstas. Así lo indica Cummings, al señalar que la doble filiación de "estudios internacionales" y de "investigación comparativa" crean una ambigüedad que explica la "mala reputación" que acaba adquiriendo la Educación Comparada. De esta manera, no duda en tildar a la última de "disciplina híbrida", pues, tal y como señala:

> A pesar de que los términos «comparativo», «internacional» y «educación» forman parte del nombre de nuestra asociación [*Comparative and International Education Society*] comparamos mucho de tanto en tanto; normalmente, hacemos más a menudo "el extranjero" que no investigación comparada o internacional, y damos más importancia al contexto de la educación que a la educación misma" (Cummings, 1999: 413).

Además, la separación anterior, tan taxativa, no ayuda a la configuración de ambas, ya que, acaba destacándose el carácter incompleto y, por tanto, necesariamente complementario de las mismas, tal y como apostillan King (1978), Samoff (1996), Jones (1998), Buchert (1998) y Crossley (1999), ya que mientras la Educación Internacional acaba siendo una disciplina excesivamente concreta y dependiente de las agendas políticas, de la implementación automática de las reformas educativas, la Educación Comparada se preocupa de aspectos teoréticos muy abstractos del mundo escolar y por tanto divorciados de la política educativa del mundo real.

Como conclusión, las reflexiones sobre las funciones de la Educación Comparada que ofrecen Lindslay y Parrott (1998) y Broadfoot (1999), que compartimos, ayudan en buena medida a diferenciar ambas disciplinas, a analizar e interpretar los lazos que las cohesionan de modo vinculante. De este modo, según los primeros, "el papel de la Educación Comparada pasa a ser hoy el de estudiar las prácticas sociales y comprobar cómo sus contenidos varían acordes con los contenidos ideológicos y culturales" (Lindslay y Parrott, 1998: 346). Broadfoot, en la misma línea, entiende que "la única contribución de los estudios comparados es que deben dar una comprensión más sistemática y teórica sobre las relaciones entre el contexto y el proceso, entre la estructura y la acción" (Broadfoot, 1999: 226). En este sentido, comienzan a desdibujarse los límites entre ambas disciplinas, aunque a su vez se demarcan las funciones que han de cumplir cada una de ellas, de modo que bien se podría hablar, como Murray (1990) adelanta, de denominaciones como "Educación Internacional

Comparada", con lo que se estaría apostando por superar toda división anterior.

**D.** *¿Decadencia o renacimiento en el "interés por el otro" o las políticas de préstamo en el siglo* XXI*?*

> *"Búsquese en el extranjero información, pero no modelo"*
> ORTEGA Y GASSET

A partir de la etapa reconocida como "periodo descriptivo" (contextualizado en el siglo XIX)[3], en la que emergen los primeros relatos de viajes donde quedan plasmados de forma explícita, y, a veces, incluso pintoresca, la vida y costumbres del "otro" (término que engloba, de forma muy amplia, a países, contextos y regiones diferentes al del país del que procede el investigador), puede considerarse inaugurada esta tendencia que busca, en esencia, vías de solución a los diferentes problemas educativos que sufre su propio país. El objetivo, pues, se constituye en torno a dos finalidades: tratar de copiar y adaptar modelos de organización, prácticas y métodos educativos foráneos sugestivos y que hayan probado constituirse como eficaces; y, como consecuencia de lo anterior, solucionar los problemas propios de cada uno de los diferentes sistemas educativos. De ahí que no falten autores que se han referido a este periodo de la evolución histórica de la Educación Comparada como la "etapa del préstamo", "etapa de empréstito" o "etapa de los encuestadores".

Haciendo balance de esta etapa, en la actualidad se reconoce que, aunque se diseminaron descripciones de este periodo ciertamente exhaustivas, en general la mayoría de ellas carecen de análisis profundos y sistematizados, y con ello se descuidan detalles que pudieran resultar en principio estratégicamente significativos para el estudio de los sistemas educativos.

---

[3] Etapa que ha sido acuñada por diferentes comparatistas con denominaciones como "periodo subjetivo-impresionista" (Hilker); "etapa de préstamo" (Bereday) y "etapa de los encuestadores" (Vexliard). Schneider (1993) confecciona una clasificación para organizar los trabajos existentes en este periodo en tres grandes agrupaciones: las obras que se limitan a ofrecer las observaciones y vivencias; las obras que elaboran verdaderas comparaciones para plantear reformas educativas en sus propios países y obras ubicables en uno u otro grupo según el mayor o menor uso del método comparativo.

Si bien la operación de comparar resulta constitutiva al ser humano, desde el punto de vista histórico se reconoce un interés sin precedentes en esta etapa que coadyuva al surgimiento de la Educación Comparada y que coincide en síntesis con la transformación que los países europeos fueron sufriendo a lo largo del siglo XIX, aspecto éste que condujo a redefinir las estructuras políticas, económicas y sociales de los mismos, necesitadas de reformas en todos los ámbitos de la vida. En el inicio, así, se perfilaron cambios generales en variados aspectos relacionados con la enseñanza (como el hecho de que la instrucción pasa a convertirse en un servicio público al cual puede acceder la totalidad de la población, aunque con reacciones como la consecuente diversificación de los cauces generales y particulares de educación). Junto con estas transformaciones, y embarcados en las reformas de los sistemas educativos, los países comenzaron a observar e interesarse por las políticas educativas del país limítrofe. De esta manera se instaura esta tendencia que habría de fortalecer el sentido de la Educación Comparada, iniciándose a través de esta observación y copia de los sistemas educativos de los países más paradigmáticos en Europa, principalmente, como Alemania, aunque también Japón se erige en modelo ideal de educación para países tan dispares como China y Estados Unidos (Albatch, 1990). Sin embargo, no faltan autores que, a finales del siglo XIX, advertían ya sobre los peligros que acarrea la mera copia de los sistemas educativos entre países, como es el caso de Russell, cuando señala, a propósito precisamente de un libro sobre la educación superior alemana (modelo clásicamente muy valorado), que:

> Verdaderamente es cuestionable si hay algo privativo de la teoría y la práctica educativas de Alemania que sea directamente aplicable a las condiciones británicas y americanas. Cada región debe educarse con su propio estilo y para sus propios fines. El principal valor de los ejemplos extranjeros consiste en un entendimiento racional de su estilo de adaptar los medios al fin en los grandes ideales (Russell, 1899: 5).

El sentido de recuperar esta temática en este capítulo obedece a que en la actualidad se reconoce de forma manifiesta e intencionada una tendencia que resurge por parte de algunos comparatistas de reconocido prestigio y que se establece en torno a la revisión de las políticas de "copia" o "préstamo". Éstas parecen emerger de nuevo en torno a diferentes aspectos de los sistemas educativos de otros países, de las virtudes y dificultades que ello comporta y de cuáles son los cambios que se producen, en esencia, con respecto al periodo o "etapa de préstamo" clásica, justificado ahora de algún modo por la necesidad de nuevas consignas demandadas desde el contexto de globalización educativa. Así lo demostraron, aunque no únicamente, los dos números de la revista *Oxford Studies in Comparative Education* aparecidos sucesivamente en los años 1992 y 1993, en sus respectivos volúmenes 2 y 3 en los que se profundizó sobre los diferentes ejemplos de políticas de préstamo aplicadas en los últimos años.

No debe olvidarse, además, una cuestión que aunque en principio pudiera ser obvia, resulta crucial para entender el sentido de las políticas de préstamo, y es que éstas no son sino un reflejo y consecuencia de que el propio sistema educativo se encuentra en crisis y busca por ello una solución. En esta línea, dentro del actual panorama que cristaliza en la crisis perentoria por la que están pasando los sistemas educativos a escala mundial, hoy parece que el Sur mira al Norte y el Norte a su vez investiga a diferentes países dentro de su mismo entorno desarrollado, pero también a las variantes, no exentas de fórmulas imaginativas, procedentes del Sur. Un ejemplo del actual interés que recae sobre el análisis de las políticas educativas de otros países lo ofrece Phillips (2000a), que ejemplifica en un reciente ensayo cómo Gran Bretaña ha tomado a lo largo de la historia y en diferentes momentos históricos a Alemania como ejemplo para destacar las virtudes de su modelo educativo y aplicarlas sobre el primer país, y destaca cómo "el ejemplo alemán continúa hoy siendo saludable". Por su parte, y sin abandonar el ejemplo alemán, Hüfner, Meyer y Naumann (1992) se refieren también en su estudio a que Alemania y su modelo de Formación Profesional constituyeron una referencia obligada para los norteamericanos y los ingleses. Ahora bien, añaden que, a su vez, tanto ingleses como alemanes valoraban la rápida expansión de la educación de masas en la escuela secundaria americana, aunque los modelos igualitarios de Rusia (tras la consiguiente conmoción que había supuesto el lanzamiento del *Sputnik*), Cuba o China también ejercen un influjo notable. También llaman la atención sobre el exitoso caso japonés y la consiguiente atención de que es objeto por el resto del mundo en la actualidad.

En efecto, en el momento presente, y más allá de los monográficos apuntados, han sido muchos los comparatistas que han estudiado y analizado esta tendencia a través de la cual se revisan las reformas acometidas por otros países: Arnove, Kelly y Albatch (1982 y 1992); Schriewer y Holmes (1990); Halls (1990); Hüfner, Meyer y Nauman (1992), Noah (1990) y Phillips (2000a), entre otros, rubrican esta línea de acción a través de diferentes libros y artículos. De este modo, y abundando con ello sobre esta propensión actual, Broadfoot (2000a) apunta a que hoy renace el interés por los estudios comparados y se fortalecen las directrices que dirigen el rumbo de la investigación educativa transnacional, como la llevada a cabo por la I.E.A. (*International Association for the Study of the Educational Achievement*), que analizan aspectos tales como el impacto de las comparaciones internacionales del logro educativo.

Ahora bien, "uno no puede simplemente trasladar elementos de una sociedad y esperar que florezcan en la tierra de otra sociedad" (Arnove, 1999: 7). En efecto, a su vez, y frente a estas nuevas tendencias, Le Métais (2000) sigue advirtiendo de los peligros que conllevan la mera copia o transposición de un país a otro, la aplicación de una solución sin considerar en profundidad un problema, la insuficiente importancia que se presta al sentido conferido desde y por los contextos y las influencias de distinta naturaleza que operan en los sistemas, entre otros. Grant (2000) incide también en las precauciones que ha de tomarse a la hora de "exportar" modelos educativos y Broadfoot, a su vez, aconseja que "ha de trabajarse en el por qué prácticas similares no han sido exitosas en algunos países más débiles [...]. Resulta claramente esencial para elegir cuidadosamente y evaluar cualquier translación de práctica de un país a otro" (Broadfoot, 2000: 19).

Al mismo tiempo, Le Métais (2000) propone que, para llevar a cabo una investigación sobre el sistema educativo de otro país, el comparatista ha de acometer, al menos, estos cinco pasos: sentar los objetos, hallar el foco de análisis y estudio, explorar las opciones posibles que se ofrecen, evaluar dichas opciones y, finalmente, acometer y apoyar las elecciones realizadas. Lo anterior, sin olvidar el análisis que igualmente ha de hacerse a partir de las presiones, de las necesidades que requiere el estudio y de la necesaria consideración del partenariado o concurrencia de los diferentes interlocutores sociales, lo que ayudará al estudio del modelo escogido, entre otros.

Steiner-Khamsi (2000), por su parte, analiza y sistematiza las causas que justifican el acercamiento de los sistemas educativos y el consiguiente interés por compartir y a la vez aprehender las características y rasgos de los sistemas educativos de los países extranjeros, a través de tres modelos:

### 1. *El modelo de consenso*

Apela a la globalización internacional que ejerce un claro efecto sobre los sistemas educativos, conduciendo a que, como consecuencia de que sus respectivos sistemas políticos y/o económicos planteen argumentos y acciones similares entre sí, acaben compartiendo ("acuerden") rasgos comunes.

### 2. *El modelo del conflicto*

Si bien coincide con el modelo anterior en el sentido de la necesidad de lograr converger las directrices de los sistemas educativos, las razones de este fenómeno son explicadas de otro modo. Y es que lo que aparece como atractivo, en este caso, y, por tanto, exportable, no es la calidad y la efectividad que acreditan los países objeto de copia, sino los recursos disponibles que los países tienen para expandir sus respectivos modelos. Recursos que el país de referencia también habrá de detentar para lograr mantener una postura competitiva frente al anterior y así evitar posibles conflictos: el papel del acceso de la información, la formación de los expertos en educación y la construcción de sus teorías, la tecnología y la tecnología aplicada a la información (*ntic*), y la representación y el papel de los organismos internacionales, entre otros.

Con respecto a un ejemplo que pudiera resultar conflictivo, tomando así la acepción que recoge el modelo, en un reciente estudio Levin (1998) analiza cómo la similitud de la política educativa británica con respecto a la política educativa de Canadá, y aunque aparentemente se ha querido traducir como un "aprendizaje mutuo", en realidad se ha interpretado más bien como una "política epidémica" por parte de la primera con respecto a la segunda, desde el momento en que Gran Bretaña quiere aplicar aspectos realmente difíciles de implementar en el contexto británico (como es la dinámica de elección de centros acometida por los padres canadienses, legitimada ésta última por la estructura social y comunitaria muy consolidada). Justifica el concepto de "epidemia" aludiendo a que las ideas "innovadoras" en política educativa transitan y evolucionan muy rápidamente, no importando si realmente éstas van a resultar útiles o no a los gobiernos. El contexto resulta un determinante crítico en la ocurrencia de estas "enfermedades", y sólo hay una solución viable y efectiva, continuando con la metáfora: la "profilaxis preventiva", a través de una democracia educativa fortalecida.

### 3. El modelo de transfer (transferencia)

Bajo el reconocimiento del imperialismo cultural que se ejerce sobre los sistemas educativos, el modelo explica que se produce un *transferencia* de los discursos de educación académica y profesional a escala mundial desde los países "más desarrollados" a los "menos desarrollados" (si por "desarrollo" se está atendiendo meramente al criterio económico).

La aplicación y el estado de la cuestión ha sido objeto de atención por parte de diferentes comparatistas, tal y como se ha comprobado y la pertinencia de la temática queda demostrada por el hecho de que fuera objeto de al menos dos monográficos, uno correspondiente al número especial de *Comparative Education* de 1989 y, más recientemente, un número especial de la misma revista cuyo título es suficientemente indicativo: "¿Por qué ocurre que países particulares en periodos particulares se interesan de sistemas educativos particulares de otros países?". Los respectivos títulos que se presentaron en el volumen demostraban la emergencia de nuevos tópicos en este sentido, y, tras plantear y reflexionar sobre cuestiones tales como ¿por qué ocurren los *transfer*?, ¿cómo se llevan a cabo? o ¿quiénes son los agentes implicados en los *transfer*?, a través de diferentes artículos, se revisaron diferentes ejemplos en la historia de la Educación Comparada y se identificaron diferentes investigaciones basadas en la práctica del *transfer*.

Ahora bien, sostiene Steiner-Khamsi que dentro de este último modelo aún pueden reconocerse tres orientaciones o asumpciones de la investigación llevada a la práctica:

- Aprendizaje de sistemas: en este modelo, unos sistemas "aprenden" de otros, en la tesitura de que los primeros

aplican reformas más modernas, eficientes y efectivas. Un
ejemplo lo constituye el caso americano con respecto a las
instituciones británicas (Phillips, 1993).

- Copia o *transfer* automático de sistemas. En este caso, las
reformas educativas resultan transferidas "como si" necesi-
taran ser escrutadas con más detalle. Así, se presta más
atención al "*qué* ha sido prestado" sobre "¿qué *podemos*
prestar nosotros"? Desde esta perspectiva, se priorizan los
procesos de recontextualización constante que provoca un
*transfer* de un sistema educativo a otro.

- Equidad de sistemas: este enfoque ha sido objeto de estudios y análisis por parte de aquellos comparatistas que se
preocupan ante todo por distinguir y matizar a la vez entre
los diferentes elementos que entran en juego en la política de *transfer* por parte de los países involucrados, así
como las implicaciones que dicha política puede tener a la
hora de trasvasarla a los contextos correspondientes.

Con respecto, ahora, a los conceptos, Phillips, en este sentido,
reconoce que "tomar prestado" (*borrow*) es el término que más se ha
extendido en la literatura de Educación Comparada y que se ha
empleado más habitualmente. Sin embargo, el propio autor discrepa del sentido y significado de " tomar prestado ". El motivo que le
mueve a buscar otras alternativas radica en que, según sus palabras,
hablar de "tomar prestado" resulta "lingüísticamente infeccioso",
desde el momento en que éste se impregna de un carácter temporal, y, como tal, pudiera entenderse como una transacción que tendrá que ser devuelta en el futuro más inmediato. Por esta razón,
Phillips (Phillips, 1993 y 2000a) prefiere utilizar el concepto de
"tener inclinación o predilección" (traducción del original *leaning*)
por algo, en este caso, un sistema educativo.

Pero "tomar prestado" no es el único concepto manejado por
los comparatistas, sino que se conoce la concurrencia con otros
conceptos sinónimos: "copia" (término que cataloga como una
descripción más segura por cuanto utiliza modelos y aproximaciones observadas en otros contextos), "reproducción" y "apropiación" (Finegold, Mc Farland y Richardson, 1992 y 1993), entre
los más utilizados por diferentes autores.

De un modo u otro, el interés por el "préstamo", al que alude
Phillips (1997), más allá de la conceptualización de la intencio-

nalidad del mismo, puede resultar a su vez espoleado por varias
razones (o, en algunos casos, presunciones):

a. Por la necesidad de establecer una investigación académica o
   científica seria sobre la situación de un contexto extranjero.
b. Por superar concepciones populares sobre la superioridad
   de lo propio con respecto a otras aproximaciones que
   otros realizan sobre los mismos interrogantes educativos.
c. Por justificar comportamientos políticamente motivados a fin
   de modificar las reformas educativas a través de la identificación de realidades que contrasten con la situación del país.
d. Por determinar, incluso, distorsiones y exageraciones, delibe-
   radas o no, de evidencias mostradas por el exterior que subra-
   yen a su vez las deficiencias percibidas en el propio país.

Como conclusión del estado de la cuestión puede afirmarse que
para el desarrollo e implementación de las políticas educativas, los
emplazamientos políticos, históricos y socioculturales de los países
son fundamentales en la medida en que ayudan a mantener ciertas
políticas "en el lugar", y al mismo tiempo se resisten a la implanta-
ción automática de ideas pertenecientes a otros sistemas. De este
modo, como señalan Halpin y Troyna (1995), los intentos de "préstamo" entre políticas educativas, comprometidas con la apropiación
de aspectos identificables que han servido como solución a otras
políticas de otros países, tendrán más probabilidad de éxito cuando
exista alguna sincronía entre las características de los diferentes sistemas educativos envueltos y las ideologías políticas dominantes que
promueven las reformas dentro de ellos.

De cualquier modo, y más allá de los modelos planteados para
explicar los motivos que llevan a los sistemas educativos a tomar
prestado elementos de otros países, para terminar este apartado,
puede extraerse una serie de conclusiones a partir del análisis de
este tópico de estudio que nos permite inferir, a través de la cristalización de estas políticas de revisión, copia y préstamo, la utilidad que los estudios de la Educación Comparada pueden tener
en la configuración y consolidación de políticas educativas mundiales. En este sentido coincido con Noah cuando señala que:

> El uso auténtico de la investigación comparada no consiste en la
> apropiación y propagación indiscriminada y global de las prácticas

foráneas, sino en un análisis de las condiciones en las cuales una serie
de prácticas desarrolladas en otros países pueden arrojar resultados
positivos, seguido de una reflexión sobre los modos de adaptar
dichas prácticas y condiciones a la situación local (Noah, 1990: 187).

En la actualidad no faltan autores que, ante el estado de la
cuestión, muestran su convencimiento de que lo que realmente
habría de transferirse de unos sistemas educativos a otros son los
discursos teóricos, políticos y académicos, más que las prácticas
educativas (Steiner-Khamsi, 2000), así como "el lenguaje global
sobre educación" (Chrisholm, 1997). Lo anterior nos remite, precisamente, al concepto de "externalización", acuñado por
Schriewer (1993 y 2000), para referirse a la realidad según la cual
los *transfer* educativos envuelven más a los discursos teóricos y académicos que a las prácticas educativas. Desde esta perspectiva
renovada es, a nuestro parecer, desde donde cabe adoptar y comprender los estudios que persiguen un *transfer* educativo, para
pasar, con carácter complementario, a revisar las consiguientes
prácticas educativas que se tratan de transvasar de un país a otro.
Por el contrario, lejos de poder profundizar sobre esta perspectiva que aglutina tanto a la *vulgata discursiva* como a las prácticas
socioeducativas, la realidad viene marcada por un contexto político concreto según el cual "a los políticos les interesa el discurso
general de las políticas educativas del «préstamo», pero no de los
detalles en que se desglosan los mismos" (Whitty & Edwards,
1992). Como consecuencia de este inevitable distanciamiento
entre retórica y política educativas se imponen las soluciones rápi-
das, fruto muchas veces de decisiones precipitadas, de modo que,
como Robertson y Walkman (1992) sostienen, "la mayoría de
naciones «toman prestado" cuando las alternativas más fáciles
han demostrado ser insuficientes, o cuando tienen que encarar
problemas inciertos e inherentemente comprometidos" (p. 33).


## ALGUNOS ARGUMENTOS SOBRE LA IMPORTANCIA DE LA EDUCACIÓN COMPARADA EN LA ACTUALIDAD

Más allá de la pertinencia de las evidencias anteriores, por
cuanto ofrecen perspectivas que permiten traducir nuevos rumbos hacia donde se dirige la Educación Comparada, a continua-

ción añadimos diferentes razones que avalan, tal y como el título lo indica, la importancia estratégica que ha llegado a tener la disciplina en los actuales escenarios académicos e investigadores. En efecto, ¿por qué defender, en estos momentos, la conveniencia y aún necesidad de contar con una disciplina de Educación Comparada? En este apartado se revisarán, aunque sea brevemente, algunas de los motivos que, desde diferentes perspectivas, avalan la continuidad de estudios de Educación Comparada.

Aunque ahora se trata de responder con orientaciones de manera más explícita, a lo largo de los capítulos anteriores se ha ido contestando, de algún modo, al interrogante planteado. En esta línea, otra respuesta convincente la puede constituir el análisis realizado en el siguiente apartado, cuando nos refiramos a la definitiva consolidación de la Educación Comparada a escala transnacional a través de las diferentes Sociedades de Educación Comparada, y la revisión de las producciones bibliográficas más recientes de cada una de ellas. Con ello, lo que se trataría es de comprobar cómo, efectivamente, la Educación Comparada no constituye una disciplina generada en contextos académicos aislados sino que, bien al contrario, goza de una gran tradición no reñida con actualidad, avaladas ambas por escuelas de gran raigambre científica y con producciones bibliográficas e investigadoras más que notables.

Otra respuesta al interrogante planteado puede provenir de la mano de los mismos escenarios sociohistóricos en los que se han desenvuelto los diferentes modelos de Educación Comparada. En efecto, cuando se analiza cualquier momento histórico, a través de las diferentes etapas por las que ha transitado la disciplina, ha de apelarse de manera casi continua al contexto que justifique tanto lo que en ese momento estaba aconteciendo como, más interesante ahora para nuestro cometido en este apartado, cuáles son las demandas concretas que se exigen de algún modo a la disciplina y cómo ésta reacciona desde diferentes modelos paradigmáticos dando respuestas, solucionando problemas, tomando decisiones y sugiriendo nuevas vías de trabajo e investigación, tanto teórica como metodológicamente. Sólo desde esta perspectiva se entiende, por ejemplo, la atención de que fueron objeto los países en desarrollo de las regiones del Sur a partir de los años setenta, en un escenario de crisis económica mundial marcada por el ascenso del precio del petróleo. O el auge de los estudios cuantitativos y su consiguiente exigencia de control y medición, demandada desde algunos gobiernos (como el nortea-mericano y el británico, aunque no únicamente) que generaliza-ron por su parte el concepto de *accountability* o "rendición de cuentas" en la década de los ochenta y el reverdecer de esta ten-dencia en la actualidad, justificada ahora desde el contexto de las políticas neoliberales. Aunque los matices que avalen ahora la jus-tificación de ese control se legitimen desde argumentos tecnicis-tas, anexos a las premisas de "exigencia" y "calidad" como senso-res de los sistemas educativos eficaces.

A fin de poder justificar de manera global cuáles son las razones que en estos momentos avalan la importancia de la disciplina y se identifican con las aspiraciones que persigue la Educación Comparada, nos remitiremos a la clasificación que muy reciente-mente presentó el profesor Ferrer (2002) y que compartimos ple-namente, si bien reinterpretamos e incluimos hasta cinco motiva-ciones principales que son agrupadas, a su vez, en las siguientes cate-gorías:

- *La evolución de los actuales escenarios internacionales desde el punto de vista económico, social, cultural, etc.*

Añadiremos algunos matices a lo ya apuntado líneas arriba con respecto a la trascendencia que tiene el estudio de los con-textos. En efecto, el acontecimiento de la internacionalización de los fenómenos sociales, políticos, culturales y económicos afecta de modo evidente a la educación. Uno de los aspectos más estu-diados se relaciona precisamente con los cambios en el ordena-miento político internacional, y cómo éste repercute sobre la con-sideración de la variable educativa (como es el caso de la Unión Europea y la dimensión europea de la educación, por ejemplo, o el proyecto educativo de la región de América Latina).

Conjuntamente con lo anterior, se perciben otras tendencias ante las que habrá que permanecer atentos, a fin de atisbar cuál será la evolución de las mismas y cómo ha de parapetarse tanto la Educación Comparada como las políticas educativas en general: la importancia que adquiere la educación intercultural en este momento y el consiguiente reto que ello supone para las políticas educativas de los países receptores de personas de otras culturas y países diferentes; el desafío de la nueva sociedad del conocimiento, una de cuyas manifestaciones más palpables es el auge y desarrollo de las tecnologías de la información y la comunicación (NTICs); el papel cada vez más estratégicamente preponderante que tienen los organismos internacionales en el actual escenario educativo o la necesidad de acercar uno de los objetivos clásicos de la Educación Comparada, aumentar la comprensión internacional y concienciar de la necesidad perentoria de una auténtica educación para la paz (García Garrido, 2001), al contexto más inmediato de las aulas; por nombrar algunos de ellos, en este sentido.

- *El estado de la cuestión de la educación desde la óptica de las políticas educativas*

En íntima conexión con el anterior, desde el punto de vista educativo ha ido certificándose una serie de realidades con respecto a los sistemas educativos mundiales que continúa invitando al análisis y la reflexión desde la óptica comparada (García Garrido, 2001; Tiana, 2001; Tedesco, 2001): la tendencia a la convergencia en las directrices correspondientes a las políticas educativas, así como sus problemas y soluciones (Spring, 1998)[4]; la "supranacionalización" de los problemas de los sistemas educativos (la movilidad educativa de profesores y alumnos, la universidad...) y la consolidación de la corriente muy activa de rendición de cuentas (*accountability*), a la que aduje líneas arriba, según la cual se revitaliza el uso y pertinencia de las evaluaciones educativas en orden a certificar los logros y la eficacia de los sistemas educativos, aspecto éste que coincide especialmente en los contextos británicos y americanos.

- *Situación actual de la educación superior y universitaria en el contexto internacional europeo*

Enlazando con el siguiente apartado, aquí solamente llamamos la atención sobre una serie de fenómenos que coadyuvan a ratificar la actualidad de la disciplina, justificando su absoluta pertinencia y que tienen que ver con la importancia concedida en los escenarios académicos actuales a la interdisciplinariedad (en la investigación, en la docencia); el surgimiento de campos científicos nuevos que basculan entre las disciplinas más clásicas, e inciden, por ejemplo, en su vertiente más aplicada (es el caso de la Educación Comparada, la Educación Internacional y la "Cooperación al Desarrollo en Educación´, por ejemplo, analizadas en este libro) y, finalmente, los cambios vividos y manifestados por la propia estructura de la enseñanza superior. En este último caso, la Educación Comparada, al ofrecer la posibilidad de mostrar la situación en diferentes países y regiones, propicia que se acometan estudios comparados a fin de dilucidar tendencias como la profesionalización de los estudios en los diferentes países, las normativas vigentes para la movilidad de profesores, investigadores y alumnos, los sistemas de financiación europeos, etc.

El campo de investigación y acción desde el punto de vista académico de la disciplina queda, además, de algún modo legitimado como un instrumento estratégicamente valioso y de obligada referencia desde la actual necesidad de reconfigurar los planes de estudio universitario de cara a la reestructuración que demanda el nuevo EEE (Espacio Europeo de la Educación Superior). Nacido con la Declaración de la Sorbona (1998), este proyecto se consolida y amplía en la reciente Declaración de Bolonia (1999), a través de la cual los Estados miembros de la Unión Europea se comprometen a implantar en sus respectivos países el "Sistema Europeo de Transferencia de Créditos" (ECTS). La filosofía de este nuevo sistema de validación y certificación presenta, como novedades más significativas, la creación de instrumentos concebidos para garantizar la transparencia de los diplomas y cualificaciones: los nuevos créditos europeos, los suplementos al diploma y el CV europeo emergen como elementos que de algún modo articularán la propuesta. La auténtica innovación se presenta, de hecho, en la primera de ellas, el crédito europeo, ya que si bien se trataba de un sistema que se utilizaba en los programas de movilidad de estudiantes, ahora se generaliza y extiende a todos los alumnos universitarios. Éste se establece, así, como una unidad de valoración del volumen de trabajo total del alumno, expresado en horas, que incluye tanto las clases teóricas y prácticas como el esfuerzo dedicado, por ejemplo, al estudio para la preparación de exámenes o a la lectura de documentos para los seminarios (Ministerio de Educación, Cultura y Deporte, 2003).

En efecto, las actuales medidas reformistas que mueven a todos los sistemas de educación superior de los países europeos a fin de aspirar a alcanzar la convergencia real en las titulaciones requieren de estudios y análisis comparados tanto de las medidas organizativas, metodológicas y curriculares acometidas desde los países como de los resultados de los primeros proyectos-piloto que se ponen en marcha desde el curso académico 2003-2004 (aunque cuenten con antecedentes, como el proyecto TUNING, cuyo notable impacto ha posibilitado su actual extensión en el caso español). En este sentido, la Educación Comparada se perfila, desde el punto de vista de las reformas acometidas en los estudios que tengan que ver con Pedagogía, Educación Social, Psicopedagogía y carreras universitarias afines, como una disciplina cuya metodología ayudará a clarificar líneas convergentes con el fin de poder arribar a consensos tanto a nivel *intra* (medidas acometidas en las diferentes universidades españolas) como a nivel *internacional* (en el escenario europeo).

- *Estatuto epistemológico actual de las Ciencias de la Educación*

En íntima conexión con la relación entre la Educación Comparada y su consideración dentro de las Ciencias Sociales y de las Ciencias de la Educación, en este apartado se desea llamar la atención, con relación al panorama internacional, cómo, a la evolución de las Ciencias de la Educación como ámbito científico se une la consolidación de la dimensión internacional de la misma, lo que se certifica desde diferentes entornos científicos (institutos, universidades, centros de formación superior, etc). Lo anterior permite, consecuentemente, la proliferación de estudios e investigaciones internacionales y transnacionales de naturaleza comparada entre estas instituciones y revierte sin duda en la amplitud de perspectivas y el enriquecimiento intelectual que ello supone.

A todo ello se añade, además, y volviendo sobre las Ciencias de la Educación, pero esta vez desde un punto de vista más *micro* que *macro*, la consecuente proliferación de disciplinas concomitantes a la Educación Comparada, sobre las que no insistiré, que vienen a complementar y enriquecer el panorama epistemológico del campo: la Educación Internacional y la Cooperación al desarrollo en educación, entre las más significativas, pero también otras, como por ejemplo Fundamentos comparados de la Educación Social.

- *Constante mejora e innovación didáctica del profesorado universitario*

Enlazando con esta premisa, y para concluir, no ha de olvidarse tampoco el creciente interés que recae sobre la formación de quienes investigan y también imparten docencia en la disciplina, las plantillas de profesorado universitario relacionado con la educación, en general, y el profesor de Educación Comparada, en particular[4]. De este modo se sigue certificando a nivel mundial la preocupación por acometer procesos de formación de calidad y exigencia crecientes, que utilicen también las innovaciones que van sucediéndose en los entornos pedagógicos y hagan del comparatista un profesional e investigador exigente y riguroso, un buen profesor, conocedor de las teorías, que ejerza de mediador entre los estudiantes y el corpus teórico y metodológico, en constante actualización de sus conocimientos y que cumpla una función interpretativa y crítica con sus alumnos.

Ferrer (1996) sugiere, en esta línea, más exigencias que debieran demandarse con respecto al profesor de Educación Comparada y que pueden añadirse a las anteriores a fin de que actúen como armas conceptuales, metodológicas e instruccionales: una preparación académica multidisciplinar (en Sociología, Antropología, Psicología Social, etc; así como en las diferentes disciplinas dentro de las Ciencias de la Educación), el cotejo continuo con fuentes de información y formación variadas (que sea, en otras palabras, ávido lector de libros y revistas relacionadas con la disciplina); que se aproveche de la transacción enriquecedora de los intercambios con otros profesores, de visitas y estancias; la actitud abierta hacia "lo diferente"; la búsqueda de un equilibrio constante entre la objetividad y la valoración personal y la capacidad de relacionar asignaturas que se imparten en Pedagogía, Psicopedagogía y Educación Social, entre las más significativas.

---

[4] Esta realidad ya era abordada por los autores más clásicos de la Educación Comparada, demostrando con ello que las preocupaciones vertidas sobre cuestiones relacionadas con la enseñanza no es nueva. De este modo, Bereday (1958), King (1958) y Kandel (1961), entre otros, ya habían considerado previamente problemas relacionados con los contenidos y con la organización de los cursos, y habían discutido algunos de los determinantes en la estrategia de la enseñanza, mostrando varios ejemplos didácticos de cómo abordar el reto de la enseñanza de esta disciplina.

CONSOLIDACIÓN DE LA EDUCACIÓN COMPARADA EN EL CONTEXTO
INTERNACIONAL

La Educación Comparada en cuanto a disciplina académica
goza en la actualidad de un estatus que comparte con otras disciplinas pertenecientes al vasto campo de las Ciencias Sociales,
Humanas y del Comportamiento. Quizá por esta razón todas las
innovaciones que pueden predicarse de las últimas están afectando
en buena medida a la primera. Un buen ejemplo de lo anterior lo
constituye los avances producidos en la Sociología, que afecta de
manera evidente a la Educación Comparada, al igual que la
Antropología, las Ciencias Políticas, la Psicología Social, etc.

Este apartado, con el que ya se concluye el capítulo, tiene la
intención, tal y como reza su título, de revisar el estado de la cuestión de la disciplina en el mundo, así como los avances producidos en dos contextos tan significativos como son Estados Unidos
y Europa, aunque también se revisen otros que arrojan resultados
cuanto menos ilustrativos.

También ha de entenderse la inclusión de este último apartado como lógica continuación del apartado anterior, y aún de
los primeros. En efecto, a través de estas páginas se ha ido
demostrando lo que desde un principio se pretendía: justificar
que la trayectoria por la que la disciplina ha ido discurriendo
durante su evolución histórica no sólo ha ofrecido los momentos más paradigmáticos que marcan auténticas etapas en que
hoy se estructura, sino que, acorde con diferentes corrientes
que, como se indicó en el capítulo tercero, pronostican un
"buen estado de salud" a la disciplina, son en estos momentos
muchas las proyecciones teórico-metodológicas que se erigen
sobre la misma. Desde esta perspectiva, este apartado complementa a las razones sobre la importancia de la disciplina y ofrece, por su parte, una revisión de que esta situación, de facto, existe y se certifica tanto en lo que respecta al estado de la disciplina en el mundo como a las Sociedades de Educación Comparada que la avalan.

Sin embargo, hay que considerar una matización previa que
no puede obviarse, y es que habría que hacer una distinción muy
clara entre la teoría y el método de la Educación Comparada. En
este sentido, puede adelantarse que mientras la teoría de
Educación Comparada sigue siendo objeto continuo de revisión,

de análisis e incluso se incide especialmente en la búsqueda de nuevos modelos que puedan adaptarse a las inquietudes educativas que aparecen en los contextos intelectuales y científicos, no puede predicarse lo mismo del método: si bien se constata la emergencia de nuevas metodologías para abordar los estudios comparados, no se han producido revoluciones significativas ni en la concepción ni en los modos de investigación del impacto y alcance que ha tenido lugar en el ámbito teórico.

*La situación de la disciplina de la Educación Comparada en el mundo*

Albatch (1990) señala que la situación actual de la disciplina no es ni mucho menos uniforme desde el punto de vista internacional, aunque sí puede evidenciarse una evolución generalizada en diferentes áreas del planeta. A continuación llevaremos a cabo un somero repaso sobre las más significativas: la experiencia británica, el resto de Europa (destacando especialmente la situación de España), Estados Unidos y la correspondiente a pequeñas comunidades.

De *Europa*, resulta a todas luces destacable la tendencia británica. En *Gran Bretaña*, la disciplina cuenta con unos antecedentes que no pueden obviarse, ya que éstos contribuyen al fortalecimiento del estatus actual de la disciplina. Autores clásicos como Holmes, Hans o Lauwerys han ejercido un influjo evidente hacia la consideración de una Educación Comparada con fuerte raigambre filosófica e histórica, fundamentalmente.

Hoy en Gran Bretaña, diversas instituciones de renombre internacional siguen investigando el vasto campo de la Educación Comparada. Es el caso del *Institute of Education*, perteneciente a la Universidad de Londres, una de las instituciones más importantes del mundo dedicada al estudio de la Educación Comparada y la Educación Internacional. Destaca igualmente la publicación de revistas de prestigio internacional que sirven de vehículo para la divulgación de tópicos de estudio e investigación, así como de los debates candentes que se originan en el contexto británico, como es el caso de *Comparative Education Review* (1957), *Comparative Education* (1964), *Compare* (1970), *International Review of Education*, *International Journal of Education Development* (1979), *British Journal of Educational Studies* y *Oxford Studies in comparative Education*

(1990)[5]. También otras universidades, como Reading, Birmingham y Oxford cuentan con Departamentos y áreas de investigación y estudio de la Educación Comparada, y una manifestación patente de su incesante actividad lo demuestra el que precisamente surjan producciones científicas tan recientes como la revista *Societies and Education*, de la Universidad de Bristol, que ha visto la luz en el 2003 y la revista electrónica *The Journal for Critical Education Policy Studies*, a cargo del *Institute for Education Policy Studies* editada por D. Hill y P. Mc Laren.

En la actualidad puede constatarse una producción bibliográfica notable en el área de Educación Comparada, tal y como lo certifican los títulos más recientes de libros publicados en 1999 y 2000: E. Sherman, J. Schriewer y F. Orivel (eds.): *Problems and prospects in European Education;* R. Alexander; P. Broadfoot y D. Phillips (comps.)*: Learning from comparing-New Directions in Comparative Education Research;* Crossley, M. y Watson, K.: *Comparative and International Research in Education*; y Coulby, D; Cowen, R. y C. Jones: *Education in times on transition: world year book of educational 2000*, entre los más significativos. Del año 2001 cabe destacar el de K.Watson (comp.): *Doing Comparative Education Research. Issues and Problems.* Del 2002, el libro compilado por Beauchamp: *The Comparative Education Reader.* Y del año 2003, el de M. Crossley y K. Watson (comps.): *Comparative and Internacional Research in Education. Globalisation, context and difference.*

Del resto de Europa, *Alemania* también ocupa una posición destacable, por la tendencia eminentemente filosófica y teórica que acreditan los especialistas de Educación Comparada, y que también es heredada en buena medida de la etapa anterior. En efecto, partiendo de una actividad científica notable, Alemania occidental es fiel a sus raíces, y continúa a través de sus instituciones[6]. Dos lecturas recientes, del año 1999 y 2000, de gran impacto internacional y publicadas en este país, han sido las com-

---

[5] Algunas de estas revistas pueden consultarse, previa inscripción, en su formato electrónico (es el caso de *Comparative Education,* al que se suma *Internacional Review of Education*). Por su parte, otras revistas ofrecen la posibilidad de consultar sus respectivos índices vía *on-line* (*Comparative Education Review* y *Compare*).

[6] Una de las más importantes es el *Institut für Hochshulbildung,* en la Universidad de Humboldt, en Berlín, organismo que publica el boletín germano-oriental *Vergleichende Pädagogik,* de gran difusión.

piladas por Epstein y Mc Ginn, por un lado, con *Comparative Perspectives on the role of education and democratization;* y J. Schriewer, por otro, con *Discourse Formation in Comparative Education.*

Otro de los focos clásicos de investigación y estudio es Francia, donde se cultiva de forma generalizada la metodología de la Educación Comparada[7]. Entre los textos más recientes, cabrían destacar aquí, del año 1997, tanto la obra de D. Groux y L. Porcher: *L'Éducation Comparée;* y. Meuris & G. De Cok (eds.): *Éducation Comparée. Essai de bilan et projects d´avenir.* De 1998, publicado por varios autores, el estado de la cuestión puede ser consultado en *Éducation comparée. Les sciences de l'éducation pour l'ère nouvelle.* En éste puede consultarse también un capítulo en el que se homenajea a Jullien de Paris, considerado por muchos como verdadero padre de la Educación Comparada, ofreciendo de nuevo la versión de su archiconocido "Esquise et vues préliminaires d'un Ouvrage sur l'Éducation comparée". De 1999, J.M. Leclerq, con *L'éducation comparée. Mondialisation et spécificités francophones.* Más recientemente, de 2001, R. Sirota: *Autour du comparatisme en éducation.* También en el año 2001 se comienza a publicar en este país una revista de gran calidad, *Politiques d'éducation et de formation. Analyses et Comparaisons Internationales,* creada por la AFEC (Asociación Francesa de Educación Comparada) y el IEEPS (Instituto Europeo de Educación y Política Social). Finalmente, siendo las referencias más recientes, el año 2002 es testigo del nacimiento de la revista electrónica *L'éducation en débats: analyse comparée* y en el 2003 se publican, por un lado, un libro coordinado por P. Laderrière: *L'éducation comparée. Un outil pour l'Europe,* y por otro, el diccionario de Educación Comparada dirigido por D. Groux: *Dictionnaire d'éducation comparée.*

En España, es el profesor Tusquets con la asignatura de Pedagogía Comparada quien introduce formalmente esta disciplina en el país en cuanto a asignatura inserta en un plan de estudios, aspecto éste que se completa con un fuerte activismo en la materia. Lo anterior viene avalado de algún modo con la creación de la Revista *Perspectivas Pedagógicas* (1958) y del Instituto de Pedagogía Comparada (1964), ambos desaparecidos en la actua-

---

[7] La Sociedad Francesa de Educación Comparada publica la revista *Éducation Comparée.*

lidad, aunque, en puridad, se consideran como antecedentes que habrían de desembocar, con el devenir del tiempo, en la creación de la actual Sociedad Española de Educación Comparada, que será revisada en el siguiente apartado.

Por su parte, como recuerda González (1993), el Plan Académico de 1944, elaborado en la Sección de Pedagogía de Madrid y modificado en 1968, cuenta con una estructuración de especialidades en el último año del ciclo académico. De todas ellas, la especialidad de la subsección "Organización de la Enseñanza" aparece la disciplina de Educación Comparada con carácter obligatorio. Para las otras dos subsecciones, "Orientación Escolar y Profesional" y "Educación Especial", esta disciplina aparece como optativa.

Si bien, como indica García Garrido (1993), hace cincuenta años solamente la Universidad Complutense de Madrid ofrecía la disciplina de Educación Comparada como una especialidad, en la actualidad puede cursarse en 18 universidades, incluyendo las universidades privadas[8]. Además la prueba de que su situación se ha visto gradualmente fortalecida lo confirma la realidad según la cual la Educación Comparada pasó de ser una asignatura optativa en planes anteriores a constar como una asignatura troncal, desde los planes de 1974, cuestión ésta que se mantiene en los planes de estudio recientemente aprobados (planes de 1999). Añadido a lo anterior, han surgido de diferentes titulaciones cercanas a la Pedagogía (Educación Social, Psicopedagogía), así como dentro de la primera, asignaturas que pueden considerarse por diversas razones cercanas a los planteamientos de la Educación Comparada, y con las que la Educación Comparada comparte planteamientos, modelos, problemas y desafíos: la Educación Internacional, la Cooperación para el Desarrollo en

---

[8] En 1999, tuvieron lugar en Murcia durante el mes de diciembre las *II Jornadas Científicas de Educación Comparada* en el transcurso de las cuales los comparatistas de toda España compartimos nuestras experiencias docentes y pedagógicas, difundimos y sometimos a revisión los temarios de la disciplina y se hizo un balance del estado de la cuestión de la Educación Comparada. Con ello se demostró, como una de las conclusiones destacadas en la clausura de dichas Jornadas, que la disciplina goza en España de un más que saludable estado de salud, tal y como lo certificó el optimismo mostrado y aportado por cada uno de los docentes e investigadores que allí nos reencontramos. Como consecuencia, muy recientemente, en el año 2001, se volvió a repetir dicha experiencia, siendo esta vez Sevilla el lugar de encuentro.

Educación o los Fundamentos Comparados de Educación Social, son algunas de ellas. De este modo, puede certificarse que tanto el número de profesores universitarios como de investigaciones dentro del ámbito de la Educación Comparada ha crecido espectacularmente, y, como apunta García Garrido, "junto al incremento cuantitativo, justo es reconocer también un continuo incremento de calidad" (García Garrido, 1993: 159). En la actualidad, en España se publica la *Revista Española de Educación Comparada,* que publica la UNED desde 1995 como descendiente de la revista catalana de *Perspectivas Pedagógicas.*

Hoy se certifica además la presencia española del ámbito de Educación Comparada en la emergencia de organismos internacionales, en el número de tesis doctorales presentadas, así como en la producción bibliográfica e investigaciones relacionadas con la disciplina. Como producciones más recientes que contemplan explícitamente a la óptica comparada, caben destacar, respectivamente: *La Educación Comparada actual,* de Ferrer y *Claves de la Educación Social en perspectiva comparada,* de Vega, ambos publicados en el año 2002 y *Lecturas de Educación Comparada y Educación Internacional* (2003), editados por Lázaro y Martínez. La participación española en congresos internacionales de Educación Comparada es también abundante y apreciada.

Otro de los países que destaca de manera significativa en materia de investigación y estudio de la Educación Comparada es Estados Unidos, que también es testigo de una evolución notable desde el punto de vista de la propia historia de la disciplina (Albatch, 1990). Desde la expansión de la especialidad de Educación Comparada en los años treinta en el *Teachers College* de la Universidad de Columbia, merece la pena recordar el impacto sufrido durante la transición de la década de los años sesenta a los años setenta, porque las repercusiones sobre la disciplina en la actualidad no dejan de ser herederas del brusco cambio de tendencia producido en este periodo. Y es que en los años sesenta la Educación Comparada en Estados Unidos gozó de un estatus que se correspondía, a su vez, con la posición de potencia mundial que acreditaba durante este lapso temporal, y que se ejercía de forma inexorable sobre el resto del mundo (Europa y América Latina). Es en este periodo cuando se edita desde la Universidad de Standford una de las revistas de más renombre internacional, *Comparative Education Review* (1969), que se encarga de difundir el estado de la cuestión en el contexto norteamericano de la Educación Comparada.

Sin embargo, en la década de los años setenta, los efectos de la crisis mundial del petróleo comienzan a evidenciarse sobre diferentes ámbitos, la educación en general y la Educación Comparada en particular no van a ser una excepción. En lo que respecta a la Educación Comparada, la disciplina sufre un duro revés, y ello en varios sentidos: la actividad investigadora llevada a cabo en las universidades más importantes de Estados Unidos comenzó a perder influencia, o incluso desaparecer, como consecuencia de continuos ajustes presupuestarios. Fue el caso de universidades como Chicago, Wisconsin, Michigan, Stanford, Pittsburg y California.

De esta manera, se llega incluso a eliminar la disciplina de los planes de estudio estatales, aunque de nuevo en la década de los ochenta vuelve a recuperarse el sentido y papel de la disciplina dentro de las universidades. Sin embargo, puede percibirse un viraje cuanto menos llamativo en los intereses de los investigadores y comparatistas norteamericanos. En esta apreciación coinciden Albatch, Kelly y Kelly (1993), refiriéndose a que si bien la disciplina desarrollada en el contexto británico y en el americano mostraba divergencias en los objetivos y aspiraciones proyectados sobre la Educación Comparada, en la actualidad se advierte un acercamiento entre ambas tendencias. En efecto, se ha contrapuesto históricamente la tradición británica frente a la americana en Educación Comparada, ya que mientras en la primera destacaba la orientación recibida por la Educación Comparada como instrumento para la reforma escolar (fines pragmáticos); la erudición americana se preocupaba más por las teorías que relacionaban la escuela en el entorno social, a la vez que acentuaba su esfuerzo por desarrollar leyes científicas que gobiernen a la especialidad, de lo que puede derivarse la predominancia que recibe el enfoque teórico y metodológico. En la actualidad, de acuerdo con lo dicho, en Estados Unidos se ha atisbado una corriente que avanza desde las tendencias más teóricas hacia usos más pragmáticos de Educación Comparada. Lo anterior viene además condicionado por la proliferación de instituciones que priorizan la medición, comparación y valoración de cifras cuantitativas, como es la I.E.A., o instituciones como el Banco Mundial y el B.I.D. (*Bank International of Development*). De todos ellos puede predicarse el hecho de que organizan y llevan a cabo importantes estudios temáticos a escala transnacional que avivan sin duda el estado de la disciplina, si bien puede atribuirse al mismo tiempo que las finalidades que persiguen estas instituciones no se hallan exentas de críticas, en el sentido de que la búsqueda de una 'excelencia', en el caso de la I.E.A., y de una mayor eficacia y eficiencia educativas, en el correspondiente al Banco Mundial, no parecen constituirse como objetivos con los que la comunidad intelectual y científica exprese su pleno acuerdo, a escala mundial.

En el momento presente, por tanto, la disciplina parece haber reforzado su situación, tras periodos de crisis, y puede constatarse un influjo notable con la emergencia de diferentes modelos teóricos surgidos en al menos una docena de universidades norteamericanas, y la presencia en al menos cincuenta universidades más. Se constata al mismo tiempo la producción de un buen número anual de publicaciones especializadas, además de libros y revistas: la *Comparative Education Review* (la única revista de Educación Comparada que se publica en Estados Unidos, en palabras de Albatch) y la *Canadian and International Education*, editada en Canadá. A las anteriores cabe añadir la revista CICE *(Current Issues in Comparative Education)*, cuya distribución se realiza en formato electrónico. En cuanto a libros especializados en Educación Comparada, algunos títulos recientes, correspondientes a 1998-2001, se ofrecen a continuación. Del equipo de Stanford (Torres, Meyer, Ramírez y Boli, entre otros), destacan: R. Torres y A. Puiggrós: *Latinoamerican Education. Comparative Perspectives;* R. Arnove y C.A. Torres: *Comparative Education: the Dialectic of the Global and the Local;* C. Torres y R. Morrow: *Social Theory and Education. A critique of Theories of Social and Cultural Reproduction;* D. Finegold y W. Richardson: *Something borrowed, Something Learned? The Transanlantic Market in Education and Training Reform.* Y Popkewitz, con su obra más relacionada con la Educación Comparada: *Critical theories in Education: changing terrains of knowledge and Politics.*

Finalmente, no puede obviarse la situación vivida en las *comunidades más pequeñas* pero no por ello menos relevantes. En efecto, en países como *Brasil, Argentina, Taiwan o Corea* puede percibirse un germen cuanto menos que significativo, ya que, aunque las instituciones de Educación Comparada buscan de manera continua orientaciones para dirigir su rumbo y efectuar sus estudios e investigaciones, no es menos cierto que han experimentado un notable desarrollo en cuanto a que la disciplina se ha vinculado de forma clara con las políticas de gobierno, al constituirse en instrumento imprescindible para la ejecución de políticas educativas.

Refiriéndose, de modo más global, al área de *Asia del Este* (Japón, Corea, China, Hong Kong y Taiwán), Wilson arroja un dato significativo, y es que la primera revista sobre Educación Comparada y Educación Internacional de amplia difusión se publica en China desde 1901, con el título de *Education in the World* (Bray & Gui, 2001: 454, citado por Wilson, 2003: 24), muy lejana en el tiempo de la europea *Internationale Zeitschrift für Erziehungswissenschaft* fundada por Schneider en 1931. En la actualidad, Bray (2002) recuerda cómo dos de las cinco sociedades de Educación Comparada que pertenecen a WCCES corresponden a esta región: la JCES (Sociedad de Educación Comparada Japonesa) y la KCES (Sociedad de Educación Comparada de Corea), al tiempo que el rol de estas sociedades no se ha limitado de modo pasivo a dicha afiliación, sino que han actuado además como anfitrionas de los últimos Congresos internacionales (en Tokio, Seúl y Corea, respectivamente).

Unido a lo anterior, en esta área se han creado instituciones ligadas a la Educación Comparada de renombre internacional, como el Centro de Investigación de Educación Comparada de la Universidad de Hong Kong (1994), el Centro de Estudios de Educación Internacional de la Universidad de Hiroshima (1997), el Centro de investigación de Política Educativa Comparada en la ciudad de Hong Kong o el Centro de Educación de la Universidad Central de Ciencia y Tecnología de China (2001), entre otros. Bray reconoce cómo el desarrollo creciente de la Educación Comparada en esta región obedece, entre otras causas, al caldo de cultivo que ofrece la extrema variedad encontrada en cuanto a culturas (budismo, cristianismo, islamismo, confucionismo), al tamaño de los países, a su ideología política, etc; lo que contribuye de modo inevitable a analizar estas sociedades, al tiempo que introduce elementos nuevos para fortalecer la comprensión conceptual de la disciplina. Estas reflexiones se ven, de algún modo, reflejadas en su más reciente publicación, en el año 2003, en la Universidad de Educación de Hong Kong *Comparative Education: Continuing traditions, new Challenges and New Paradigms.*

## Las Sociedades de Educación Comparada

En este repaso a la situación actual que disfruta la disciplina de Educación Comparada, dejamos intencionalmente, *last but not least*, el papel que las diferentes Sociedades de Educación Comparada, infraestructuras organizativas e intelectuales que juegan en la actualidad un rol estratégico en el panorama internacional y transnacional de la disciplina como vehículos preciosos para el intercambio y transmisión de ideas, experiencias, proyectos y estudios, pero también como difusores de eventos de Educación Comparada de carácter transnacional.

— La *World Council of Comparative Education Societies* (W.C.C.E.S.)

La institución que integra a todas las Sociedades de Educación Comparada en el mundo es la *World Council of Comparative Education Societies*-W.C.C.E.S. (1970). En su origen, como señala Bray (2003), fueron cinco las sociedades que se integraron para conformar este Consejo: La CIES (*Comparative & Internacional Education Society*), la CESE (*Comparative Education Society in Europe*), la JCES (*Japanese Comparative Education Society*), la CIESC (*Comparative & Internacional Education Society in Canada*) y la KCES (*Korean Comparative Education Society*). Sobre algunas de las citadas nos detendremos brevemente en los siguientes apartados. Esta institución organiza y patrocina congresos internacionales periódicos, a los que acuden representantes de la disciplina de Educación Comparada de todos los lugares del mundo. Ayuda, de este modo, a confirmar la constitución de una comunidad institucional e intelectual que apoya firmemente a la Educación Comparada, proporcionándole una gran visibilidad y proyección, y ayudando a asegurar su continuidad en cuanto a disciplina.

La finalidad que de alguna manera identifica a este organismo se resume en avanzar en la educación para la comprensión internacional para la paz, la cooperación internacional, el respeto mutuo entre las personas y el cumplimiento de los derechos humanos. Además, se prioriza avanzar en la mejora de los sistemas educativos a fin de que el derecho de "educación para todos" pueda realizarse en toda su plenitud.

Desde el punto de vista profesional, dos son las finalidades en que cristalizan las aspiraciones de la Sociedad: por un lado, promover el estudio de la Educación Comparada e Internacional a través del mundo y fortalecer el estatus académico de este campo; y, por otro, involucrar a la Educación Comparada en la solución de los problemas educativos globales fortaleciendo la acción y la cooperación por los especialistas provenientes de diferentes partes del mundo.

Esta sociedad celebra periódicamente Congresos Mundiales, desde principios de la década de los años setenta. En un rápido repaso a su evolución histórica, encontramos las temáticas de inspiración, los años de celebración y los lugares donde tuvieron lugar:

- I Conferencia en Otawa, en 1970, con "La educación y la formación del profesorado. La ayuda en el campo de la educación a los países en vías de desarrollo".
- II Conferencia en Ginebra, en 1974, bajo el título de "La eficacia y la ineficacia de las escuelas secundarias".
- III Conferencia en Londres, en 1977, "La unidad y la diversidad en el campo de la educación".
- IV Congreso Mundial en Tokio en 1980, como título "Tradición e innovación en la educación".
- V Congreso Mundial en París, en 1984, con "Dependencia e independencia en educación", bajo los auspicios de Debeauvais.
- VI Congreso Mundial en Brasil, en 1987, bajo el lema educación, crisis y cambio desde una perspectiva comparada.
- VII Congreso Mundial en Canadá, en 1989, con el tema de desarrollo, comunicación y lenguaje.
- VIII Congreso Mundial en Praga, en 1992, con "Educación y democracia".
- IX Congreso Mundial en Sydney, en 1996, con "Tradición, modernidad y postmodernidad".
- X Congreso Mundial en Sudáfrica, en 1998, con "Educación, igualdad y transformación".
- XI Congreso Mundial en Corea, en 2000, con "Nuevos cambios, nuevos paradigmas. La educación hacia el siglo XXI".
- XII Congreso Mundial en Beijin, en 2002, con "Globalización económica y reformas educativas".

- XIII Congreso Mundial en La Habana, en 2004, con "La educación como factor para la integración y el desarrollo social justos".

Como asociaciones significativas correspondientes a diferentes países o regiones, han de destacarse, especialmente, cuatro: la Sociedad europea, la Sociedad inglesa, la Sociedad francesa, la Sociedad americana, y se hará también una mención especial a la Sociedad española.

Sin embargo, y antes de comenzar este análisis, no podemos dejar, al menos, de nombrar otras sociedades relacionadas con la Educación Comparada, a fin de ilustrar y ejemplificar de algún modo la institucionalización de la disciplina, para lo que las distribuiremos por continentes:

De Europa, la Sociedad de Educación Comparada de Alemania (KVEDGE), la Sociedad Irlandesa para los Estudios Comparativos e Internacionales (NGVO), la Sociedad Griega de Educación Comparada (GCES), la Sociedad Pedagógica Húngara (ICES), la Sociedad polaca de Educación Comparada (PCES), la Sociedad Búlgara de Educación Comparada (BCES), la Sociedad Ucraniana de Educación Comparada (UCES), la Sociedad Pedagógica Checa (con su correspondiente sección de Educación Comparada), la Sociedad de Educación Comparada y Educación Internacional Nórdica (NOCIES) y la Sociedad Portuguesa de Educación Comparada(PCES).

Del resto del mundo destacan:

En América: la Sociedad Argentina de Educación Comparada (SAEC), la Sociedad de Educación Comparada e Internacional de Canadá (CIESC-SCECI), la Sociedad Brasileña de Educación Comparada (SBEC) y la Sociedad Colombiana de Educación Comparada (SCEC).

En Asia: la Sociedad Asiática de Educación Comparada (CESA), la Sociedad de Educación Comparada China-Taipei (CCES-T), la Sociedad de Educación Comparada de Hong Kong (CESHK); la Sociedad Coreana de la Educación Comparada (KCES), la Sociedad India de Educación Comparada (CESI), la Sociedad Japonesa de Educación Comparada (JCES) y el Consejo Ruso de Educación Comparada (RCCE).

En África: la Grupo Egipcio de Educación Comparada (BGCE) y Sociedad de Educación Comparada Egipcia (ECES), la Sociedad Sudafricana de Educación Comparada e Historia de la Educación (SACHES), la Sociedad de Educación Comparada Israelí (ICES) y la Sociedad de Educación Comparada Nigeriana (NCES).

En Australia: la Sociedad de Educación Comparada e Internacional de Australia y Nueva Zelanda (ANZCIES).

— La *Comparative Education Society in Europe* (C.E.S.E.)

Fundada en Londres en 1961. Tuvo como primer presidente a Lauwerys, vicepresidente a Rosselló y tesorero a Holmes. También tuvo como representantes vocales, como señala Tusquets (1993), un nutrido grupo de comparatistas y educadores españoles: Víctor García Hoz, M. Galino, R. Marín y R. Diez-Hotchleitner.

Las diferentes Conferencias que tienen lugar en esta Sociedad, y que congregan a un buen número de comparatistas de todo el mundo, desde 1963, son enumeradas a continuación, señalando el año, el lugar donde tuvo lugar la Convocatoria y el tema central de reflexión y análisis:

- I Conferencia en Amsterdam (1963), bajo el título de "La investigación en Educación Comparada y los determinantes de la política educativa".
- II Conferencia en Berlín (1965), con la Conferencia "La educación general en un mundo de cambio".
- III Conferencia en Gante (1967), abordando el tema de "La Universidad dentro del sistema educativo".
- IV Conferencia en Praga (1969), con "El desarrollo del currículum en el segundo nivel de educación".
- V Conferencia en Estocolmo (1971), con el tema "La formación del profesorado".
- VI Conferencia en Frascati (1973), bajo el lema de "La educación recurrente".
- VII Conferencia en Sèvres (1975), con "Escuela y comunidad".
- VIII Conferencia en Londres (1977), que se trabajó el tema "Diversidad y unidad en educación".
- IX Conferencia en Valencia (1979), que tuvo como núcleo

de trabajo "Influencia de la investigación educativa internacional en las políticas nacionales de educación".

- X Conferencia en Ginebra (1981), con el título "El futuro de las Ciencias de la Educación: envites teóricos e institucionales", dirigida por Furter.
- XI Conferencia en Würzburg (República Federal alemana, en 1983, que trabajó el tema "La educación y la diversidad de culturas: la contribución de la Educación Comparada", bajo la presidencia de Mitter.
- XII Conferencia en Amberes (1985), con "El impacto de la tecnología en la educación y en la sociedad, bajo la dirección de Van Daele.
- XIII Conferencia en Budapest (1987), con el lema "Finalidades de la educación y desarrollo de la persona, estudios comparados", dirigido por la Dra. Illes.
- XIV Conferencia en Madrid (1990), con "Reformas e innovaciones educativas en el umbral del siglo XXI. Una perspectiva comparada".
- XV Conferencia en Dijon (1992), cuyo núcleo de trabajo fue "La evaluación de los formadores: punto de vistas comparados".
- XVI Conferencia en Copenhague (1994), bajo el título de "La educación en Europa: los retos de los valores culturales, las identidades nacionales, las demandas económicas y las responsabilidades globales".
- XVII Conferencia en Atenas (1996), con "La educación y la estructuración del espacio europeo. Centro-Periferia, Norte-Sur, Identidad-Alteridad".
- XVIII Conferencia en Groningen (1998), bajo el título de "Estado, Mercado, Asociaciones. Modelos del Orden Social y el futuro de los sistemas educativos en Europa".
- XIX Conferencia en Bolonia (2000), bajo el título de "La emergencia de la Sociedad del conocimiento: de «clerici vagantes» a internet".
- XX Conferencia en Londres (2002), bajo el título de "¿Hacia el final de los sistemas educativos? Europa desde una perspectiva mundial", coordinado por Cowen.
- XXI Conferencia en Copenhague (2004), bajo el título de "Identidades múltiples, educación y ciudadanía. El mundo en Europa, Europa en el mundo".

— La *British Association for International and Comparative Education* (B.A.I.C.E.)

Esta asociación, que nace en 1997, puede considerarse como el legado de dos instituciones: la antigua B.C.I.E.S. (British Association of International and Comparative Education) y también de B.A.T.R.O.E. (*British Association of Teachers and Researchers in Overseas Education*). Es miembro además de UKFIET (*UK Forum for International Education & Training*), la organización que, entre otras, coordina las Conferencias Bienales de Oxford para la Educación y el Desarrollo.

La B.A.I.C.E. promociona la investigación, la docencia, la política y el desarrollo en todos los aspectos de la Educación Comparada y la Educación Internacional. En la actualidad, produce la revista *Compare* y organiza una serie de conferencias, cursos e investigaciones con carácter anual[9].

— La *Comparative and International Education Society* (C.I.E.S.)[10]

Sociedad de Educación Comparada Americana, fundada en 1956 por Brickman para fomentar la comprensión a través de las diferentes culturas, el desarrollo de la disciplina académica de Educación Comparada y el desarrollo societal a través del estudio de ideas educativas, de los sistemas y las prácticas. Incluye a más de 1200 académicos y 1300 instituciones. Su trabajo profesional se ha construido a partir de intereses interdisciplinares de sus miembros, expertos profesionales en disciplinas como Historia, Sociología, Economía, Psicología, Antropología y Educación.

Como aspiraciones, la Sociedad se plantea tres objetivos fundamentales: en primer lugar, promueve la comprensión de los diferentes roles que juega la educación en la perpetuación y moldeamiento continuo de las culturas. En segundo lugar, trata de influir en la comprensión de cómo las políticas educativas y los

---

[9] Información sobre las Conferencias, los Talleres de Trabajo, y acceso a sus revistas, en: http://www.ed.ac.uk/~baice

[10] Sus propósitos, constitución, publicación de Boletines, miembros, Conferencias anuales organizadas, así como otros eventos, en: http://www.cies.ws/default.html

programas fortalecen el desarrollo social y económico. Finalmente, en tercer lugar, la Sociedad incrementa la comprensión de los procesos educativos a través de las culturas y de las naciones, con el estudio y de la crítica de las teorías educativas, de las políticas y de las prácticas que afectan a las sociedades.

En el transcurso de las cuatro décadas anteriores las actividades de los miembros de esta sociedad se han concentrado en fortalecer la base teorética y aplicar al mismo tiempo los resultados de dichas teorías para implementar estas cuestiones en diferentes países, tanto del Norte como del Sur.

Como principales vehículos de expresión de sus ideas, el CIES publica la *Comparative Education Review*, desde la universidad de Chicago y el Boletín de la CIES (también en su versión electrónica). Además organiza una Conferencia anual y fomenta la reunión de Comités (grupos voluntarios focalizados en promover intereses profesionales concretos para la sociedad, fortalecer su voz dentro de foros políticos e intelectuales, etc).

— La *Association Francophone d'Éducation Comparée* (A.F.E.C.)

La asociación francesa de Educación Comparada se fundó en 1973, y se instituyó como un organismo cuyo fin es el de desarrollar la comprensión y la cooperación internacional a través del campo de la Educación Comparada. Es miembro del Consejo Mundial de las Sociedades de Educación Comparada y coopera con diversas asociaciones internacionales, como la UNESCO.

Como acciones fundamentales, la AFEC reúne a las personas interesadas en los ámbitos de Educación Comparada y favorece la puesta en común, a través de intercambio de experiencias, de debates y exposición de las problemáticas inherentes a la disciplina entre sus miembros, de modo que todo lo anterior pueda contribuir, a la larga, a consolidar la disciplina a través de estas experiencias compartidas. Al mismo tiempo, la asociación sirve como vehículo para suscitar y facilitar elementos de innovación y reflexión dentro del ámbito pedagógico, así como para plantear la resolución de diferentes problemas de naturaleza educativa[11].

---

[11] Más información sobre los objetivos, miembros, actividades, publicaciones y listas de discusión, además de las noticias de su Boletín, puede ser consultada en http://www.educ.ucl.ac/be/afec/index.html

Las temáticas y años respectivos correspondientes a los congresos que han tenido lugar hasta el momento presente son:

- Sèvres (1976): *Educación y movilidad.*
- Sèvres (1977): *Educación y nuevo orden mundial.*
- Sèvres (1978): ——
- Sèvres (1979): *La influencia de los organismos internacionales mediante la definición de las políticas nacionales de educación.*
- Sèvres (1980): *Los futuros de la educación.*
- Sèvres (1981): *Las reformas educativas.*
- Sèvres (1982): *La evaluación de los cambios en educación.*
- Sèvres (1983): *Educación y comunicación intercultural desde una perspectiva comparada.*
- Sèvres (1984): *La cualidad y el nivel de la educación, un problema mundial.*
- Sèvres (1985): *La inadaptación de los sistemas escolares.*
- Sèvres (1986): *Educación, trabajo y expresión cultural de los jóvenes a través de una perspectiva de cambios tecnológicos (I).*
- Sèvres (1987): *Educación, trabajo y expresión cultural de los jóvenes a través de una perspectiva de cambios tecnológicos (II).*
- Sèvres (1988): *¿Nuevas reformas o cambio en las reformas?*
- Sèvres (1989): *Las políticas nacionales de investigación en educación a través de los países industrializados.*
- Sèvres (1990): *Investigación y prácticas educativas.*
- Sèvres (1991): *El retorno de los valores a través de la educación: perspectivas comparadas.*
- Sèvres (1992): ——
- Sèvres (1993): *Las nuevas formas de cooperación internacional en educación: el ejemplo europeo y las perspectivas mundiales.*
- Montréal (1994): *Pluralismo en educación: políticas y prácticas en Canada, Europa y en los países del Sur.*
- Sèvres (1995): *Modelos, transfer e intercambios de experiencias en educación.*
- Lyon (1996): *El rol de los poderes públicos en educación.*
- Lovaina (1997): *Las modalidades de apreciación de la diversidad a través de las instituciones educativas.*
- París (1998): *Historia y desarrollo de la Educación Comparada en la lengua francesa.*
- Estrasburgo (1999): *Las políticas lingüísticas de la educación.*
- Ginebra (2000): *Educación y Trabajo.*

- Bruselas (2001): *La educación para todas las edades.*
- Caen (2002): *Formación de profesores: permanencias, cambios, tensiones. Análisis comparado.*

— La Sociedad Española de Educación Comparada (S.E.E.C.).

Una mención especial e individualizada merece la Sociedad Española de Educación Comparada (SEEC). Las instituciones españolas que la antecedieron, el Instituto de Pedagogía Comparada (fundado en 1964 y vinculado al CSIC desde su inicio, bajo la dirección de Tusquets) y la Sociedad Española de Pedagogía Comparada, que nace en la década de los años ochenta, presidida durante años por el maestro Ricardo Marín, respectivamente, prepararon sin duda el camino para la consolidación de la actual sociedad.

Desde los diversos Foros de Educación Comparada nacionales e internacionales, durante la década de los cincuenta y sobre todo de los sesenta, ya se venía gestando la idea de constituir una institución que representara y uniera a los comparatistas españoles. Es así, en la VI Asamblea de la C.E.S.E., celebrada en 1973, cuando se bosquejan los estatutos provisionales de la Sociedad Española de Educación Comparada, y se decide que se estructuraría, en principio, en base a centros universitarios autónomos. Al año siguiente, en la Celebración del II Congreso Mundial de Ginebra, "la representación española (Zuluaga, Benavent, González, Ruiz Berrio, Borbonés y Vázquez Prada) ya se siente arropada por esta recién nacida Sociedad" (González, 1991)

Por su parte, la S.E.E.C. publica una revista, la R.E.E.C. (*Revista Española de Educación Comparada*), cuyo primer número corresponde a 1995 y que es publicada por la UNED (Universidad Nacional de Educación a Distancia) y un boletín (cuya difusión también es electrónica) y organiza periódicamente congresos. A continuación se indican los Congresos celebrados, y la temática inspiradora en torno a la cual giraron los mismos:

- I Congreso Nacional de Educación Comparada en Valencia (1979): *La influencia de la investigación educativa Internacional sobre las políticas de Educación nacional.* Esta fecha coincidió con el IX Congreso de la CESE, que se realizó en la misma ciudad.

- II Congreso Nacional de Educación Comparada en Granada (1984): *Las enseñanzas medias desde el ángulo comparativista.*
- III Congreso Nacional de Educación Comparada en Málaga (1986): *La Universidad hoy en un contexto internacional.*
- IV Congreso Nacional de Educación Comparada en Madrid (1990): *Reformas e innovaciones educativas en el umbral del siglo XXI.* Coincidió, al igual que el año 1979, con el marco del XIV Congreso de la CESE.
- V Congreso Nacional de Educación Comparada en Valencia (1995): *Educación, empleo y Formación Profesional.*
- VI Congreso Nacional de Educación Comparada en Sevilla (1998): *Atención a la Infancia y espacios educativos. Aspectos comparativos.*
- VII Congreso Nacional de Educación Comparada en La Manga del Mar Menor (Murcia) (2000): *Realidad y Prospectiva de la Educación Superior: un análisis comparado.*
- VIII Congreso Nacional de Educación Comparada en Salamanca (2002): *Educación obligatoria. Situación actual y perspectivas de futuro en España y Latinoamérica.*

Un último apunte que certifica el compromiso de la SEEC con el acceso al conocimiento continuamente actualizado que se requiere, de manera inexcusable, en nuestra disciplina. En efecto, su actividad relativa a la diseminación de información no se agota con la publicación del boletín y la revista, además de la organización de Congresos, sino que contamos con dos instrumentos privilegiados: la página *Web* de la SEEC y la lista electrónica EDU-COMP[12]. A ellas dirigiremos ahora nuestra atención.

En cuanto a la primera de las iniciativas, la página Web

---

[12] El antecedente de esta iniciativa procede de la WCEES, ya que ésta puso en marcha la primera lista electrónica de distribución relacionada con la Educación Comparada, la *ComparEd*, desarrollada por el Centro de Investigación de Educación Comparada de la Universidad de Hong Kong desde 1995 y que en la actualidad distribuye información a los comparatistas pertenecientes también a la CIES.

(www.sc.ehu.es/seec), éste es un proyecto iniciado desde 1997 en la Universidad de Valencia bajo la dirección de Luis Miguel Lázaro. En la actualidad está alojada en el servidor del Campus de Guipúzcoa de la Universidad del País Vasco, siendo su responsable el profesor Luis M. Naya. Su prestigio queda más que demostrado tanto por los premios de calidad que la avalan como por el hecho de que cuando el investigador accede a páginas de diferentes Sociedades Internacionales de Educación Comparada (como la WCEES, el BIE o la OEI), encuentra cómo en los links que seleccionan y recomiendan para su consulta, la página electrónica española aparece como una de las más escogidas por todas ellas. Sin entrar ahora a describir la estructura y las partes de las que consta[13], y a modo de valoración personal, encontramos que una de sus mayores virtudes reside en el diseño de naturaleza funcional que presenta la misma, lo que posibilita que la información se halle al alcance del investigador en un breve lapso de tiempo. Por ésta y otras razones, no resulta extraño poder comprobar que los esfuerzos de los autores se hayan visto recompensados, de algún modo, con un número muy elevado de visitas y consultas por parte de todos los interesados en Educación Comparada y en educación en general. Aunque solamente está disponible en castellano, con lo cual el ámbito se restringe al contexto castellano-parlante, en especial a Latinoamérica, región que constituye un continente receptor cuyo interés va en aumento, a juzgar por las adscripciones procedentes del mismo (Naya, 2000).

En cuanto al segundo de los recursos arriba apuntados, la lista electrónica EDU-COMP, ésta obedece a una iniciativa surgida desde el seno de la SEEC y hoy se erige como claro ejemplo de de qué manera puede utilizarse INTERNET como herramienta estratégica para la Educación Comparada. El comparatista encuentra en esta comunidad virtual un soporte para su actividad en su vertiente docente e investigadora, a la vez que supone una oportunidad de reciclarse con respecto a algunas áreas cuyos conocimientos o son necesariamente más limitados o

---

[13] Para ello, invitamos a los lectores que o bien entren a la misma, o bien consulten el pormenorizado artículo de Naya (2000): "Las tecnologías de la información y comunicación y la Sociedad Española de Educación Comparada", *Revista Española de Educación Comparada*, 6, 247-259.

requieren de actualización continua, dado el ritmo vertiginoso de los cambios en educación.

La lista EDU-COMP (ubicada en el servidor www.rediris.es/list/info/edu-comp.html) resulta, pues, una herramienta interesante, novedosa y sobre todo de gran utilidad para compartir la información de noticias, publicación de libros, divulgación de congresos, jornadas y seminarios, así como todo tipo de novedades relacionadas con el ámbito español e internacional de la Educación Comparada, de la que disfrutamos los profesores e investigadores que nos identificamos como comparatistas. También se erige en escenario privilegiado para dinamizar foros de debate sobre temas de actualidad y en plataforma para coordinar proyectos nacionales e internacionales en materia de Educación Comparada.

Desde el punto de vista organizativo, los creadores y también "alimentadores" infatigables de la lista son los profesores de Educación Comparada Ferran Ferrer, de la Universidad Autónoma de Barcelona y Luis María Naya, de la Universidad del País Vasco. La página cuenta con un número limitado de participantes, fruto de una selección previa (54 en 1999 y 70 en el 2000). De los anteriores, un pequeño porcentaje se reparte entre América Latina (Argentina, Brasil y Méjico) y Europa (Gran Bretaña, Franica, Italia, Portugal y Suiza) [14]. Las personas adscritas a ella recibimos una media de 3 a 4 mensajes por semana, y de una reciente evaluación llevada a cabo por los autores (Naya y Ferrer, 2000), a pesar de aspectos susceptibles de mejora (entre los que destaca el hecho de que cabría hacer un uso más activo de la lista, ya que la actividad de los integrantes muchas veces se reduce a obtener la información o recursos enviados, más que a ofrecerla ellos mismos), se desprende un sentimiento de satisfacción generalizado por parte de los usuarios en un 95% de los casos. Satisfacción que cristaliza en dos frentes, principalmente: tanto en lo que respecta a la buena calidad de los mensajes recibidos como a los ficheros que se adjun-

---

[14] De este modo, se lleva a cabo una política de selección de los profesionales de Educación Comparada según la cual ésta se efectúa dentro de cauces de selección estrictos, a fin de asegurar que las personas que integren la lista puedan participar plenamente y beneficiarse de las ventajas que tiene formar parte de una comunidad pequeña y en contacto continuo.

tan, lo que repercute de forma indiscutible en su quehacer docente e investigador.

\*\*\*\*\*\*\*\*\*\*\*\*\*\*\*\*\*\*\*\*\*\*\*\*\*\*\*\*\*\*\*\*\*\*\*\*\*\*\*\*\*

Vamos a retomar, finalmente, el tema general analizado en este apartado, las Sociedades de Educación Comparada y sus respectivos congresos, a fin de concluir el capítulo. Como reflexión final, y en relación a esta última parte en la que se han descrito las temáticas sobre las que ha girado la organización de diferentes congresos por parte de las sociedades nacionales, internacionales y transnacionales más significativas relacionadas con la Educación Comparada, pueden percibirse *leiv motif* coincidentes e incluso reincidentes, acordes también con diferentes momentos que demandan discursos teóricos que a su vez traten de responder a los requerimientos que la propia educación va solicitando. Éstos, a su vez, se cotejan con la coparticipación de otros elementos sociales, culturales, económicos, ideológicos, políticos, etc; que se sumergen igualmente en los discursos teóricos y lo confieren de nuevos significados.

De este modo, y enlazando con el capítulo en el que se revisaron los temas en torno a los cuales se ha centrado la investigación de la Educación Comparada, cabe destacar cómo, si se toman como referencia los años en los que tienen lugar los diferentes congresos de las sociedades aludidas, dominan desde el año 1990 temáticas relacionadas con: los retos que ofrecía el entonces inminente siglo XXI (1990, 1994, 1996, 1999 y 2000); la evaluación y la calidad en la educación (1992 y 1993); el pluralismo y diversidad educativa (1994, 1997 y 1998); la política educativa (1990, 1992, 1996 y 2001); el impacto de las tecnologías (1997 y 2000) y la relación entre educación y empleo (1996 y 2000), nombrando aquellos temas que han resultado coincidentes en diferentes años en al menos dos organizaciones. Finalmente, temas que se muestran aislados en un evento pero cuya importancia resulta estratégica en buena parte de los organismos son, poniendo ejemplos significativos: la importancia estratégica de los valores en educación (1991); la educación para la ciudadanía (2004); los efectos de la globalización (1995 y 2002); Europa y su dimensión educativa (1996, 1998, 2002 y 2004); la atención a los binomios cultura-educación (1994 y 1998) y educación y desarrollo social (1993, 1996 y 2004). Al mismo tiempo, para finalizar, un tópico de atención y estudio que resulta transversal con todos los anteriores es el constituido por la teoría y los métodos comparados[15].

Como conclusión final, cabe destacar, por tanto, la presencia de dos tendencias que se retroalimentan y complementan de manera constructiva, lo que revierte en la consolidación de la Educación Comparada como una disciplina viva y cuyo desarrollo epistemológico no ha finalizado: en primer lugar, la heterogeneidad conceptual y de ópticas a la que se ha aludido a lo largo de estas páginas y, en segundo, la emergencia de temáticas que surgen como lógica evolución de contextos socioeducativos cuya complejidad es creciente y que resultan inevitablemente novedosas en el panorama investigador actual. Así lo demuestran los análisis a tópicos como la necesidad de interpretar el fenómeno de la globalización y acceder a su lectura en clave comparada, el reto de las NTICS (Nuevas Tecnologías de la Información y la Comunicación); el impacto de la sociedad del conocimiento o las consecuencias que el discurso del postmodernismo tiene sobre la metanarrativa comparada, entre otros. Ante ellos habremos de continuar mostrándonos receptivos y pendientes de las últimas aportaciones que van forjando, de este modo, el estado de la cuestión establecido en torno a la Educación Comparada.

---

[15] Ferrer (2002) puede ayudarnos a reforzar este análisis con una útil aportación a través de la cual ofrece, en su reciente libro, una serie de cuadros en los que coteja, año por año, los lemas y contenidos ofrecidos por las diferentes sociedades en el último decenio (1990-2000). Posteriormente, el autor agrupa las diferentes asociaciones y realiza un análisis de contenido individualizado de las mismas. Finalmente, concluye con la apreciación de tendencias comunes.

# EPÍLOGO

En un mundo en el cual, en palabras de Delors, dominan las tensiones educativas que logran imponerse, tanto a nivel teórico-paradigmático como pragmático, en forma de dualismos a veces irreconciliables (entre lo global y lo local; lo universal y lo individual; la diferencia y la similaridad; la tradición y la modernidad; las consideraciones a corto y largo plazo; la competitividad y la igualdad de oportunidades; lo espiritual y lo material, por nombrar los más significativos, algunos de los cuales han sido objeto de estudio en estas páginas), ¿cuál es, en efecto, el rumbo que ha de tomar, cuál el Norte que ha de dirigir a la Educación Comparada?

La Educación Comparada, como se ha tenido oportunidad de comprobar, ha comenzado a establecer trayectorias alternativas a fin de poder guiarse en los actuales escenarios, que por su parte enarbolan la bandera de la incertidumbre como clave interpretadora a las múltiples realidades educativas a escala internacional: las 'transitologías', la 'ciencia del aprendizaje' o la cartografía social, en el terreno metodológico, son buenas muestras de esta tendencia. Éstas, a su vez, comparten protagonismo con aquellas otras teorías y modelos que dominan el panorama epistemológico desde la década de los noventa: el neopositivismo, la teoría de los sistemas educativos actuales o las teorías de la dependencia, como ejemplos de los más significativos. Quizá lo más llamativo, en este sentido, lo constituya el hecho de que dentro de la heterogeneidad aludida pueda percibirse, a su vez, una doble tendencia: aquellas teorías cuya asumpción y aceptación supone una visión incompatible con otras y aquellas que, más cercanas al influjo del postmodernismo y su reacción sobre la educación, perciben como necesario releer los diversos discursos y no contraponerlos entre sí, sino ofrecer metanarrativas acríticas y en las que tengan cabida todo tipo de modelo o enfoque explicativo de la realidad en clave comparada. Watson reconoce que aquí se halla uno de los retos sin duda más desafiantes por lo que contienen de provocativo, ya que augura que "conferir de sentido a la proliferación de ideas y valores, será una prueba dura para los comparatistas en las décadas futuras" (Watson, 2001: 13).

Ante este panorama dual, plagado de contradicciones que ejercen de contrapeso ante el pasado lineal, equilibrado e incluso predecible más reciente, tanto en sus problemas como en sus soluciones, resulta inevitable plantearse: ¿corren malos tiempos para la Educación Comparada? A lo largo de estas páginas hemos tratado de traducir un espíritu que, ante los obstáculos, reacciona con ímpetu y trata de superar la incertidumbre que acarrea, entre otros, el paradigma del postmodernismo, a través de las teorías que se alzan, así, como alternativas viables, y que, de hecho, están dirigiendo buena parte de los actuales proyectos de investigación que ocupan la disciplina a escala internacional.

De este modo puede deducirse que, retomando el hilo inicial con el que comenzó el capítulo segundo, a través del cual se radiografiaba el estado de salud de la disciplina, coincidimos con la opinión de los autores que piensan que la consideración de nuevos planteamientos, teorías e ideas que irrumpen de forma iconoclasta en el terreno teórico y metodológico de la Educación Comparada contribuye a fortalecer la disciplina. ¿Cómo? Actuando como acicate y conduciendo al desarrollo de planteamientos emergentes, nuevas perspectivas y *modus operandi* dentro de la misma, lo que redunda en nuevos aires que tanto en investigación como en otros aspectos (la docencia de la asignatura, por ejemplo) auguran futuros, pero también inmediatos éxitos a la Educación Comparada.

Desde esta perspectiva, los análisis llevados a cabo y los propósitos emancipatorios de la Educación Comparada deberían mostrar y revelar, en definitiva y en palabras de Cowen (2001), el poder crítico y social de la metamorfosis que está teniendo lugar dentro de la disciplina[1], de modo que "entre en el siglo XXI haciendo mucho ruido, de manera discordante y con energía"

---

[1] Definición extraída en el transcurso de un seminario introductorio sobre la situación actual de la Educación Comparada, en el curso "Introduction of Seminar in Comparative Education". *PHD Comparative Seminars*. Department of Culture Communication & Societies. London. University of London, 2001.

(Cowen, 2000b: 1). Éste es, en definitiva, el panorama que la Educación Comparada está trazando en el momento presente, ante un mundo en el que el binomio renovación-transformación se sucede a un ritmo cada vez más acelerado, y a partir del cual irán surgiendo "nuevas y múltiples Educaciones Comparadas" (Cowen, 2000; Crossley & Jarvis, 2000a y Louisi, 2001), siempre entrelazadas a los discursos que, en sus estructuras profundas, se superponen de manera discontinua a la realidad política, económica, sociológica y cultural, de la que a su vez beben y se retroalimentan.

# REFERENCIAS BIBLIOGRÁFICAS

ACHARD *et al.* (1977): *Discourse biologique et ordre social*, Paris, Seuil.

ALBATCH, P.G. (1977): "Servitude of the Mind: Education, Dependency and Neocolonialism", *Teachers College Record*, 79, 188-204.

ALBATCH, P.G. (1982): "The distribution of the Knowledge in the Third World", en P. ALBATCH (comp.): *Higher Education in the Third World: themes and Variations*, Singapur, Maruzen.

ALBATCH, P.G. (1990): "Tendencias en Educación Comparada", *Revista de Educación*, 293, 293-309.

ALBATCH, P.G.; ARNOVE, R. & KELLY G. (comps.) (1982): *Comparative Education*, New York, Mac Millan.

ALBATCH, P.G. Y KELLY, G. (1990): "La Educación Comparada: desafíos y respuestas", en P. Albatch y G. Kelly: (comps.*): Nuevos enfoques en Educación Comparada*, Madrid, Mondadori, págs. 353-374.

ALBATCH, P.G; KELLY, G.P. y KELLY, D.H. (1991): "Educación Comparada: una especialidad en transición" en A. González (comp.), *Lecturas de Educación Comparada*, Barcelona, PPU/DM, págs. 101-148.

ALEXANDER, R. (2001): "Border Crossings: towards a Comparative Pedagogy", *Comparative Education*, 37, 507-524.

AMIN, S. (1991): *El capitalismo en la era de la globalización*, Barcelona, Paidós.

ANDERSON, C. (1961): "Methodology of Comparative Education". *International Review of Education*, 7.

ANDERSON, A. (1972): "Metodología de la educación comparada", en A. D. Márquez (comp.), *Educación Comparada. Teoría y Metodología*, Buenos Aires, Ateneo, págs. 265-287.

APPLE, M. (1978): "Ideology, Reproduction and Educational Reform", *Comparative Education Review*, 22, 367-387.

APPLE, M. (1978a): *Educación y poder*, Madrid, Paidós.

APPLE, M. (1986): *Ideología y Curriculum*, Madrid, Akal.

ARCHER, M. (1979): *Social origins of educational systems*, London, Sage.

ARCHER, M. (1981): "Los sistemas de educación", *Revista Internacional de Ciencias Sociales*, 33, 285-310.

ARNOVE, R.F. (1984): "Comparative Education and World Systems Analysis", *Comparative Education Review*, 24, 48-62.

ARNOVE, R.F. (1998): "Neoliberal Education Policies in Latin America: arguments in Favour and Against", en C.A. Torres & A. Puiggrós (eds.), *Latin American Education. Comparative Perspectives*, Oxford, Westview Press, págs. 79-102.

ARNOVE, R.F. (1999): "Reframing comparative education. The dialectic of the global and the local", en R. F. Arnove & C. A. Torres (eds.), *Comparative education. The dialectics of the global and the local*, Lanham, Rowman & Littlefield, págs. 1-24.

ARNOVE, R.F.; FRANZ, S.; MOLLIS, M. & TORRES, C. A.: "Education in Latin America at the End of the 1990s", en R. F. Arnove & C. A. Torres (eds.), *Comparative education. The dialectics of the global and the local*, Lanham, Rowman & Littlefield, págs. 305-328.

ARNOVE, R.F.; KELLY, G.P. & ALBATCH, P.G. (1982): "What can the study of other countries contribute to improved practice in our country?", en R. Arnove, G.P. Kelly & P.G. Albatch, *Comparative Education*, New York, Mac Millan.

AYALA, A. Y GONZÁLEZ, A. (1999): "L'éducation comparée en Espagne: pasée et perspectives", en J. M. Leclercq (ed.), *L'éducation comparée. Mondialisation et spécificities francophones*, Paris, AFEC-Centre National de Documentation Pédagogique, págs. 183-193.

AYALA, A. y LUCERO, L. A. (1998): "Educación Comparada: ¿lenguaje ideológico de los sistemas educativos?", en *Actas del VI Congreso Nacional de Educación Comparada*, Sevilla, Departamento de Teoría e Historia de la Educación y Pedagogía Social, Universidad de Sevilla, págs. 589-602.

BALL, S. (1990): *Markets, Morality and Equality in Education*, London, Tufnell Press.

BALL, S. (1998): "Big policies/Small World: an introduction to International Perspectives in Education Policy", *Special Number. Comparative Education*, 34, págs. 119-130.

BALLANTYNE, P. (2001): "eDevelopment, eCooperation Connecting the Worlds of Information and Development", *The UKFIET Oxford International Conference on Education and Development: Knowledge, Values and Policy*, 19-21 September.

BARBER, B. (1972): "Science, Salience and Comparative Education: Some Reflections on Social Scientific Inquiry", *Comparative Education Review*, 16, 424-436.

BARTHES, R. (1979): "From work to Text", en J. Hariri (ed.), *Textual strategies: perspectives in postestructural criticism*, Ithaca, Cornell, págs. 48-63.

BATESON, G. (1979): *Mind and Nature: a necessary Unity*, New York, Dutton.

BEECH, J. (2002): "Latin American Education: perceptions of linearities and the construction of discursive space", *Comparative Education*, 38, 415-427.

BEECH, J. (2003): "Docentes del futuro: la influencia de las agencias internacionales en las reformas de formación docente en Argentina y Brasil en los 90", en L. Lázaro y M.J. Martínez (eds.), *Lecturas en Educación Comparada y Educación Internacional. Lectures on Comparative and International Education*, Valencia, Universidad de Valencia.

BENNELL, P. (1996): "Using and Abusing Rates of Return: a Critique of the World Bank's 1995 Education Sector Review", *International Journal of Educational Development*, 3, 221-233.

BEREDAY, G.Z.F. (1958): "Some methods of Teaching Comparative Education", *Comparative Education Review*, 2, 4-9.

BEREDAY, G.Z.F. (1968): *Método comparativo en Pedagogía*, Barcelona, Herder.

BERLIN, I. (1953): *The Hedgehog and the Fox: An Essay on Tolstoy's View of History*, Nueva York, Simon & Schusterm.

BLACK, M. (1996): *Children First. The Story of UNICEF. Past and Present*, Oxford, Oxford University Press.

BOLI, J. & THOMAS, G. (eds.) (1999): *Constructing World Culture-International Nongovernmental Organizations since 1875*, Standford, Standford University Press.

BOURDIEU, P. (1973): "Cultural Reproduction and Social Reproduction", en R. Brown (ed.), *Knowledge, Education and Culture*, London, Tavinstock, págs. 71-112.

BORDIEU, P. y PASSERON, J.C. (1981): *La reproducción: elementos para una teoría del sistema de enseñanza*, Barcelona, Laia.

BOUDON, R. (1968): *A quoi sent la notion de structure Essais sur la signification de la notion de structure dans les sciences humaines*, Paris, Gallimard.

BOUDON, R. (1970): *Los métodos en Sociología*, Barcelona, A. Redondo.

BOWN, L. (2000): "Lifelong learning: ideas and achievements at the threshold of the twenty-first century", *Compare*, 30, 341-352.

BRAY, M. (2002): "Comparative Education in East Asia: Growth, development and contribution to the global field", *Current Issues in Comparative Education*, 4 http://www.tc.columbia.edu/cice/mb142.htm.

BRAY, M. (2002a): "Comparative Education in the Era of Globalisation: evolution, missions and roles", *Revista Española de Educación Comparada*, 8, 115-137.

BRAY, M. (2003): "Tradition, Change and the Role of the World Council of Comparative Education Societies", en M. Bray (ed.), *Comparative Education: Continuing Traditions, New Challenges, and New Paradigms*, Dordrecht: Kluwer Academic Publishers, págs. 1-13.

BROADFOOT, P. (1998): "Quality, Standards and control in higher education. What price life-long learning?", *International Studies in Sociology of Education*, 8, 155-180.

BROADFOOT, P. (1999): "Stones from other hills may serve to plish the jade of this one: towards a neo-comparative 'learnology' in education", *Compare*, 29, 217-223.

BROADFOOT et all (2000): *Promoting Quality in Education: Does England have the Answer?*, London, Continuum.

BROADFOOT, P. (2000a): "Comparative Education for the 21st Century: retrospect and Prospect", *Comparative Education*, 36, 357-371.

BROADFOOT, P. (2002): "Editorial: educational policy in comparative perspective", *Comparative Education*, 38, 133-135.

BROADFOOT, P. (2002a): "Obituary: Edmund King", *Comparative Education*, 38, 131-132.

BROWN, M. (1977): *A poetic for sociology. Toward a logic of discovery for the Human Sciences*, Londres-Nueva York, Cambridge University Press.

BUCHERT, L. (ed.) (1998): *Education Reform in the South in the 1990s*, Paris, UNESCO.

BURNETT, N. (1996): "Priorities and Strategies for Education -A World Bank Review: the Process and the Key Messages", *International Journal of Educational Development*, 3, 215-220.

BURNETT, N. & PATRINOS, H.A. (1996): "Response to Critiques of Priorities and Strategies for Education: a World Bank Review", *International Journal of Educational Development*, 3, 273-276.

CAIVANO, F. (2000): "Notas ingenuas para una utopía educativa" (*El país* [25-9-2000]).

CARDOSO, F. (1977): "The comsumption of Dependency Theory in the United States", *Latin American Research Review*, 12, 7-24.

CARNOY, M. (1974): *Education as cultural imperialism*, New York, Longmans.

CARNOY, M. (1980): "International Institution and Educational Policy: a Review of Education-Sector Policy", *Prospects*, 10, 265-283.

CARNOY, M. (1982): "Education for Alternative Development", *Comparative Education Review*, 27, 160-177.

CARNOY, M. (1990): "Educación para un desarrollo alternativo", en P. Albatch y G. Kelly (comps.), *Nuevos enfoques en Educación Comparada*. Madrid, Mondadori, págs. 85-106.

CARNOY, M. (1999): *Globalisation and education reform: what planners need to know*, Paris, UNESCO-IIEP.

CARNOY, M. & LEVIN, H. (eds.) (1976): *The limits of educational reform*, New York, Mc Kay.

CARNOY, M. & SAMOFF, J. (eds.) (1990): *Education & Social Transition in the Thirld World*, Princetown and Oxford: Princetown University Press.

CELORIO, J.J. (1995): "La educación para el desarrollo", *Cuadernos Bakeaz*, 9, 6-11.

CELORIO, J.J. (2000): "Educación para el Desarrollo. Educar en y para la cooperación y la solidaridad", *Contextos Educativos*, 3, 17-44.

CENTRO NUEVO MODELO DE DESARROLLO (1994): *Norte y Sur: la fábrica de la pobreza*, Madrid, Editorial Popular.

CERRONI, U. (1971): *Metodología y ciencia social*, Barcelona, Martínez Roca.

CHRISHOLM, L. (1997):" The restructuring of South African Education and Training in a Comparative Context", en P. Kallaway (ed.), *Education After Apartheid. Cape Town-south Africa*, University of Cape Town Press, págs. 50-67.

COMISIÓN DE LAS COMUNIDADES EUROPEAS (1993): *Crecimiento, competitividad, empleo: retos y pistas para entrar en el siglo XXI*, Luxemburgo, Oficina de Publicaciones Oficiales de las Comunidades Europeas.

COMISIÓN DE LAS COMUNIDADES EUROPEAS (1995): *Libro Blanco sobre la educación y la formación. Enseñar y aprender: hacia la sociedad cognitiva*,

Luxemburgo, Oficina de Publicaciones Oficiales de las Comunidades Europeas.

COMISIÓN EUROPEA (2001): *La Unión Europea sigue creciendo*, Luxemburgo, Oficina de Publicaciones Oficiales de la Unión Europea.

COMISIÓN EUROPEA (2001a): *Futuros objetivos precisos de los sistemas educativos*, Luxemburgo, Oficina de Publicaciones Oficiales de la Unión Europea.

COMISIÓN EUROPEA (2002): *El futuro desarrollo de los programas de educación, formación y juventud de la Unión Europea después del 2006*, Luxemburgo, Oficina de Publicaciones Oficiales de la Unión Europea.

COMISIÓN EUROPEA (2002a): *La Unión Europea se amplía*, Luxemburgo, Oficina de Publicaciones Oficiales de la Unión Europea.

COOMBS, P.H. (1985): *La crisis mundial en la educación. Perspectivas actuales*, Madrid, Santillana.

CORAGGIO, J.L. y TORRES, R. (1999): *La educación según el Banco Mundial. Un análisis de sus propuestas y métodos*, Madrid, Miño y Dávila Editores.

COSNER, A. (1978): *L'analogie en Sciences Humaines*, Paris, PUF.

COULBY, D. (1995): "Ethnocentricity, post modernity and European curricular systems", *European Journal of Teacher Education*, 18, 143-153.

COULBY, D. & JONES, C. (1998): "Post-modernity, Education and European Identities", *Comparative Education*, 32, 171-184.

COWEN, R. (1987): "The place of Comparative Education in the Educational Sciences", en I. Cavicchi-Broquet et P. Furter (eds.), *Les Sciences de l'Education: perspectives et bilans européens*, Genève, Université de Genève. Faculté de Psychologie et des Sciences de l'Education, págs. 107-126.

COWEN, R. (1998): "Last past the post: comparative education, modernity and perhaps post-modernity", *Comparative education*, 32, 151-170.

COWEN, R. (1999): "Late Modernity and the Rules of Chaos: an Initial note on transitologies and rims", en R. Alexander; P. Broadfoot & D. Phillips (eds.), *Learning from Comparing-New Directions in comparative educational Research*, Oxford, Symposium Books, págs. 73-88.

COWEN, R. (2000): "Comparing Futures o comparing Pasts?", *Comparative Education*, 36, 333-342.

COWEN, R. (2000a): "Fine Tuning Educational earthquakes", en D. Coulby; R. Cowen. & C. Jones (eds.), *Education in Times of Transition: World yearbook of Education 2000*, London, Kogan Page, págs. 1-8.

COWEN, R. (2000b): "Introducción", *Propuesta Educativa-Especial Nuevas Tendencias en Educación Comparada*, 23, 1-10.

COWEN, R. (2003): "Globalisation, educational myths in late modernity and reflections on virtue", en L. Lázaro y M.J. Martínez (eds.), *Lecturas en Educación Comparada y Educación Internacional. Lectures on Comparative and International Education*, Valencia, Universidad de Valencia.

COX, E. (1995): *A Truly Civil Society*, Sydney, ABC Books.

COX, R. (1996): *Approaches to World Order,* Cambrigde, Cambrigde University Press.

CRAIG, J. (1981): "On the Development of Educational Systems", *American Journal of Education,* 89, 201.

CROMBIE, A.C. (1974): *Historia de la Ciencia. De San Agustín a Galileo. La Ciencia en la Baja Edad Media y comienzos de la Edad Moderna: siglos XIII al XVII,* Madrid, Alianza Editorial.

CROSSLEY, M. (1999):" Reconceptualising comparative and international education", *Compare,* 29, 249-267.

CROSSLEY, M. (2000): "Bridging Cultures and Traditions in the Reconceptualisation of Comparative and International Education", *Comparative Education,* 36, 319-332.

CROSSLEY, M. & JARVIS, P. (eds.) (2000): "Comparative Education for the twenty-first century", *Special Number of Comparative Education,* 36.

CROSSLEY, M. & JARVIS, P. (2000a): "Introduction: continuity, challenge and change in comparative and international education", *Comparative Education,* 36, 261-265.

CUMMINGS, W. (1999): "The Institutions of Education: compare, compare, compare", *Comparative Education Review,* 43, 413-419.

DALE, R. (1999): "Specifying globalisation effects on national policy: a focus on the mechanisms", *Journal of Educational Policy,* 14, 1-17.

DALE, R. (2000): "Globalization: A New World for Comparative Education?", en J. Schriewer (ed.), *Discourse Formation in Comparative Education,* Francfort, Peter Lang, págs. 87-110.

DALE, R. (2000a): *Organisations and Development. Strategies, structures & procesos,* London, Sage.

DALE, R. (2001): "Constructing a Long Spoon for Comparative Education: charting the career of the 'New Zealand' model", *Comparative Education,* 37, 493-500.

DÁVILA, P. (2001): "Los derechos de la infancia. UNICEF y la educación", en L. Naya (ed.), *La educación a lo largo de la vida, una visión internacional,* Donostia, Erein/Fundación Santamaría, págs. 100-114.

DE MOURA, C. (2002): "The World Bank Policies: Damned if you do, damned if you don't", *Comparative Education,* 38, 388-401.

DELORS, J. et al. (1996): *La educación encierra un tesoro. Informe a la UNESCO de la Comisión Internacional Sobre la Educación para el Siglo XXI,* Madrid, Santillana-Ediciones UNESCO.

DENNING, S. (2001): "Knowledge sharing in the North and South", en W. Gmelin, K. King & S. Mc Grath, *Development Knowledge, National Research and International Co-Operation,* Centre of African Studies, University of Edinburgh.

DOS SANTOS, B. (1970): *Dependencia económica y cambio revolucionario,* Caracas, Nueva Izquierda.

DURKHEIM, E. (1937): *Les règles de la méthode sociologique,* Paris, P.U.F.

ECKSTEIN, M. (1983): "The Comparative Mind", *Comparative Education Review*, 3.

ECKSTEIN, M. (1990): "La mentalidad comparativa", en P. Albatch y G. Kelly (comps.), *Nuevos enfoques en Educación Comparada*, Madrid, Mondadori, págs. 191-204.

ECKSTEIN, M. (1998): "On teaching a 'Scientific' Comparative Education", en H. Noah & M. Eckstein (eds.), *Doing Comparative Education: Three Decades of Colaboration*, New York, Teacher's College-Columbia University.

ECKSTEIN, M. Y NOAH, H. (1985): "La teoría de la dependencia en Educación Comparada: un nuevo simplismo", *Perspectivas*, 25, 228-240.

EDUCATION FOR ALL FORUM (1996): *Statements on Education For All: World Conferences 1992-1995*, Paris, UNESCO.

EDWARDS T. & WHITTY, G. (1992): "Parental Choice and educational reform in Britain and the United States", *British Journal of Educational Studies*, 40, 101-117.

ELIASSON, L.; FÄGERLIND, I.; MERRITT, R. y WEILER, H. (1992): "Educación, ciencias sociales y política pública: una crítica de la investigación comparada", *Revista de Educación*, 297, 403-422.

EPSTEIN, E. (1991): "Corrientes de izquierda y derecha: la ideología en Educación Comparada", en A. González (comp.), *Lecturas de Educación Comparada*, Barcelona, PPU/DM, págs. 265-296.

EPSTEIN, E. (1993): "El significado problemático de la comparación en la Educación Comparada", en J. Schriewer y F. Pedró (comps.), *Manual de Educación Comparada. Vol. II. Teorías, Investigaciones, Perspectivas*, Barcelona, PPU, págs. 163-188.

EPSTEIN, E. (1994): "Editorial", *Comparative Education Review*, 4, 409-416.

EPSTEIN, I. (1995): "The Comparative Education in North America: the Search for the Other Through the Scape from Self?", *Compare*, 25, 5-16.

FARRELL, J.R. (1979): "The Necessity of Comparison in the Study of Education: the salience of Science and the Problem of Comparability", *Comparative Education Review*, 23, 3-16.

FARRELL, J.R. (1997): "A Retrospective on Educational Planning in Comparative Education", *Comparative Education Review*, 41, 277-313

FAURE, E. et al. (1975): *Aprender a ser. La educación del futuro*, Quinta Edición, Madrid, Alianza Universidad-UNESCO.

FEATHERSTONE, M. (1995): *Undoing Culture: Culture, Postmodernism and Identity*, Newbury Park, C.A. Sage.

FERRER, F. (1990): *Educación Comparada. Fundamentos teóricos, metodología y modelos*, Barcelona, PPU.

FERRER, F. (1996): "Reflexiones sobre la docencia en Educación Comparada", en *Actas del V Congreso Nacional de Educación Comparada*, Valencia, Departamento de Educación Comparada e Historia de la Educación, Universidad de Valencia, págs. 203-214.

FERRER, F. (2002): *La Educación Comparada actual*, Madrid, Ariel.

FEYERABEND, P. (1978): *Science in a free society*, London, Left Books.

FINDLEY, S.E. (1999): *Women on the More: perspectives on gender changes in Latinamerica*, Liège, Belgium, International Union for the Scientific Study of Population.

FINEGOLD, D.; MCFARLAND, L. & RICHARDSON, W. (1992): *Something Borrowed, Something Blue? A study of the Thatcher Government's appropiation of American education and training policy. Part I. Oxford Studies in Comparative Education.*, Wallingford, Triangle.

FINEGOLD, D.; MCFARLAND, L. & RICHARDSON, W. (1993): *Something Borrowed, Something Blue? A study of the Thatcher Government's appropiation of American education and training policy. Part II. Oxford Studies in Comparative Education*, Wallingford, Triangle.

FLECHA, R. y TORTAJADA, I. (1999): "Retos y salidas educativas en la entrada de siglo", en F. Imbernón (coord.), *La educación en el siglo XXI. Los retos del futuro inmediato*, Barcelona, Graó, págs. 13-27.

FRIEDMAN, J. (1994): *Cultural Identity and Global Process*, London, Sage.

KELLY, G.P. (ed.) (1981): *International Handbook of Women's Education*, Westport, Greenwood Press.

KELLY, G.P. & ELLIOTT, C. (eds.) (1982): *Women's Education in the Third World: Comparative Perspectives*, Albany, N.Y. State University of New York Press.

GARCÍA GARRIDO, J. L. (1985): "Naturaleza y límites de la Educación Comparada", en VV.AA., *Textos de Pedagogía*, Barcelona, Publicaciones de la Universidad de Barcelona, págs. 115-122.

GARCÍA GARRIDO, J. L. (1991): "Prospectiva de la Educación Comparada para un mejor conocimiento y una mejor comprensión entre los pueblos", en A. González (comp.), *Lecturas de Educación Comparada*, Barcelona, PPU/DM, págs. 509-520.

GARCÍA GARRIDO, J. L. (1991a): *Fundamentos de la Educación Comparada*, Madrid, Dykinson.

GARCÍA GARRIDO, J. L. (1993): "Educación Comparada y ciencias de la educación: variaciones sobre un tema clásico", en J. Schriewer y F. Pedró (comps.), *Manual de Educación Comparada. Teorías, investigaciones, perspectivas*, Barcelona, PPU, págs. 145-163.

GARCÍA GARRIDO, J. L. (1997): "La Educación Comparada en una sociedad global", *Revista Española de Educación Comparada*, 3, 64-65.

GARCÍA GARRIDO, J. L. (2001): "Perspectivas de la educación en Europa en el siglo XXI", en L.M. Lázaro (ed.) *Problemas y desafíos para la educación en el siglo XXI en Europa y América Latina*, Valencia, Universidad de Valencia, págs. 29-46.

GARCÍA HOZ, V. (1988): "Ciencias de la Educación", en *Diccionario de Ciencias de la Educación*, Madrid, Santillana, págs. 476-479.

GIDDENS, A. (1994): "Foreword", en R. Friedland & D. Boden (eds.), *Now Here-Space, Time and Modernity*, Berkeley, University of California Press.

GONZÁLEZ, A. (1991): "La Educación Comparada en España (del recuerdo a la esperanza)", en A. González (comp.), *Lecturas de Educación Comparada*, Barcelona, PPU/DM, págs. 15-32.

GONZÁLEZ, A. y AYALA, A. (1998): "La Educación Comparada como contradicción: la antinomia, mal concebida aporía, el problema del método adecuado a la complejidad que plantea la realidad social", en *Actas del VI Congreso Nacional de Educación Comparada.*, Sevilla, Departamento de Teoría e Historia de la Educación y Pedagogía Social, Universidad de Sevilla, págs. 571-588.

GRANT, N. (2000): "Tasks for Comparative Education in the New Millenium", *Comparative Education*, 36, 309-317.

GREEN, A. (1997): *Education, Globalization and the Nation State*, London, Mac Millan.

GREEN, A. WOLF, A. & LENEY; T. (2001): *Convergencias y divergencias en los sistemas europeos de Educación y Formación Profesional*, Barcelona, Pomares.

HADDAD, W. (1981): "The World Bank's Education Sector Policy, a summary", *Comparative Education*, 17, 127-139.

HALLAK, J. (1990): *Invertir en el futuro. Definir las prioridades educacionales en el mundo en desarrollo*, Madrid, Tecno-UNESCO.

HALLS, H. D. (1990): "Trends and Issues in Comparative Education", en W. D. Halls (ed.), *Comparative Education. Contemporary issues and trends*, London, Jessica Kingsley.

HALPIN, D, & TROYNA, B, (1995): "The politics of Education Borrowing", *Comparative Education*, 31, 303-310.

HAMILTON, S.F. (2001): "Book Review: convergence and divergence in European education and training systems", *Comparative Education Review*, 45, 292-293.

HARBISON, F. & MYERS, C. (1964): *Education, Manpower and Economic Growth*, New York, Mc Graw Hill.

HAYNOE, R. (2000): "Redeeming Modernity", *Comparative Education Review*, 44, 423-439.

HEBDIGE, D. (1999): *Hiding in the Light*, New York, Routledge.

HENWORTHY, L. (1988): *Studying the world and the United Nations System*, Pennsylvania, World Affairs Materials.

HEYMAN, R. (1979): "Comparative Education From and Ethno-Methodological perspective", *Comparative Education*, 15, 241-249.

HEYNEMAN, S. (2003): "The history and problems in the making of education policy at the World Bank 1960-2000", *International Journal of Educational Development*, 23. págs. 315-337.

HOLMES, B. (1991): "Los precursores de la Educación Comparada", en A. González (comp.), *Lecturas de Educación Comparada*, Barcelona, PPU/DM, págs. 371-387.

HORGAN, J. (1996): *The end of Science: facing the limits of knowlegde in the twilight of the scientific age*, New York, Adison-Westley, 1996.

HOYOS, M. (2000): "De part a part, Educació Comparada", *Revista NOU DISE*, 16 novembre.

HÜFNER, K.; MEYER, J.W. Y NAUMANN, J. (1992): "Investigación sobre política educativa comparada: perspectiva de la sociedad mundial", *Revista de Educación*, 297, 347-402.

HURST, D. (1981): "Aid and Educational Development: rhetoric and Reality", *Comparative Education*, 17, 117-125.

IIPE-UNESCO (1998): *Desafíos de las reformas educativas en América Latina*, Buenos Aires, IIPE.

IIPE-UNESCO (2000): *Una década de Educación para Todos: la tarea pendiente*, Buenos Aires, IIPE-UNESCO.

ISHENGOMA, J. (2001): "Whose knowledge counts? Re-examining the role of the World Bank as a broker of development knowledge from a Southern Perspective", *The UKFIET Oxford International Conference on Education and Development: Knowledge, Values and Policy*, 19-21 September.

JAMESON, F. (1988): "Postmodernism and the consumer society", en E. A. Kaplan (ed.), *Postmodernism and its Discontents*, New York, Verso.

JARVIS, P. (2000): "Globalization, the Learning Society and Comparative Education", *Comparative Education* 36, 343-355.

JONES, P. (1998): "Globalisation and internationalism: prospects for world education", *Comparative Education*, 34, 143-155.

JONES, P. (1971): *Comparative Education: purpose & Method*, St. Lucia, University of Queensland Press.

JUNG, I. & KING, L. (1999): *Gender, innovation and education in Latin America*, Hamburg, UNESCO Institute of Education.

KANDEL, I. (1933): *Studies in comparative education*, London, Harrap.

KANDEL, I. (1961): "A new addition to Comparative Methodology", *Comparative Education Review*, 5, 4-6.

KANDEL, I. (1972): "Metodología de la Educación Comparada", en A. D. Márquez (comp.): *Educación Comparada, Teoría y metodología*, Buenos Aires, Ateneo, págs. 206-213.

KANE, L. (2001): *Popular education and Social Change in Latin America*, London, Latinoamerican Bureau.

KAZAMÍAS, A. (2001): "General Introduction: Globalization and educational cultures in late Modernity: the Agamemnon Sindrome", en J. Clairns, D. Lawton & R. Gardner (eds.): *Values, Culture and Education. World Yearbook of Education 2001*, London, Kogan Page, págs. 1-14.

KEARNEY, M. L. (Edit.) (2000): *Women, Power and the Academy: from the rhetoric to reality*, Oxford, UNESCO.

KELLY, G. P. (1992): "Debates and trends in Comparative Education", en R.

Arnove, G.P. Kelly & P.G. Albatch, *Emergent Issues in Education, Comparative Perspectives*, Albany, State University of New York Press.

KING, A. (1997): *Culture, globalization and the World-System*, Minneapolis, University of Minnesota Press.

KING, E. (1958): "Students, Teachers and Researchers in Comparative Education", *Comparative Education Review*, 2, 33-36.

KING, E. (1967): *Comparative Studies and Educational Decision*, Londres, Methuen.

KING, E. (1972): "El propósito de la Educación Comparada", en A.D. Márquez (comp.), *Educación Comparada: teoría y metodología*, Buenos Aires, Ateneo, págs. 61-80.

KING, E. (1972a): *Educación y cambio social*, Buenos Aires, Ateneo.

KING, E. (1976): *Education for uncertainty*, Inaugural Lecture in the Faculty of Education delivered at University of London King's College, 5 February.

KING, E. (1978): *Education for Uncertainity*, London, Sage, 1978.

KING, E. (1979): "Estudios comparados de educación, Tendencias actuales y nuevas interrogantes", *Revista de Educación*, 260, 41-55.

KING, E. (1991): "Estudios comparados de educación, Tendencias actuales y nuevas interrogantes", en A. González (comp.), *Lecturas de Educación Comparada*, Barcelona, PPU/DM, págs. 203-224.

KING, E. (1999): "Education revised for a world in transformation", *Comparative Education*, 35, 109-117.

KING, E. (2000): "A century of Evolution in Comparative Education", *Comparative Education*, 36, 267-277.

KING, G. (1996): *Mapping Reality: An Exploration of Cultural Cartographies*, New York, San Martin's Press.

KING, K. (2001): "Banking on Knowledge: The Old and the New 'Knowledge Projects' of the World Bank", *The UKFIET Oxford International Conference on Education and Development: Knowledge, Values and Policy*, 19-21 September.

KING, K. (2001a): "«Knowledge Agencies»: making globalisation of knowledge work for the North or the South", http://www.ed.ac.uk/~centas/Bonnkk.html, Consultado en marzo de 2002.

KING, K. (2001b): "Becoming a knowledge Bank? The World Bank"s emerging approach to knowledge, partnership and development in the time of globalisation", http://www.ed.ac.uk/~centas/Kbank.html, Consultado en marzo de 2002

KING, K. (2002): "Banking on Knowledge: the new knowledge projects of the World Bank", *Compare*, 32, 311-326.

KING, K. & MC GRATH, S. (2002): "The globalisation of Development Knowledge and Comparative Education", *Compare*, 32, 281-304.

KIRBY, K. (1996): *Indifferents Boundaries: spatial concepts of human subjectivity*, New York, Guilford.

KNELLER, D. (1990): "The postmodern turn: positions, problems and Prospects", en G. Ritzer (ed.), *Frontiers of Social Theory: the new syntheses*, New York, Columbia University Press.

KNELLER, G. F. (1972): "Las perspectivas de la Educación Comparada", en A.D. Márquez (comp.): *Educación comparada. Teoría y metodología*, Buenos Aires, Ateneo, págs. 81-89.

KOFMAN, E. & YOUNGS, G. (eds.) (1996): *Globalisaton: Theory and Practice*, London, Pinter.

LATINER, R. (1999): "Comparative and International Education", A Bibliography, *Comparative Education Review*, 43, 381-410.

LAUGLO, J, (1996): "Banking on Education and the Uses of Research. A Critique of World Bank Priorities and Strategies for Education", *International Journal Development*, 16, 221-233.

LAUWERYS, J. (1974): "La pedagogía comparada: su desarrollo, sus problemas", en M. Debesse y G. Mialaret, *Pedagogía comparada*, Vol. I, Barcelona, Oikos-Tau, 1974, págs. 19-47.

LÁZARO, L. M. (1996): "Educación comparada y cooperación para el desarrollo en educación. Una respuesta curricular en el ámbito de las ciencias de la Educación", en *Actas del V Congreso Nacional de Educación Comparada*, Valencia, Departamento de Educación Comparada e Historia de la Educación, Universidad de Valencia, 1996, págs. 215-224.

LÁZARO, L. M Y MARTÍNEZ, M. J. (1999): *Educación, empleo y Formación Profesional en la Unión Europea*, Valencia, Universidad de Valencia-Departamento de Educación Comparada e Historia de la Educación.

LE MÉTAIS, J. (2000): "Snakes and Ladders: learning from International Comparisons", en D. Phillips, R. Alexander & M. Osborn (eds.), *Learning from Comparing. New Directions in Comparative Education Research*, Oxford, Simposium Books, págs. 41-52.

LÊ THÀNH KHÔI (1981): *L'éducation Comparée*, Paris, Armand Collin.

LECHNER, F. & BOLI, J. (eds.) (2000): *The Globalization Reader*, Oxford, Blackwell Publishers.

LEVIN, B. (1998): "An Epidemic of Education Policy: (what) can we learn from each other?", *Special Number. Comparative Education*, 34, 131-141.

LIEBMAN, M. (1994): *The Social Mapping Rationale: A Method a Resource to Acnowledge Postmodern Narrative Expression*, PH. D. Dissertation, University of Pitsburg.

LIEGLE, L. (1993): "Cultura y socialización: tradiciones olvidadas y nuevas dimensiones en Educación Comparada", en J. Schriewer y F. Pedró (eds.), *Manual de Educación Comparada, Vol. II, Teorías, Investigaciones, Perspectivas*, Barcelona, PPU, págs. 423-464.

LINDSAY, B. & PARROTT, J. (1998): "New challenges for educational and social policies in international settings: a review essay", *Comparative Education*, 34, 341-347.

LITTLE, A. (2000): "Development Studies and Comparative Education Context, Content, Comparison and Contributors", *Comparative Education*, 36, 279-296.

LITTLE, A. (2000a): "Development Studies and Comparative Education, context, comparison and contributors", *Comparative Education*, 36, 279-296.

LOUISI, P. (2001): "Globalisation and Comparative Education: a Caribbean perspective", *Comparative Education*, 37, 425-438.

MARHUENDA, F. (1994): *La educación para el desarrollo en la escuela*, Barcelona, Intermon.

MARTÍNEZ, M. J. (2001): "Actuales retos y desafíos de la Formación Profesional europea: entre la unidad y la diversidad en los modelos educativos de cualificaciones", en L. M. Lázaro (ed.), *Problemas y Desafíos para la Educación en el Siglo XXI en Europa y América Latina*, Valencia, Universidad de Valencia, págs. 127-145.

MARTÍNEZ, M. J. (2003): "La iniciativa social (ONGD) en España y Europa: responsabilidades educativas", en C. Ruiz (coord.), *Estudios sobre Educación Social*, Valencia, Universidad de Valencia.

MARTINUSSEN, J. (1999): *Society, State & Market. A Guide to competing Theories of Development*, 2ª edición, London & New York, Zed Books Ltd.

MASEMANN, V. L. (1982): "Critical Ethnography in the Study of Comparative Education", *Comparative Education*, 26, 1-15.

MASEMANN, V. L. (1990): "La etnografía crítica en el estudio de la Educación Comparada", en P. Albatch y G. Kelly (comps.), *Nuevos enfoques en Educación Comparada*, Madrid, Mondadori, págs. 19-37.

MASEMANN, V. L. (1992): "Maneras de saber: implicaciones para la Educación Comparada", *Revista de Educación*, 299, 221-230.

MASEMANN, V. L. (1999) Culture and Education", en R. F. Arnove & C. A. Torres (eds.): *Comparative education. The dialectics of the global and the local*, Lanham, Rowman & Littlefield, págs. 115-134.

MC ANDREW, M. (1991): "Reflexiones sobre el problema epistemológico de la comparabilidad de estudios cualitativos en Educación Comparada", en A. González (comp.): *Lecturas de Educación Comparada*, Barcelona, PPU/DM, págs. 95-106.

MC GINN, N. (1996): "Education, Democratization and Globalization: A Challenge for Comparative Education", *Comparative Education Review*, 40, 341-357.

MC MILLAN, J. & LINDKLATER, M. (eds.) (1995): *Boundaries in question: new directions and international relations*, London, Pinter.

MENDOZA, A. (2000): *Literatura Comparada e intertextualidad*, Segunda Edición, Madrid, La Muralla.

MERRIT R. & COOMBS, F. (1977): "Politics and Education Reform", *Comparative Education Review*, 21, 252-263.

MESA, M.: La educación para el desarrollo: evolución y perspectivas actuales", en A. Monclús (coord.), *Educación para el Desarrollo y Cooperación Internacional*, Madrid, UNICEF-Editorial Complutense, págs. 53-68.

MEYER, J & COLBS. (1971): "The World Educational Revolution 1950-1970", *Sociology of Education*, 50, 242-258.

MEYER, J.; BOLI-BENNET, J.; THOMAS, G. & RAMIREZ, F. (1997): "World Society and the Nation State", *American Journal of Sociology*, 103, 144-181.

MEYER, J.W. & HANNON, M. T. (eds.) (1979): *National Development and the World System: Education Economic and Political Change 1950-1970*, Chicago, The University of Chicago Press.

MEYER, J. Y RAMIREZ, F. (2000): "The world institucionalization", en J. Schriewer (ed.), *Discourse formation in Comparative Education*, Francfort, Peter Lang, págs. 189-226.

MINISTERIO DE EDUCACIÓN, CULTURA Y DEPORTE (2003): *La integración del sistema universitario español en el espacio europeo de Enseñanza Superior*, Documento Marco, Febrero.

MITTER, W. (1997): "Challenges to Comparative Education: Between Retrospect and Expectation", en V.L. Masemann & A. Welch, *Tradition, Modernity and Post-Modernity in Comparative Education*, Hamburg, UNESCO Institute for Education, págs. 401-412.

MITTER, W. (2003): "A Decade of Transformation: Educational Policies in Central and Eastern Europe", en M. Bray (ed.), *Comparative Education, Continuing Traditions, New Challenges, and New Paradigms*, Dordrecht, Kluwer Academic Publishers, págs. 75-96.

MOLLIS, M. (1990): "La Educación Comparada de los 80: memoria y balance", *Revista de Educación*, 293, 311-323.

MOLLIS, M. & TORRES, C.A. (1999): "Education in Latin America at the end of the 1990s", en R. Arnove & C.A. Torres (eds.), *Comparative Education, The dialectic of the Global and the Local*, Oxford, Rowman & Littlefield Publishers, Inc, págs. 305-328.

MORÍN, E. (2000): "Los siete saberes necesarios para la educación del futuro", en *La educación que queremos. Tercer ciclo de Conferencias de la Fundación Santillana*, Octubre y noviembre de 2000.

MORROW, R. A. & TORRES, C. A. (1999): "The State, Social Movements and Educational Reform", en R. F. Arnove & C. A. Torres (eds.), *Comparative education. The dialectics of the global and the local*, Lanham, Rowman & Littlefield, págs. 91-114.

MUNDY, K. (1999): "Educational multilateralism in a changing world order: UNESCO and the limits of the possible", *International Journal of Education Development*, 19, 27-52.

MURRAY, R. (ed.) (1990): *International Comparative Education: Practices, Issues and Prospects*, Oxford, Pergamon Press.

NAYA, L. M. Y FERRER, F. (2000): *Evaluación de la lista EDU-COMP. Balance de una época*, www.rediris.es/cvu/publ/EvaluacionListaEDU-COMP.es. html. Consultada en noviembre de 2000.

NOAH, H.J. (1973): "Defining Comparative Education: Conceptions", en R.

Edwards; B. Holmes & J. Van Der Graaf (eds.), *Relevant Methods in Comparative Education: report of a Meeting of International Experts*, Hamburg, UNESCO.

NOAH, H. J. (1990): "Usos y abusos de la Educación Comparada", en G. P. Albatch y G. Kelly (comps.): *Nuevos enfoques en Educación Comparada*, Madrid, Mondadori, págs. 177-190.

NOAH, H. y ECKSTEIN, M. (1970): *La ciencia de la Educación Comparada*, Buenos Aires, Paidós.

NOAH, H. J. & ECKSTEIN, M. (1998): *Doing Comparative Education: three Decades of Colaboration*, Hong Kong, University of Hong Kong, Comparative Education Research Centre.

NORAD (1997): *El enfoque del marco lógico. Manual para la planificación de proyectos orientada mediante objetivos*, Madrid, UCM.

NÓVOA, A. (1998): "Modèles d'analyse en éducation comparée: le champ et la carte", en VV.AA., *Éducation comparée. Les sciences de l'éducation pour l'ère nouvelle*, Paris, L'Harmattan, págs. 9-62.

NÓVOA, A. (2000): "The Restructuring of the European Educational Space-Changing Relationships among States, Citizens and Educational Communities", en T. Popkewitz (ed.), *Educational Knowledge. Changing relationships between the state, civil society, and the educational community*, New York, State of University of New York Press, págs. 31-57.

NÓVOA, A. (2000a): "Estat de la qüestió de l'educació comparada: paradigmes, avanços i impassos", *Temps d'Educació*, 24, 101-123.

NÓVOA, A. (2002): "Imágenes de la educación obligatoria, Lecturas desde la Educación Comparada", *Conferencia de Clausura del VIII Congreso Nacional de Educación Comparada*, celebrado en Salamanca, 23 de octubre de 2002.

NÒVOA, A. & LAWN, M. (ed.) (2002): *Fabricating Europe. The formation of an Education Space*, Dordrecht, Kluwer Academic Publishers.

O'NEIL, M. (2000): "Foreword", en G. Smith & H. Naim (edits.), *Altered States. Globalisation, Sovereignty and Governance*, Ottawa, International Development Research Centre.

ODORA HOPPERS, C. A. (2000): "The Centre-Periphery in knowledge Production in the Twenty-First Century", *Compare*, 30, 285-290.

OLIVERA, C. E. (1985): "La educación en América Latina ¿una educación dependiente", *Perspectivas*, 54.

OMAN, C. (1994): *Globalization and Regionalization: the Challenge for Developing Countries*, Paris, OECD.

ORDEN, A. DE LA y MAFOKOZI, J. (1997): "Implicaciones de algunos planteamientos epistemológicos post-positivistas en la investigación educativa", *Bordón*, 49.

ORIZIO, B. (1977): *Teoría y práctica de la Pedagogía Comparada*, Madrid, Magisterio Español.

ORTEGA, P. (2001): "UNESCO Etxea y su aportación a la educación a lo largo de toda la vida", en L. Naya (ed.), *La educación a lo largo de la vida, una visión internacional,* Donostia, erein/Fundación Santamaría, págs. 183-190.

OWEN, D. (1997): *Sociology of Postmodernism,* London, Sage.

PAULSTON, R. G. (1993): "Representación de paradigmas y teorías en Educación Comparada", *Revista de Educación,* 300, 133-155.

PAULSTON, R. G. (1993a): "Mapping discourse in comparative education texts", *Compare,* 23, 101-114.

PAULSTON, R. G. (1997): "Mapping visual culture in comparative education discourse", *Compare,* 27, 139-151.

PAULSTON, R. G. (1999): "Mapping comparative education after postmodernity", *Comparative Education Review,* 43, 438-463.

PAULSTON, R. G. (2000): "A spatial turn in comparative education? Constructing a social cartography of difference", en J. Schriewer (ed.), *Discourses in education,* Francfort, Peter Lang, 2000, 297-354.

PAULSTON, R. G. (2000a): "Imagining Comparative Education: past, present, future", *Compare,* 30, 354-359.

PEDRÓ, F. (1992): *La respuesta de los sistemas educativos al reto del desempleo juvenil,* Madrid, CIDE/MEC.

PEDRÓ, F. (1993): "Conceptos alternativos y debates teórico-metodológicos en Educación Comparada: una panorámica introductoria", en J. Schriewer y F. Pedró (comps.), *Manual de Educación Comparada,* Barcelona, PPU, págs. 163-188.

PEDRÓ, F. (1996): "Cenicienta, el Rey León y Peter Pan, análisis de los modelos estructurales de Formación Profesional y de su distinta dinámica en los países de la Unión Europea", en *Educación, Empleo y Formación Profesional (Actas del V Congreso de Educación Comparada),* Valencia, Universitat de València, págs. 371-382.

PEREYRA, M. A. (1993): "La construcción de Educación Comparada como disciplina académica", en J. Schriewer y F. Pedró (comps.), *Manual de Educación Comparada. Manual de Educación Comparada,* Barcelona, PPU, págs. 255-325.

PEREYRA, M. A. (2000): "De legisladores a intérpretes: introducción a la «historia del presente» de la creación la disciplina universitaria de la Educación Comparada", en *VII Congreso Nacional de Educación Comparada. Realidad y Prospectiva de la Educación Superior: un enfoque comparado,* La Manga del Mar Menor, Murcia, Noviembre.

PFAU, R. (1990): "Estudio comparado del comportamiento en el aula", F. Albatch y G. Kelly (comps.), *Nuevos enfoques en Educación Comparada,* Madrid, Mondadori, págs. 335-352.

PHILLIPS, D. (1993): "Borrowing Educational Policy", en D. Finegold; L. McFarland & W. Richardson, *Something Borrowed, Something Learned? The*

*Transanlantic market in Education and Training Reform*, Washington, DC, The Brookings Institution.

PHILLIPS, D. (1997): "Prolegomena to a history of British Interest in Education in Germany", en C. Kodron, B. Von Kopp, U. Lauterbach *et al.* (eds.), *Vergleichende Erziehungswissenfschaft. Herausfordenrung Vermittlung-Praxis*, Cologne, Böhlau.

PHILLIPS, D. (1999): "On Comparing", en R. Alexander; P. Broadfoot & D. Phillips (eds.), *Learning from Comparing-New Directions in Comparative Educational Research*, Oxford, Symposium Books.

PHILLIPS, D. (2000): "Beyond Traveller's tales: some nineteenth century British commentators on education in Germany", *Oxford Review of Education*, 26, 49-62.

PHILLIPS, D. (2000a): "Learning from Elsewhere in Education: some perennial problems revisited with reference to British interest in Germany", *Comparative Education*, 36, 297-307.

POPKEWITZ, T. (ed.) (2000): *Educational Knowledge. Changing relationships between the state, civil society, and the educational community*, Nueva York, State of University of New York Press.

POPKEWITZ, T. (2000a): "National Imagineries, the indigenous foreigner, and Power: comparative educational research", en J. Schriewer (edit.), *Discourses in education*, Francfort, Peter Lang, págs. 261-294.

PRICE, P. (1994): "Spatial Metaphor of Politics of Empowerment: Mapping a Place for Feminism and Postmodernism in Geography?", *Antipode*, 26, 236-254.

PSACHAROPOULOS, G. (1973): *Returns on Education: An International Comparison*, Ámsterdam, Elsevier.

PSACHAROPOULOS, G. (1981): "Returns on Education: An Updated International Comparison", *Comparative Education*, 17, 321-341.

PSACHAROPOULOS, G. (1981a): "The World Bank and the World of Education: some Policy Changes and Some Remnants", *Comparative Education*, 17, 141-146.

PSACHAROPOULOS, G. (1993) ¿Un reto para la teoría de la Educación Comparada, o ¿dónde está la ropa del emperador?", en J. Schriewer y F. Pedró (comps.), *Manual de Educación Comparada . Vol II. Teorías, investigaciones, perspectivas*, Barcelona, PPU, págs. 89-111.

PSACHAROPOULOS, G. (1996): "Designing Educational Policy: a Mini-Primer on Values, Theories and Tools", *International Journal of Educational Development*, 3, 277-289.

QUINTANA, J. M. (1983): "Epistemología de la Pedagogía comparada", *Educar*, 3, 25-26

RAIVOLA, R. (1990): "¿Qué es la comparación? Consideraciones metodológicas y filosóficas", en G.P. Albatch y G. Kelly (comps.), *Nuevos enfoques en Educación Comparada*, Madrid, Mondadori, págs. 297-311.

RAMIREZ, F. & MEYER, J. (1981): "Comparative Education: Synthesis and Agenda", en J. Short (ed.), *The State of Sociology*, Beverly Hills, Sage, págs. 215-238.

RAMÍREZ, F. & MEYER, J. (1989): "Comparative Education: the social construction of the Modern World Systems", *Annual Review of Sociology*, 6, 369-399.

RAVENTÓS, F. (1991): *Metodología Comparativa y Pedagogía Comparada*, Barcelona, Boixareu Universitaria.

RAVENTÓS, F. (1998): "¿Por qué hay que cultivar el método comparativo de educación? Reflexiones en el umbral del siglo XXI?", En *Actas del VI Congreso Nacional de Educación Comparada*, Sevilla, Departamento de Teoría e Historia de la Educación y Pedagogía Social, Universidad de Sevilla, págs. 563-570.

RIDDELL, A. R. (1997): "Assessing Designs for School Effectiveness Research and School Improvement in Developing Countries", *Comparative Education Review*, 41, 178-204.

RIVIÈRE, A. (1990): "Presentación: El significado de la comparación en las Ciencias Sociales y en la investigación educativa", *Revista de Educación*, Número extraordinario "los usos de la comparación en Ciencias Sociales y de la Educación", págs. 7-14.

ROBINSON, P. (1999): "The tyranny of League Tables: international comparisons of educational attainment and economic performance", en P. Alexander; P. Broadfoot & D. Phillips (eds.), *Learning from Comparing-New Directions in comparative educational Research*, Oxford, Symposium Books, págs. 217-235.

ROCA, J. (1967): *Introducción a la gramática. Volumen I*, Barcelona, Vergara.

ROSSELLÓ, P. (1972): "La estructura de la Educación Comparada", en A. D. Márquez (comp.): *Educación comparada. Teoría y metodología*, Buenos Aires, Ateneo, págs. 53-60.

ROSSELLÓ, P. (1978): "*Teoría de las corrientes educativas*, Segunda edición, Barcelona, Promoción Cultural.

RUSSELL, J. (1899): "*German Higher Schools. The History, organization and Methods of Secondary Education in Germany*, New York, Longmans, Green and Co.

RUST, V. (2000): "Education Policy Studies in Comparative Education", en D. Phillips, R. Alexander & M. Osborn (eds.), *Learning from Comparing. New Directions in Comparative Education Research*, Oxford, Simposium Books, págs. 13-20.

RUST, V.; SOUMARE, A. & PESCADOR, O. (1999): "Research Strategies in Comparative Education", *Comparative Education Review*, 43, 86-109.

RYBA, R. (2000): "Developing the European Dimension in Education: The Roles of the European Union and the Council of Europe", en E. Sherman, J. Schriewer & F. Orivel, *Problems and Prospects in European Education*, London, Praeger, págs. 244-263.

SADLER, M. (1900): *How far can we learn anything of practical value from the study of foreign systems of education?*, Guildford, Survey Office.

SAMOFF, J. (1996): "Which Priorities and Strategies for Education?", *International Journal of Educational Development*, 3, 235-248.

SAMOFF, J.: Institucionalizing Internacional Influence, en R. F. Arnove & C. A. Torres (eds.), *Comparative education. The dialectics of the global and the local*, Lanham, Rowman & Littlefield, págs. 51-90.

SANDER, B. (1983): "Educación y dependencia: el papel de la Educación Comparada", *Perspectivas*, 25, 207-215.

SANVISENS, A. (1973): "El enfoque sistémico en la metodología comparativa. La educación como sistema, en VV.AA., *Reforma cualitativa de la educación*, V Congreso Nacional de Pedagogía, Madrid, Sociedad Española de Pedagogía, Instituto de Pedagogía del CSIC, págs. 245-275.

SCHNEIDER, B. (1995): *El escándalo y la vergüenza de la pobreza y el subdesarrollo*, Barcelona, Galaxia Gutemberg-Círculo de Lectores.

SCHNEIDER, F. (1964): *Pedagogía de los pueblos. Introducción a la Pedagogía comparada*, Barcelona, Herder.

SCHRIEWER, J. (1990): "The method of Comparison and the need for Externalization: Methodological Criteria and Sociological Concepts", en J. Schriewer & B. Holmes, *Theories and Methods in Comparative Education*, Frankfurt and Main, Peter Lang, págs. 25-83.

SCHRIEWER, J. (1993): "El método comparativo y la necesidad de externalización: criterios metodológicos y conceptos sociológicos", en J. Schriewer y F. Pedró, *Teorías, investigaciones, perspectivas*, Barcelona, PPU, págs. 189-252.

SCHRIEWER, J. (2000): "Comparative Education Methodology in Transition: Towards a Science of Complexity?", en J. Schriewer (ed.), *Discourse Formation in Comparative Education*, Francfort, Peter Lang, págs. 3-52.

SEVILLA, D. (1996): "Incidencia de la crisis del Estado Nación en la investigación en Educación Comparada", *Actas del V Congreso Nacional de Educación Comparada*, Valencia, Departamento de Educación Comparada e Historia de la Educación, Universidad de Valencia, págs. 245-256.

SEVILLA, D. (2001): "Recensión de *Convergencias y divergencias en los sistemas europeos de Educación y Formación Profesional*", *Revista Española de Educación Comparada*, 7, 447-450.

SIEBERS, T. (1994): "What Does Postmodernism Want? Utopia", en T. Siebers (ed.), *Heterotopia. Postmodern Utopia and the Body Politic*, Ann Arbor, The University of Michigan Press, págs. 8-23.

SNODGRASS, A. (1992): "Asian Studies and the Fusion of Horizons", *Asian Studies Review*, 15, 81-94.

SOMAVÍA, J. (2000): "Los niños perdidos", en UNICEF, *El desarrollo de las Naciones*, Ginebra, UNICEF, págs. 27-30.

SPRING, J. (1998): *Education and the Rise of the Global Economy*, Mahwah, New Jersey, Lawrence Erlbaum Associates, Publishers.

STEINER-KHAMSI, G. (2000): "Transferring Education, Displacing Reforms", en J. Schriewer (Ed.), *Discourse Formation in Comparative Education*, Francfort, Peter Lang, págs. 155-188.

STEINER-KHAMSI, G. & QUIST, H. (2000): "The Politics of Education Borrowing", reopening the Case of Achimota in British Ghana, *Comparative Education Review*, 44, 272-299.

STROMQUIST, N. P. (1996): "Mapping gender spaces in the Third World educational intervention", en R. Paulston (ed.), *Social Cartography*, New York, Garland Press, págs. 242 -254.

STROMQUIST, N. P. (1999): "Women's Education in the Twenty-First Centuy: Balance and Prospects", en R. F. Arnove & C. A. Torres (eds.), *Comparative education, The dialectics of the global and the local*, Lanham, Rowman & Littlefield, págs. 179-206.

SUTHERLAND, M. (2002): "Edmund J. King (1914-2002): an international tribute", *Compare*, 32, 275-279.

TEDESCO, J. C. (1995): *El nuevo pacto educativo. Educación, competitividad y ciudadanía en la sociedad moderna*, Madrid, Anaya.

TEDESCO, J. C. (2000): "Educación y sociedad del conocimiento", *Cuadernos de Pedagogía*, 288, 82-86.

TEDESCO, J. C. (2001): "Educación y nuevo capitalismo en América Latina", en L.M. Lázaro (ed.), *Problemas y desafíos para la educación en el siglo XXI en Europa y América Latina*, Valencia, Universidad de Valencia, págs. 11-28.

TIANA, A. (2001): "Logros y desafíos de la educación al inicio del siglo XXI", en L. M. Lázaro (ed.), *Problemas y desafíos para la educación en el siglo XXI en Europa y América Latina*, Valencia, Universidad de Valencia, págs. 47-58.

TIKLY, L. (1999): "Postcolonialism and Comparative Education", *International Review of Education*, 45, 603-621.

TIKLY, L. (2001): "Globalisation and Education in the Post Colonial World: towards a conceptual framework", *Comparative Education*, 37, págs. 141-171.

TILAK, J. B. G. (2002): "Knowledge Society, Education and Aid", *Compare*, 32, 302-307.

TORRANCE, H. (1999): *Postmodernism and Educational Assessment. Assessment: social practice and social product*, London, Falmer.

TORRES, C. A. (2002): "The State, Privatisation and Educational Policy: a critique of neo-liberalism in Latin America and some ethical and political implications", *Comparative Education*, 38, 365-386.

TORRES, C. A. & MORROW, R. A. (1994): "Education and the reproduction of Class, Gender and Race: responding to Postmodern challenge", e*ducational Theory*, 44, 43-61.

TORRES, C. A. & MORROW, R. A. (1995): *Social Theory and Education. A critique of Theories of Social and Cultural Reproduction*, Albany, State University of New York Press.

TORRES, C. A. & MORROW, R. A. (2002): *Las Teorías de la Reproducción Social y Cultural*, Manual Crítico, Madrid, Popular.

TORRES, C. A. & PUIGGRÓS, A. (1998): "Introduction: The State and the Public Education in Latin America", en C.A. Torres & A. Puiggrós (eds.), *Latinoamerican Education. Comparative Perspectives*, Oxford, Westview Press, págs. 1-31.

TORRES, R. M. (2001): "¿Parte de la solución o parte del problema?", *Cuadernos de Pedagogía*, 308, 107-112.

TRILLA, J. (1985): "La educación formal, no formal e informal", en VV.AA., *Textos de Pedagogía*, Barcelona, Publicaciones de la Universidad de Barcelona, págs. 19-25.

TUSQUETS, J. (1991): "La aportación española al comparativismo pedagógico", en A. González (comp.), *Lecturas de Educación Comparada*, Barcelona, PPU/DM, págs. 278-304.

UNESCO (1984): *Tesauro de la educación*, París, OIE-UNESCO/IBEDATA.

UNESCO (1997): *50 years for Education, 1946-1996*, París, UNESCO.

UNESCO (2000): *World Education Report: the right of education. Towards education for all throughout life*, Paris, UNESCO, 2000.

UNICEF (1996): *Estado Mundial de la Infancia*, Ginebra, UNICEF.

UNICEF (2000): *Estado Mundial de la Infancia 1999*, Ginebra, UNICEF.

UNTERHALTER, E. & DUTT, S. (2001): "Gender, education and Women´s Power: Indian state and civil society intersections in DPEP (District Primary Education Programme) and Mahila Samakhya", *Compare*, 31, 57-73.

UNTERHALTER, E. (2003): "Gender education and development: competing perspectives", en L. Lázaro y M. J. Martínez (eds.), *Lecturas en Educación Comparada y Educación Internacional, Lectures on Comparative and Internacional Education*, Valencia, Universidad de Valencia.

VALDERRAMA, F. (1995): *La historia de la UNESCO*, Paris, UNESCO.

VAN DAELE, H. (1993): *L'Éducation Comparée*, Paris, Presses Universitaires de France.

VEGA, L. (2003): *Claves de la Educación Social en perspectiva comparada*, Salamanca, Hespérides.

VEGA, M. J. Y CARBONELL, N. (1998): *La literatura comparada: principios y métodos*, Madrid, Gredos.

VELLOSO, A. (1989): *La Educación Comparada en España (1900-1936)*, Madrid, Cuadernos de la UNED.

VEXLIARD, A. (1970): *Pedagogía comparada: métodos y problemas*, Buenos Aires, Kapelusz.

WAGNER, P. (1994): *Sociology of Modernity*, New York, Routlegde.

WALLERSTEIN, E. (1991): *Geopolitics and Geoculture*, New York, Cambridge University Press.

WATSON, K. (1996): "Comparative Education", en P. Gordon (ed.), *Guide to Educational Research*, London, Woburn, págs. 360-397.

WATSON, K. (ed.) (1997): *Globalisation and Learning,* Reading, United Kingdom Forum for International Education and Training.

WATSON, K. (1998): "Memories, models and mapping the impact of geopolitical changes on comparative studies of education", *Compare,* 28, 5-31.

WATSON, K. (2001): "Introduction, Rethinking the role of Comparative Education", en K. Watson (ed.), *Doing Comparative Education Research, Issues and Problems,* United Kindgdom, Symposium, págs. 9-23.

WEILER, N. (1982): "Educational Planning and Social Change: a Critical Review of Concepts and Practices", en F. Albatch; R. Arnove & G. Kelly (comps.), *Comparative Education,* Nueva York, Mac Millan.

WEILER, N. (1983): "Legalization, Expertise and Participation: Strategies of Compensatory Legitimation in Educational Policy", *Comparative Education Review,* 27, 259-277.

WELCH, A. (1993): "La ciencia sedante: el funcionalismo como base para la investigación comparada", en J. Schriewer y F. Pedró (comps.), *Manual de Educación Comparada, Vol II, Teorías, investigaciones, perspectivas,* Barcelona, PPU, págs. 325-366.

WELCH, A.: The triumph of Technocracy or the Collapse of Certainty? Modernity, Postmodernity and Postcolonialism in Comparative Education", en R. F. Arnove & C. A. Torres (eds.*), Comparative education. The dialectics of the global and the local,* Lanham, Rowman & Littlefield, págs. 25-50

WELCH, A. (2000): "New times, hard times: re-reading comparative education in an age of discontent", en J. Schriewer (edit.), *Discourses in education,* Francfort, Peter Lang, págs. 189-226.

WELCH, A. (2001): "Globalisation, Post-Modernity and the State: Comparative Education facing the Third Millenium", *Comparative Education,* 37, 475-492.

WHITTY, G. & EDWARDS, T. (1992): *School Choice Policies in Britain and the USA: their origins and significance,* Paper presented at the Annual Meeting of the American Educational Research Association, San Francisco.

WHITTY, G. & EDWARDS, T. (1998): "Schools choice policies in England and United States: an exploration of their origins and significance", *Comparative Education,* 34, 157-175.

WIELEMANS, W. (1997): "Back to theories and Methods in European Comparative Education: a Revision of Systems Analysis", en K. de Clerk y F. Simon (eds.), *Studies in Comparative, International and Peace Education,* Gent, GSHP, Liber Amicorum Henk Van Daele, págs. 154-156.

WILKS, A. (2001): "Development through the Looking Glass: the Knowledge Bank in cyber-space", *Paper for the 6th Oxford Conference on Education and Development,* Oxford, September.

WILSON, D. N. (1994): "Comparative and International Education: Fraternal or Siamese Twins? A Preliminary Genealogy of Our Twin Fields", *Comparative Education Review,* 4, 449-486.

WILSON, D. N. (2003): "The Future of Comparative and Internacional Education in a Globalised World", en M. Bray (ed.), *Comparative Education: Continuing Traditions, New Challenges, and New Paradigms*, Dordrecht, Kluwer Academic Publishers, págs. 15-33.

WIRT, F. M. (1990): "La comparación de políticas educativas: teoría, unidades de análisis y estrategias de investigación", F. Albatch y G. Kelly (comps.), *Nuevos enfoques en Educación Comparada*, Madrid, Mondadori, págs. 313-333.

WORLD BANK (1995): *Priorities and Strategies for Education. A World Bank Review*, Washington, World Bank.

WORLD BANK (1998): *World Development Report 1998/9. Knowledge for Development*, Oxford University Press.

WORLD BANK (1999): *Priorities and Strategies for Education: a World Bank Review*, Washington, World Bank.

WORLD BANK (2000): *Knowledge for all*, Washington, World Bank.

WORLD BANK (2000a): *Knowledge for development*, Washington, World Bank.

WORLD BANK (2000b): *Prospectus: the Global Development Gateway*, Washington, World Bank, 2000.

WORLD BANK (2001): *Global Development Gateway. Draft Preliminary Business Plan*, http://www.worldbank.org/gateway/conceptnotejune19.pdf, Consultado en abril de 2002.

WORLD BANK (2001a): *Partnership for development: proposed actions for the World Bank. A discussion Paper*, http://www.worldbank.org/html/, Consultado en mayo de 2002.

WORLD BANK (2001b): *Comprehensive Development Framework: mid-term progress report*, Http://www.worldbank.org/cdf/cdfinfo.doc, Consultado en mayo de 2002

YOUNG, R. (1997): "Comparative Methodology and Postmodern Relativism", en V. L. Masemann & A. Welch (comps.), *Tradition, Modernity and Post-Modernity in Comparative Education*, Hamburg, UNESCO Institute of Education, 1997, págs. 497-506.

ZACHARIAH, M. (1973): "Comparative Educators and International Development Policy", *Comparative Education Review*, 23, 341-354.

ZACHARIAH, M. (1990): "Los comparativistas y la política internacional para el desarrollo", en P. Albatch y G. Kelly (comps.), *Nuevos enfoques en Educación Comparada*, Madrid, Mondadori, págs. 107-122.

ZYMEK, B. (2000): "Domination, Legitimacy and Education", en J. Schriewer (ed.), *Discourse Formation in Comparative Education*, Francfort, Peter Lang, págs. 133-153.

# Colección AULA ABIERTA

*Dirección:* Mª ANTONIA CASANOVA

*Títulos publicados:*

ARMENGOL ASPARÓ, C.: *La cultura de la colaboración: Reto para una enseñanza de calidad.*

ARRIBAS ANTÓN, M. C. y otros: *¡Clic!, todo es imagen.*

AVILÉS DE TORRES, D. y otros: *Unidades didácticas interdisciplinares (Ciencias Sociales, Ciencias de la Naturaleza, Astronomía y Tecnología).*

BARRIO VALENCIA, J. L., y DOMÍNGUEZ CHILLÓN, G.: *Estudio de caso: La escritura y el ordenador en un aula de educación infantil.*

BEARE, H.; CALDWELL, B. J., Y MILLIKAN, R. H.: *Cómo conseguir centros de calidad. Nuevas técnicas de Dirección* (2ª ed.).

BEARNE, E. (ed.): *La atención a la diversidad en la escuela primaria.*

BEETLESTONE, F.: *Niños creativos, enseñanza imaginativa.*

BLANCO MÉNDEZ, J. A.: *Programación globalizada de la educación artística.*

BOLÍVAR, A: *Los Centros educativos como organizaciones que aprenden.*

BOLÍVAR, A.; DOMINGO, J., y FERNÁNDEZ, M.: *La investigación biográfico-narrativa en educación.*

BRIGHOUSE, T., y WOODS, D.: *Cómo mejorar los centros docentes.*

CANO GARCÍA, E.: *Evaluación de la calidad educativa* (3ª ed.).

CANO GARCÍA, E.: *Organización, calidad y diversidad.*

CARRASCO, Mª I., y RUIZ, M.: *La reforma educativa está en marcha. ¿Y la tuya?*

CASANOVA, M. A.: *La Sociometría en el aula.*

CASANOVA, M. A.: *Manual de evaluación educativa* (7ª ed.).

CASTILLO GARCÍA, A. M.; NAVARRO GONZÁLEZ, A., y AVILÉS DE TORRES, D.: *Unidades didácticas para educación plástica y visual.*

COHEN, L., y MANION, L.: *Métodos de investigación educativa* (2ª ed.).

CROLL, P.: *La observación sistemática en el aula.*

DAVIS, G. A., y THOMAS, M. A.: *Escuelas eficaces y profesores eficientes* (2ª ed.).

DAY, CH.; HALL, C., Y WHITAKER, P.: *Promoción del liderazgo en la Educación Primaria.*

DEAN, J.: *Supervisión y asesoramiento. Manual para inspectores, asesores y profesorado asesor* (2ª ed.).

DE KETELE, J.-M., y X. ROEGIERS: *Metodología para la recogida de información* (2ª ed.).

DOHERTY, G. D. (ed.): *Desarrollo de sistemas de calidad en la educación.*
DOMÍNGUEZ CHILLÓN, G.: *Los valores en la educación infantil* (5ª ed.).
DOMÍNGUEZ CHILLÓN, G.: *Proyectos de trabajo. Una escuela diferente.*
DOMÍNGUEZ CHILLÓN, G., y BARRIO VALENCIA, J. I.: *Los primeros pasos hacia el lenguaje escrito. Una mirada al aula.*
FERRERO, I.: *El juego y la Matemática* (3ª ed.).
GAIRIN, J.: *La organización escolar: contexto y texto de actuación* (3ª ed.).
GALTON, M., y PATRICK, H.: *El currículo en la pequeña escuela primaria.*
GARCÍA-VALCÁRCEL, A. (coord.): *Didáctica universitaria.*
GAZÏEL, H.; WARNET, M., y CANTÓN MAYO, I.: *La calidad en los centros docentes en el siglo XXI.*
GENTO PALACIOS, S.: *Instituciones educativas para la calidad total* (3ª ed.).
GÓMEZ DACAL, G.: *Rasgos del alumno, eficiencia docente y éxito escolar.*
GONZÁLEZ DÁVILA, M., y otros: *Aproximación didáctica al estudio de la Naturaleza.*
GORROCHOTEGUI, A. A.: *Manual de liderazgo para directivos escolares.*
GUILLÉN, C., y CASTRO, P.: *Manual de autoformación para una didáctica de la lengua-cultura extranjera* (2ª ed.).
GUTIÉRREZ PÉREZ, J.: *La educación ambiental.*
HERNÁNDEZ PINA, F., y GARCÍA SANZ, M. P.: *Evaluación del proyecto curricular de Educación Secundaria Obligatoria.*
HERNÁNDEZ PINA, F., y SORIANO AYALA, E.: *Enseñanza y aprendizaje de las matemáticas en Educación Primaria.*
IBÁÑEZ SANDÍN, C.: *El Proyecto de Educación Infantil y su práctica en el aula* (11ª ed.).
JABONERO, M.; NIEVES, M. R., y RUANO, M. I.: *Educación de personas adultas: un modelo de futuro.*
JONES, N., y T. SOUTHGATE (coords.): *Organización y función directiva en Centros de integración.*
LANDSHEERE, G. de: *El pilotaje de los sistemas educativos* (2ª ed.).
LÓPEZ RUPÉREZ, F.: *Preparar el futuro.*
LÓPEZ RUPÉREZ, F.: *La gestión de calidad en educación* (2ª ed.).
LORENZO DELGADO, M.: *El liderazgo educativo en los centros docentes* (3ª ed.).
MARTÍNEZ RODRÍGUEZ, J. B.: *Negociación del currículum. La relación enseñanza-aprendizaje en el trabajo escolar.*
MARTÍNEZ USARRALDE, M. J.: *Educación comparada.*
MENDOZA FILLOLA, A.: *Literatura comparada e intertextualidad* (2ª ed.).
MILLMAN, J., y DARLING-HAMMOND, I.: *Manual para la evaluación del profesorado.*
OSBORN, A. F., y MILBANK, J. E.: *Efectos de la educación infantil.*
PASTORA, J. F.: *El vocabulario como agente de aprendizaje* (2ª ed.).
PELLETIER, G. (coord.): *Formar a los dirigentes de la educación.*
PÉREZ SERRANO, G.: *Investigación cualitativa. Retos e interrogantes. I. Métodos* (3ª ed.).

— *Investigación cualitativa. Retos e interrogantes. II. Técnicas y análisis de datos* (3ª ed.).

PIZARRO DE ZULLIGER, B.: *Neurociencia y educación.*

REIMERS, F. (coord.): *Distintas escuelas, diferentes oportunidades.*

REYZÁBAL, Mª V.: *Didáctica de los discursos persuasivos: la publicidad y la propaganda.*

REYZÁBAL, Mª V.: *La comunicación oral y su didáctica* (7ª ed.).

REYZÁBAL, Mª V., y TENORIO, P.: *El aprendizaje significativo de la literatura* (2ª ed.).

RODRÍGUEZ ROJO, M.: *Hacia una didáctica crítica.*

ROJO, I., y SANTAMARÍA, G.: *Qué estudios elegir y dónde cursarlos. Guía del estudiante.*

ROSS EPP, J., y WATKINSON, A. M. (coords.): *La violencia en el sistema educativo.*

SÁEZ BREZMES, Mª J. (coord.): *La cultura científica, un reto educativo.*

SANTAMARÍA, G., y ROJO, I.: *Lo que hay que saber sobre la LOGSE* (2ª ed.).

SOLER FIÉRREZ, E.: *La visita de inspección.*

SOLER FIÉRREZ, E. (coord.): *Fundamentos de supervisión educativa.*

SORIANO, E. (coord.): *Diversidad étnica y cultural en las aulas.*

SORIANO, E. (coord.): *Identidad cultural y ciudadanía intercultural. Su contexto educativo.*

SORIANO, E. (coord.): *Interculturalidad: fundamentos, programas y evaluación.*

VALIENTE BARDERAS, S.: *Didáctica de la matemática. El libro de los recursos.*

VLACHOU, A. D.: *Caminos hacia una educación inclusiva.*

WALFORD, A. D. (coord.): *La otra cara de la investigación educativa.*

ZAY, D (coord.): *Profesores y agentes sociales en la escuela.*